U0812588

高等职业学校烹饪工艺与营养专业教材

饮食消费心理

Yinshi Xiaofei Xinli

栗书河　吴玉炜◎主编
王　佼　向　军　高敬严◎副主编

中国轻工业出版社

图书在版编目（CIP）数据

饮食消费心理 / 栗书河，吴玉炜主编. —北京：中国轻工业出版社，2024.1
高等职业学校烹饪工艺与营养专业教材
ISBN 978-7-5184-3324-7

Ⅰ. ①饮… Ⅱ. ①栗… ②吴… Ⅲ. ①饮食业—消费心理学—高等职业教育—教材 Ⅳ. ①F719.3

中国版本图书馆CIP数据核字（2020）第259107号

责任编辑：贺晓琴　方晓艳　　责任终审：张乃柬　　整体设计：锋尚设计
策划编辑：史祖福　　责任校对：吴大朋　　责任监印：张　可

出版发行：中国轻工业出版社（北京鲁谷东街5号，邮编：100040）
印　　刷：三河市国英印务有限公司
经　　销：各地新华书店
版　　次：2024年1月第1版第3次印刷
开　　本：787×1092　1/16　印张：12.25
字　　数：274千字
书　　号：ISBN 978-7-5184-3324-7　定价：39.00元
邮购电话：010-85119873
发行电话：010-85119832　　010-85119912
网　　址：http://www.chlip.com.cn
Email：club@chlip.com.cn
如发现图书残缺请与我社邮购联系调换
232189J2C103ZBW

前　言

随着中国经济的不断深化发展，餐饮业收入连续多年以两位数的速度增长。截至目前，餐饮业收入增长率长期超过国民经济发展增长率，成为关系国计民生的基础行业和消费领域的活跃行业。根据中国烹饪协会发布的统计数据，2019年中国餐饮业收入为46721亿元，餐饮消费已经成为拉动中国经济发展的重要产业。在“民以食为天”的百姓生活中，饮食是人民幸福感获得的重要领域。研究学习饮食消费心理，掌握人们餐饮消费行为的心理活动与个性特征，是针对性提高餐饮影响与产品质量的基础，饮食消费心理学理论为餐饮企业经营服务提供了科学指引，为饮食服务行业高质量、高水平的发展提供了科学支撑。

为适应中国饮食消费供给侧的改革发展，满足数以千万计的餐饮企业经营者专业化知识学习需求，以及高校餐饮管理专业、烹饪专业、酒店管理专业等专业课程教育教学需要，中国管理科学学会旅游管理专业委员会、中国食文化研究会民族食文化委员会、全国高校旅游课程教材建设共享联盟理事会等组织专家学者，在2010年前的饮食消费心理学课程教材的基础上，结合新时代学科与社会实践发展，重新完善了饮食消费心理学学科理论框架体系，补充延展了饮食消费心理学实践研究成果，重新编写了本课程教材，以适应学科的发展，促进专业教育教学内容的与时俱进。

本教材的编写出版，得到了中国轻工业出版社的鼎力支持。中国轻工业出版社在总结十多年的饮食消费心理学教材教学反馈的基础上，为本教材的编写提供了指导性帮助，为课程教材应用奠定了适用性基础。当然，由于饮食心理学的学科建设还在路上，本教材的阶段性理论知识等还有不断提升完善的空间，我们非常希望广大专业教研同人，以学科范式研究与知识更新为基础，共同交流，持续深化，为推动中国消费经济中极具特色和魅力的餐饮业发展作出贡献。

编者

2021年4月

课程说明

1. 基本说明

饮食消费心理学是消费心理学的一个重要分支，也是普通心理学的应用分支，随着国内专家学者对饮食消费心理的研究工作积累，通过探索已经逐渐形成了一门独立的学科。

在撰写过程中，在周忠民先生主编的《饮食消费心理学》基础上，本教材参考了一些现代消费行为科学及消费心理学有关著作和资料内容，并融合了新时代学科发展理念和饮食消费社会实践内容，着重论述了饮食消费心理的基本概念、基本原理，饮食消费活动一般心理和行为特征、饮食消费个性心理、饮食消费心理发展等。

本教材由中国管理科学学会旅游管理专业委员会副主任、全国高校旅游课程教材建设共享联盟副理事长栗书河与北京三快在线科技有限公司美团大学总监吴玉炜共同主编，秦皇岛市文化艺术研究所王佼、张家界市高级技工学校向军和长垣烹饪职业技术学院高敬严担任副主编，惠州城市职业学院韩冰霜、浙江农业商贸职业学院徐海军、无锡旅游商贸高等职业技术学校吴晶、苏州市太湖旅游中等专业学校桑宇平、山东城市服务技师学院曹成章、南京浦口中等专业学校张婕妤、溧阳市天目湖中等专业学校黄勇、江苏省滨海中等专业学校吴长华参与编写。本书是烹饪、餐饮、旅游、酒店专业的基础课程配套教材，可供高等职业院校选用。

2. 主要内容

本教材以饮食消费心理研究为主线，主要内容包括饮食消费心理学基础知识、饮食消费一般心理过程、饮食消费感知觉心理活动、饮食消费者个性心理、饮食消费动机和行为决策、饮食消费社会群体特征、饮食消费心理干预、饮食销售服务心理、饮食消费心理发展九个部分。按照基本概念、基础理论、社会群体及实践发展的系统逻辑编写，从而达到让学生掌握饮食消费心理学知识与实践活动应用能力的目标。

3. 课程目标

通过课程的讲授和学习，要求达到以下教学目的：

了解饮食消费心理学知识体系；掌握饮食消费者心理认知与行为知识；熟悉掌握饮食消费心理应用方法；熟悉掌握饮食消费心理发展规律。

目 录

第一章 饮食消费心理学基础知识

学习引导

内容提要

本章主要介绍了饮食消费心理学基本概念和基础理论；介绍了饮食消费心理学研究方向和内容，以及与相关心理学科的关系；介绍了饮食消费心理学的研究范畴，包括研究对象、基本原则、研究任务、研究方法等；介绍了饮食消费心理过程概念、个性心理特征及典型心理活动内容。

学习目标

通过以下目标，建构以“饮食消费心理学基础知识”为阶段性知识内容的“传承型学习”成果。

学习和把握饮食消费行为与饮食消费心理、饮食消费心理学研究的内容、饮食消费心理学研究的任务等陈述性知识，以及研究饮食消费心理学的意义等知识，用其指导“本章复习与思考”相关作业题；体验“饮食消费心理学基础知识”中“饮食消费心理学基本内容”的“传承型学习”及其迁移。

学习和把握饮食消费心理学研究的基本原则、饮食消费心理学研究的方法等陈述性知识，以及饮食消费心理学与相关学科的关系等知识，用其指导“本章复习与思考”相关作业题；体验“饮食消费心理学基础知识”中“饮食消费心理学研究方法”的“传承型学习”及其迁移。

学习和把握饮食消费心理的基础概念、饮食消费心理过程、饮食消费心理的个性心理特征等陈述性知识，以及饮食消费典型心理活动等知识，用其指导“本章复习与思考”相关作业题；体验“饮食消费心理学基础知识”中“饮食消费心理过程与个性特征”的“传承型学习”及其迁移。

内容结构图

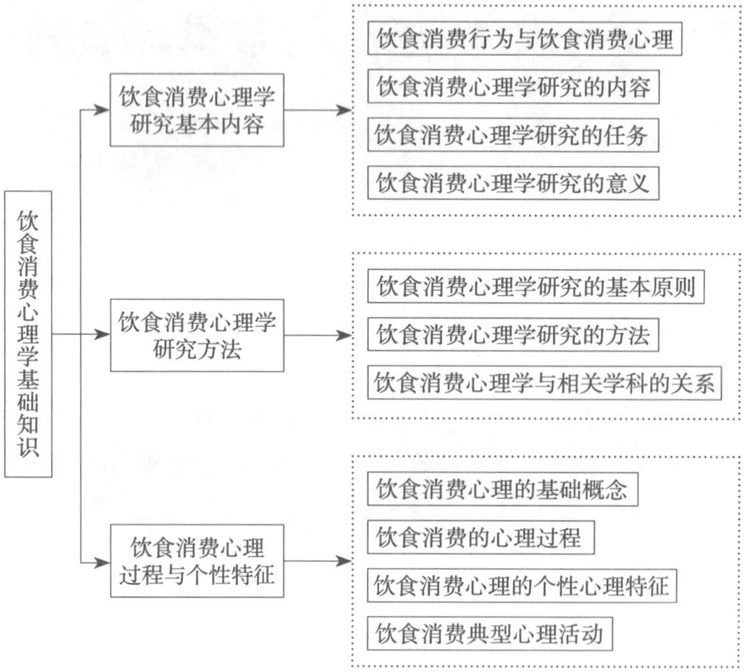

第一节　饮食消费心理学研究基本内容

人类从“茹毛饮血”，发展到“钟鸣鼎食”“对酒当歌”，再到今天饮食消费讲营养、讲保健、讲科学的养生菜、分子菜、意境菜等，都是人类不同时代的饮食活动在社会、经济、科技、文化、心理等方面的行为表现。民以食为天，饮食是人们生活的重要活动与目标，也是人类生存与发展的基本需求，同时，饮食也被认为是愉快和社交的同义语。

一、饮食消费行为与饮食消费心理

人们的饮食消费活动是饮食消费者的心理活动过程和饮食消费行为过程的双重属性，饮食消费行为由饮食消费行动和饮食消费心理共同构成。一般情况下，通常的饮食消费行为都是以消费者本人内心活动作为行为的依据主导，消费者饮食消费内心活动规律与特征是影响饮食消费行为的主要因素。

心理学认为人的行为是指人们一切有目的的活动，它是由一系列简单动作构成的。换句话说，行为就是人类在日常生活中所表现出来的一切动作的总称。影响人类行为的因素是多种多样的，主要分外在因素和内在因素。外在因素主要指客观存在的社会环境和自然环境，内在因素主要指人的各种生理和心理因素。人们的饮食消费行为受饮食心理的激发，饮食消费心理又受社会因素、人文因素、生理因素、职业因素、经济因素、地理环境因素等诸多因素的影响。同时，饮食消费心理也因人们日常饮食消费行为中产生的变化反应而发生变迁。

饮食消费心理学认为，饮食消费者的不同行为，总是受消费者个体不同的动机与需要所驱使，并指向一定的目标，这种由动机支配并指向一定目标的行为，一般称为动机性行为。通过实践观察总结，饮食消费者的动机性行为的基本过程有着普遍一致的行为规律，可以用图1-1所示的模式来表示。

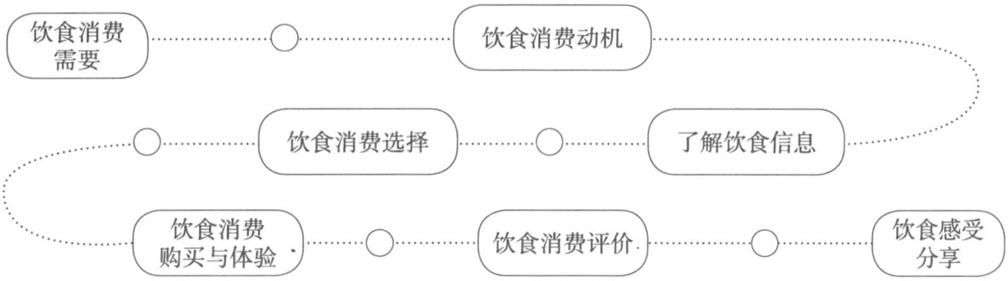

图1-1　饮食消费者的动机性行为的基本过程

饮食消费心理学属于心理学的一个重要分支，是一门涉及面很广的发展学科。它是以研究人的饮食需求、动机、行为与饮食消费活动关系为目的，以指导人们进行健康科学饮食消费为目标，具体探讨饮食消费心理发展变化规律的一门新兴的应用学科。

我国饮食消费心理学的研究起步于20世纪80年代，由于初期研究与教学人员有限，饮食消费心理学研究主要集中在高校烹饪专业学科的教学推广，社会应用服务实践还在探索之中。进入新时期中国特色社会主义阶段后，随着消费经济拉动政策，以及全域旅游发展和旅游产业壮大发展，2019年中国餐饮业实现收入46721亿元，饮食消费心理学面临空前的应用需求与发展前景，其自身的实践服务型学科研究定位，为社会主义现代化高质量生活需求对饮食消费的发展提供了有力支撑。

二、饮食消费心理学研究的内容

饮食消费心理学以消费者在其饮食消费行为活动中的心理活动现象为基本研究方向。饮食消费心理与行为作为一种客观存在的社会经济现象，如同其他人类实践活动一样，有其特定的活动方式和内在规律，对饮食行为及消费活动心理的专门研究，目的就是为了发现和掌握饮食消费心理现象产生、发展和变化的一般规律，然后有针对性地开展饮食消费服务经济活动，以取得事半功倍的效果。饮食消费心理学主要研究以下内容。

1．对饮食消费者心理过程、心理状态和个性心理的研究

饮食消费心理学将心理学的一般原理运用于饮食消费活动领域，通过对饮食消费者个性心理的研究，了解形成不同的饮食消费习惯、消费方式及消费结构的内在心理基础。研究消费者的饮食消费行为的心理规律，掌握消费者的个性、气质、性格、能力及个性倾向性是影响饮食消费者心理活动的内在规律。

饮食消费心理研究包括饮食消费者的需求心理、个性心理特征、典型心理活动过程的研究，以及它们与饮食消费关系的研究。

常言道“众口难调”，在饮食消费上，每个人都有自己的心理要求和口味爱好。餐饮企业每天接待并为之服务的饮食消费者，由所受教育、兴趣、收入、职业、性格、居住地等内外因素诸多不同的饮食消费者组成，有着“萝卜白菜，人各有爱”的不同饮食消费心理。处于不同社会阶层、不同年龄阶段的人，由于所受教育、收入、职业、居住条件的不同，对食物的选择、饮食习惯、饮食心理、价值观念等方面都表现出差异。

成年人的饮食消费心理带有明显的倾向性，他们更多地考虑经济因素、社会因素、宗教因素和民族因素等，饮食消费的偏爱一般不可逆转；处于青少年时期的人，饮食消费心理已经形成，有自己的见解，但模仿心理很强；婴幼儿的饮食消费受父母制约。地域和气候因素对饮食消费心理的影响导致有酸甜苦辣口味之分。正是这些饮食者消费心理和行为的差异，要求餐饮业必须提供相对应的食物和服务以满足消费需求。

2．对影响饮食消费者心理的社会因素、经济因素及市场环境的研究

饮食消费行为要受到多种客观因素的影响，饮食消费活动都是在一定的社会环境和经济条件下进行的，例如消费者所处的社会环境，包括政治制度、文化习俗、家庭结构、经济发展水平及市场供求等，以及饮食消费场所、环境、服务方式与态度、广告宣传、企业声誉及商号品牌等。诸多因素都直接或间接地影响并制约着人们饮食消费心理活动的发展和变化过程，这些外部因素如何影响饮食消费者的心理活动同样是饮食消费心理学重要的研究内容。

饮食消费心理研究包括餐厅的饮食产品、设施环境、服务内容、价格制定、店名命名（楼名、厅名）、菜单与牌匾制作等与饮食消费者相关的心理关系。

食物认知是饮食消费心理学的重要研究对象。深入探讨的内容包括食物或菜肴的色、香、味、形、食品安全等内在和外在的表现；菜肴的美学价值，菜肴给予人精神和物质的享受、食物心理、人的食欲；饥饿感与食欲的关系；视觉感对食物的评价等。

同样，饮食业经营服务对饮食者的消费心理有很大的影响，像食物菜肴销售过程中的经营策略、措施、方法，服务人员的态度、言行和形象，食物价格，食物、饭店、餐厅等命名，饭店装饰、照明、牌匾菜单设计等，都对饮食消费者的心理产生作用。所以，加强对餐饮经营活动与饮食者心理的关系的研究，对做好饮食消费心理的研究，引导饮食者消费，提高饮食业的社会效益和经济效益，都具有很大的实践意义。

3．对饮食消费者的需求动态和人们饮食消费心理变化趋势的研究

随着我国社会主义现代化建设的发展，物质产品的丰富和人民生活水平的提高，人们的生活需求层次发生了明显变化，过去只满足于吃饱穿暖、衣食无忧，而现在则注重生活质量、生活品位的提高，重视精神方面需求等幸福维度的满足。人们的生活消费水平和消费结构发生了很大的变化，饮食消费标准越来越高，饮食消费行为与动机也越来越复杂，饮食消费的内容和形式日趋多样化。按照马斯洛的需求层次理论，当生理需要基本满足之后，人们便会向往更高一层次的需要。

4．餐饮行业从业人员职业心理研究

饮食消费心理研究也包括餐饮业员工个体心理，特别是厨师心理、集体心理和餐饮业的

管理心理等研究，为餐饮企业经营管理者提供管理支持，从而提高餐饮企业的管理效率和管理效益。

三、饮食消费心理学研究的任务

人类在不同的生活环境中，在不同的经济、文化条件下，其饮食消费心理、饮食消费行为等都有很大的差别。与此同时，人们由于经济、文化、生活习惯、民族风俗等主客观因素的影响，饮食消费心理和饮食消费行为也存在较大差异。因此，研究人类各种不同的饮食消费现象、不同的饮食消费需要、不同的饮食消费动机和不同的饮食消费行为等，便成了饮食消费心理学责无旁贷的任务。

1. 理论方面的任务

饮食消费心理学是心理学的一个重要分支。饮食消费心理学是运用心理学、人类学、社会学、烹饪学、营养学、经济学、生理学、消费心理学等学科的一些基本原理和方法，研究人的饮食消费心理、饮食消费现象以及支配、导致人们产生饮食消费心理的各个方面因素同人们的饮食消费心理的关系，探讨饮食消费心理发展和变化规律的一门科学。

消费是生产的前提和条件，饮食消费则是一切饮食生产经营活动实现的根本。人们的饮食消费既表现为生理上的需要，又表现为精神上的需求。所以，饮食消费心理学的首要任务就是研究人类的饮食消费心理和饮食消费行为，探讨人类的饮食消费规律和人类饮食消费心理发展的规律，克服在饮食消费方面出现的不科学的现象。其次，帮助餐饮经营者分析饮食消费者的就餐心理，为他们的经营活动提供科学的依据。最后，通过深入的研究和探讨，为人类提供饮食消费心理方面的科学成果，从而更好地为人类健康文明生活服务。

2. 实践方面的任务

饮食消费心理学在实践中的应用方面有着重要的意义。比如，视觉、味觉、嗅觉的作用，食物诱惑、条件反射、客观环境影响等，都需用饮食消费心理学的基本原理予以解答。所以说，饮食消费心理学的实践任务非常繁重，它不仅涉及面广，研究对象多，而且要在实践中加以应用，为饮食服务行业的完善和发展提供大量实验依据。

饮食消费心理学在实践方面的任务大致有三个方面。

（1）倡导健康科学的饮食消费意识　要用饮食消费心理学的科学知识帮助人们正确认识饮食消费心理、食物消费结构、饮食习惯等问题，纠正偏见，形成正确的饮食消费意识。

（2）多视角研究饮食消费问题　由于人们在地理位置上的不同，其生活习惯、饮食习俗存在着差异，每个人都有自己的饮食嗜好；由于年龄、性别、身体健康程度的不同，加上环境的影响，必然会产生不同的饮食消费心理和饮食消费现象。而饮食消费心理学恰好承担了研究这些问题的义务。

（3）为餐饮业经营活动提供指导和服务　纵观人类饮食消费发展的历史趋势可以发现，人类的饮食消费方式越来越趋于社会化、专业化，餐饮业承担起这项产业分工任务，餐饮业也将成为世界上最重要的服务行业之一。随着中国特色社会主义市场经济的发展，餐饮业的竞争也将越来越激烈，这就要求餐饮业经营者要注重研究饮食者的消费心理和消费行为，在此基础上做好经营方针、经营策略、服务技巧、食物价格、饮食环境等的营建与管理工作，持续不断改进自己的经营管理，提高餐饮业的社会效益和经济效益。饮食消费心理学可以提供消费需求分析及产品服务设计的指导和咨询服务。

四、饮食消费心理学研究的意义

饮食消费心理是人类消费行为中的重要组成部分，研究饮食消费心理和行为动机，研究饮食需求动向、饮食消费趋势、饮食消费习惯以及它们的发展变化规律，将会加深对人类整个消费行为规律的了解，更好地指导餐饮业及休闲旅游业满足饮食者的消费活动需求，提供有效的经营服务生产，具有广泛的实践意义。

1. 有利于更好地满足饮食消费者的需求

现代市场营销观念倡导以消费者为中心。餐饮业者通过研究饮食消费者的需要与动机的形成、欲望与现实、态度与变化、层次与标准、人际关系与饮食礼节、季节消费与日常消费、地域人情与饮食文化等，从而自觉地提高食物和服务质量管理，主动挖掘和开发新菜品，自觉地满足饮食消费者的物质和精神的需求，进而提高餐饮业的社会效益和经济效益。这既是市场经济规律的客观要求，也是餐饮业生产经营的社会功能。

2. 有利于餐饮业改善经营管理，提高消费市场竞争能力

研究饮食消费心理可以预测和搜集饮食消费者的消费信息，使企业及时有效地制定市场经营策略、开发和推出新食物、设置经营网点和确立档次标准；可以促进烹饪技艺的传播和交流，不断改进加工方法、合理确定食物价格、提高食物的季节适应性和范围适应性；可以促进餐饮业的经营服务人员更新观念、增强竞争意识、提高专业技能、创造服务特色，使餐饮品牌长期发展。

3. 有利于食物资源的开发利用，引导人们的饮食消费

研究饮食消费心理还可以促进食物资源的开发利用，引导饮食消费者正确地消费。食物资源关系国计民生、食品生产开发，需要政府从宏观上加强调控，制定有关食品标准、食品技术标准等，促进食品工业、餐饮服务业的健康发展。比如将马铃薯作为主食开发，在国内餐饮市场推广，可以有利于国家粮食生产供应结构的调整。政府和餐饮企业还可以运用广告、宣传资料等手段，让饮食消费者了解食物营养搭配，改掉那些不合理、不文明、不科学的饮食消费习惯，进一步提倡勤俭节约的美德，从而使饮食消费者形成健康、文明、科学的消费行为习惯。

第二节　饮食消费心理学研究方法

一、饮食消费心理学研究的基本原则

1. 客观性原则

实践是检验真理的唯一标准，对饮食消费心理学的研究也同样如此。在饮食消费心理学

研究中，一方面要认识到饮食消费活动中的一切心理现象，都是在市场经济这个社会实践活动中产生和发展的，只有密切联系饮食消费活动的实践情况，才能客观、全面地分析市场经济条件制约下的饮食消费者心理活动的特点，揭示饮食消费心理活动发生、发展和变化的规律，决不能脱离实际去主观臆测；另一方面，要认识到对饮食消费心理学的一切研究成果，包括假设、原理和各项规律，都必须在饮食消费活动的客观实践中进行检验，才能确定其正确性。

2．发展性原则

研究饮食消费心理学要用运动和发展的观点去认识问题，饮食消费活动中人的心理活动是伴随着客观事物的变化而变化的，决不能用静止的、千篇一律的眼光去认识饮食消费心理现象。饮食消费者和供给者的心理和行为是在不断变化的，不可能都处于静止状态，或处于某种固定的模式之中。例如，我国进入21世纪以来，家庭生活已经由温饱型走向小康型，饮食消费已由单纯的物质消费转向物质消费和精神消费相结合的综合消费方式。进入2020年，人们的生活方式正朝着物质更丰富、精神更愉快、生活质量更高的方向发展。因此，要在发展变化中研究饮食消费活动中的心理现象。遵循发展性原则，不仅要求阐明饮食消费活动中已经形成的心理现象，还要阐明那些潜在的或初露端倪的饮食消费心理现象；同时，还要预测饮食消费心理活动的发展趋向，这样才能真正把握饮食消费心理活动的发展变化的客观规律。

3．联系性原则

客观事物之间是相互联系、相互影响的。研究饮食消费心理现象，不仅要考虑引起人的饮食消费心理现象的原因与条件，还应考虑影响和制约饮食消费心理现象的各个因素之间的相互关系和相互作用，包括在错综复杂的社会关系中的人与人之间的心理活动过程，和心理状态的相互联系与相互影响。坚持联系性原则，还要将研究饮食消费心理学与其他学科的研究成果结合进行，特别是要联系国外研究饮食消费心理学的动态和成果，吸收各国科学研究的最新成就，推动我国饮食消费心理学的发展。

二、饮食消费心理学研究的方法

饮食消费心理学是一门新兴的学科，由于受一些研究技术条件的限制，直接从生理学的角度去研究有较大的难度。因此，饮食消费心理学借鉴研究消费心理学及消费行为的一般方法进行。目前，主要采取观察法、应用实践法、征询法、问卷法四种研究方法。

1．观察法

观察法通常在自然条件下进行，是有目的、有计划地对饮食消费者的言语、表情和行为进行观察和记录，从而分析饮食者在饮食消费活动中的心理现象和内在动因，深入地研究和科学地解释构成饮食消费的诸多因素。观察饮食者的消费行为是服务人员研究饮食消费心理的一个首要前提，通过观察饮食消费者的身份、性格、气质、语言、表情和装饰等来研究饮食消费心理。

不同民族和地域的人有不同的饮食消费习惯和饮食消费心理。大多数情况下，人的服饰、语言都能表明所属民族和所在的地域，从而可以观察、判断其一般的饮食消费习惯和饮食消费心理。要具备这种观察能力，必须掌握各地的风土人情、各民族的饮食特点以及方言、服饰等。不过这种观察仍然是粗线条的，具体的是经过细心的观察对饮食消费者予以精细的区别，如每一个饮食消费者的性格特征、风度修养等。有经验的服务员能从络绎不绝的饮食消费者中，把各种类型的饮食消费者区分开来。事实上，每个人都有自己的性格特征和饮食习惯，其饮食消费心理也各不相同，因此，我们必须掌握各民族的服装、方言、各地的风俗人情，掌握各种行为的饮食消费者不同的心理和外露的特征，从而做好服务，满足人们的物质和精神需要。

观察法的优点是能保持被观察者心理表现的自然性，使观察者得到的资料比较真实、可靠。但是，要特别引起注意的是，观察饮食消费行为，要区别节假日和非节假日；区别居民区、商业区和非商业区；区别就餐时间和非就餐时间以及早、中、晚三餐的情况。在分析观察结果时，要注意节日性（如“五一”“十一”、元旦、春节）和平时情况，使所得结论具有科学性、代表性。

2．应用实践法

应用实践法是在人们的饮食消费活动中，对某些条件做必要的控制和改变，从而观察其变化的一种方法。控制一定的条件，再看饮食消费者的心理反应，并不是一件很难的事，关键在于经营服务人员要善于创新，根据饮食消费市场的变化，不断变革经营策略和经营方式，并且能灵活地掌握运用，必定会达到事半功倍的效果。

应用实践法要求把研究和实践密切地结合起来。这种方法往往是对几个人或一群人进行的观察。例如，某饭店不仅注重了人们的饮食习惯，而且还注意了顾客对营养的需求和对味精的厌弃心理，在保障服务质量稳定的同时提示本店菜品不使用味精，一律使用骨汤增鲜提味，价格也随之适当提高，不加味精减少成本，而且骨汤与味精相比，具有较高的营养价值，不但没有影响顾客的饮食消费心理，反而吸引更多的顾客，提高了经济效益，使饭店生意兴隆。

应用实践法，对广义的饮食消费心理的研究有着特殊的功用。在具体运用时，可采取下列手段：一是研究时可以主动地设定、创造一定的条件，引起被试验的饮食者的心理变化，不必被动地等待这一心理现象的偶然发生；二是在观察中，按照自己的既定方案，改变一些条件，来观察被试验的饮食者心理方面的变化和结果，精确地分析出各种心理现象产生的条件、原因、结果；三是研究时可利用（创设）相同的条件，引起不同被试者的同一心理现象的产生，经过精确的比较，来确定饮食消费心理及饮食消费现象的差异；四是可以验证饭店是否顺应了人们的饮食消费心理规律，饭店的位置地点、食物价格、餐厅装饰、服务质量等是否合理，从而找出不足，有针对性地制定弥补措施，使餐饮经营服务工作高质量提升。

应用实践法适用性强，对饮食消费群体的心理研究功效明显，但要进行人为的条件控制，其自然性显然弱一些，是对观察法的补充。

3．征询法

征询法是通过饮食工作人员对饮食消费者进行口头问询，以了解饮食消费者对食物的需要、动机、态度、嗜好、口味和价值观念等方面的情况。征询法直接真实，只要征询人诚心诚意、礼貌热情，一般都是比较成功的。当然，征询要有目的，应从满足饮食者的消费心理的实际需要出发，根据自己设定的目标，有针对性地进行问询，听取改进的建议和意见，不能漫无目的、无的放矢，得不到有价值的资料。征询的对象要具有代表性，对不同职业、阶层的饮食消费者的意见进行分类归纳，找出共性和差异，取得有用的资料。征询要分别进行，不能在餐厅或营业厅的大庭广众之下进行，必须在一定场合下的小范围内进行，以便使征询者乐于说出自己的真心话。

征询法对指导服务技巧的提高具有一定的价值和明显的实用性。例如，饮食消费者从未品尝过饭店出售的某种食物，也不知道如何食用，为避免饮食顾客的尴尬，有经验的服务员会这样说："这种食物是我们的特色菜品，我可以向您介绍食用这种食物的方法吗?"这样，顾客会很乐意地听你介绍。

征询法在机关单位、医院和疗养院以及院校的食堂应用相当普遍。因此，征询法比较适用于集团性消费形式的固定饮食者。在内部消费群体范围征询法一般有三种方法：一是定期征询，如定期召开民主生活管理委员会会议，征求饮食者对食堂的改进意见；二是个别征询，经营服务人员在餐厅里随意找几个就餐者，征求伙食供应、服务态度、改进方法等；三是特殊征询，如对特殊职业者、夜班职工就餐者、少数民族饮食者等，在特定的范围内进行征询。采用这种方法积累搜集的资料比较可靠且有针对性。

在社会餐饮服务机构征询法和观察法可同时使用。例如，饭店里的厨师做完饭菜之后，可以询问服务员食客对自己所烹制加工的食物的态度，饮食者对自己所烹制加工的食物的评价，思考食客评价得是否有道理。餐后到餐厅查看菜品吃光了还是剩下了，剩下的是多还是少。厨师有时还可以亲自来到食客面前问一问对食物的味道、口感、颜色、搭配、形状、加工方法等是否满意，征询改进提高的方法。这问一问就是最实在、最直接、最可靠的征询法。

征询法的应用，其优点是明显的。一是灵活性大，如果被征询者愿意合作，交谈兴趣甚浓，则可适当增加征询项目，如果被征询者对提问方式有反感，则可迅速换一种方式交谈，如果发现被征询者不符合征询要求，则可终止；二是具有激励作用，有的人希望有向别人发表意见的机会，特别是饮食消费者对某一方面有看法、意见或不快时，让他有一个倾吐或发泄的机会，可达到个人情绪和心理的宣泄。被征询者若具有这类个性，则当面交谈就具有激励他发表意见的效果，回答率可相应提高，同时也化解了饮食消费者已产生的不满情绪；三是可获得较多真实的资料，个别交谈时间比较充裕，感情容易交融，便于推心置腹、比较深入地询问。有时候被征询者可能对某些问题的含义理解不充分或评价不全面，乃至有偏见，这时征询者可以加以解释，以利对方正确地理解和评价，纠正看法，挽回影响。有时候被征询者的回答可能启发征询者提出新的问题。

以上种种优点是显著的，但也存在着征询对象的数量有限、易产生人为差错、资料的搜集零散、统计整理难度大等不足。观察法和应用实践法在真实准确地了解饮食消费者的内心活动方面有它的欠缺，而征询法正好弥补了这一不足。

4．问卷法

问卷法就是根据需要设计一组题目，请饮食消费者回答。问卷法比较适合某些饭店的固定饮食消费者，因为这些饮食消费者经常光顾某些饭店，对饭店供应的食物、服务质量等比较熟悉，因而希望改进的意见比较切合实际，可信度高。

问卷法不适宜于饮食摊点、小吃铺等专供习惯性饮食消费的就餐者。因为习惯性饮食消费者流动性大，如果对其采取问卷法形式征求意见，问卷的题材最好限制在食物供应的方式和卫生两个方面，这样搜集的资料才有用处。

问卷法的关键在于问题的设定。问卷中所采用的问题，根据调查项目的性质和研究人员的要求，一般分成自由式问题和封闭式问题两大类。自由式问题也称开放式问题，应答者可以自由回答，不受限制，问卷中没有事先拟定的答案供应答者选择。如你通常喜欢吃什么样的早点，对本饭店某一食物有什么评价，你比较容易接受的价位是多少等。自由式问题通常用来调查饮食消费者的态度、意见、偏好等，而不用于了解有人口统计特征方面的问题，如年龄、收入、家庭人口、职业等。但后面一类问题容易影响调查气氛，造成机械式地一问一答的被动局面。

封闭式问题与自由式问题正好相反，其答案已事先拟定，应答者只能从给定的答案中加以选择。这种类型的问题，应答者回答起来很方便且节省时间。同时，调查研究者在事后整理分析调查资料时也比较容易。因此，封闭式问题也是问卷中经常采用的。封闭式问题可以分为两项选择和多项选择。两项选择问题的答案只有肯定和否定两种，要求被调查者作出“是”或“否”的回答。

问卷的设计一般有五个步骤（表1-1）。

表 1-1　问卷设计的步骤

步骤	具体内容
1. 确定内容	根据研究目的和研究要求确定问卷调查的内容，即期望通过对消费者的调查获取些什么资料，这里十分强调问题的针对性
2. 确定问题	确定要提些什么问题，每个问题采用哪种类型，自由式还是封闭式，如此提问能否获取期望的资料。在确定问题的时候，既要使问题能包含全部想要了解的资料，又要控制问题的数量，尽量减少问卷的长度
3. 措辞	精心考虑推敲问题的措辞。不同的措辞会对被调查者产生不同的影响。措辞不同而使应答者作出不同的回答，且注意措辞礼貌
4. 确定次序	最初安排的问题必须是较容易回答的问题，核心问题通常置于问卷的中间部分，分类性问题，例如年龄、职业、收入，一般放在问卷末
5. 事先检验	将问卷先在小范围的人群中试用，从中发现问卷中的不足和失误之处，及时进行改正，然后再正式对饮食消费者进行调查

问卷法研究饮食消费心理优点明显：同一张问卷由众多的饮食消费者回答，可以广泛征集意见；测试时既可以个体独立进行，又可以群体答卷；可以节省调查时间和调查费用；由于问卷按统一规格制作，可以用在线答题调查并进行数据处理，有利于统计分析以及分类和归纳。因而问卷法是在短时期内收集大量资料的有效方法。

问卷法的主要缺点：一是问卷的回收率低，顾客拒填影响对答案的统计和分析；二是可能出现被调查者不理解，甚至误解问卷中某些问题的确切含义的情况，于是导致被调查者无法回答或者作出错误的回答，从而导致无效结果。

当然，我们在具体实施饮食消费心理研究时，可以将问卷法、观察法、征询法以及应用实践法综合应用，对获取的资料进行全面的分析研究，以提高饮食消费心理调查研究的准确性、系统性和科学性。在现实生活中，许多餐饮企业采用有奖问答形式与顾客互动，不仅收获顾客反馈信息，也使顾客感到企业的尊重并获得意外奖励消费激励，形成企业与饮食消费者良性互动。

三、饮食消费心理学与相关学科的关系

饮食消费心理学具有独立的研究对象和任务，它的方法也具有一定的特殊性，因此，它构成了心理学的一个独立分支。而饮食消费心理学作为一门综合性很强的学科，它具有显著的多学科或跨学科的性质，与普通心理学、消费心理学、社会心理学、社会学、烹饪学以及心理学的其他分支既有密切的联系，也有明显的区别。

1．普通心理学

普通心理学是研究人的心理活动的一般规律的科学，它着重研究个体的行为，包括需要、动机、学习、知觉和个性等（图1-2）。这门学科揭示的心理活动和动机规律，构成了饮食消费心理学的主要理论基础，饮食消费心理学是心理学的一个分支，是研究饮食消费活动这一具体方面的心理问题。受普通心理学基本理论指导，饮食消费心理学是心理学在现代饮食消费领域中的应用，两者的关系是主干与分支的关系。

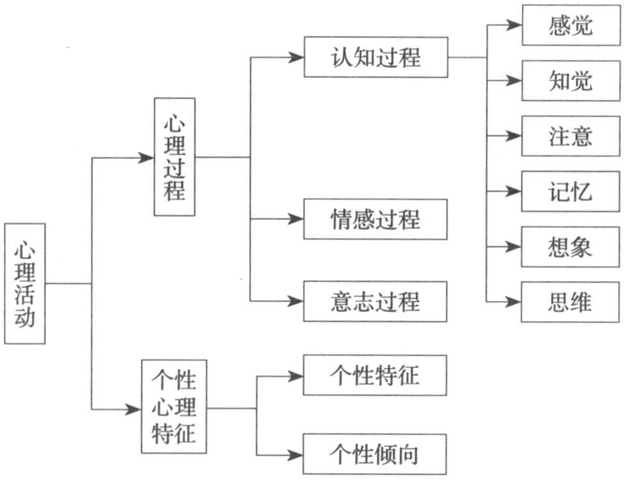

图1-2　普通心理学的心理活动

和饮食消费心理学相比，普通心理学偏重于一般理论的研究，它概括社会实践各个方面的心理现象的共同规律，虽联系人的社会实践，但并不直接为某一特定的社会实践服务；它分析心理现象本身的某一方面或某一问题，而不是对某一社会实践领域的心理学问题做综合性的探讨。饮食消费心理学则有别于普通心理学，它旨在揭示饮食消费过程中的心理现象的特殊规律，直接为饮食消费实践服务。

2．消费心理学

消费心理学是心理学的一个重要分支，它研究消费者在消费活动中的心理现象和行为规律。它的目的是研究人们在生活消费过程中，在日常购买行为中的心理活动规律及个性心理特征。消费心理学的学习内容包括消费者的心理活动过程，消费者的个性心理特征，影响消

费者行为的心理因素，消费者购买过程的心理活动，社会环境对消费心理的影响，消费者群体的消费心理与消费行为，消费态势与消费心理，商品因素与消费心理，营销沟通与消费心理等。消费心理学是消费经济学的组成部分。研究消费心理，对于消费者而言，可提高消费效益；对于经营者而言，可提高经营效益。

与消费心理学相比，饮食消费心理学在研究对象、任务、方法上都有许多类似的地方，都受心理学基本理论的指导，揭示消费社会实践过程中的心理现象的特殊规律，直接为消费实践服务。只不过饮食消费心理学的研究对象是消费心理学的研究对象的一部分，饮食消费是人的消费实践的某一方面，饮食消费者是特殊的消费者类型，它既具有大众消费者共性心理特征，又存在着饮食者特殊的个性心理特征，所以消费心理学所揭示的心理现象的规律，可以指导饮食消费心理的研究，但饮食消费心理学更突出对人的饮食消费活动心理的探讨。

3．社会心理学

社会心理学也是心理学的重要分支，它是研究各种社会群体中人们彼此之间相互作用的条件下所产生的心理现象。如人们在相互交往的过程中，发生了相互联系、相互影响，并且彼此之间产生了相互感知和相互理解，于是就从中发生了人们之间的相互感染、暗示、模仿、妒忌、服从、从众、社会舆论和社会压力等社会心理现象。而饮食消费心理学就是要认真研究饮食消费者的社会心理，从而有效地促进餐饮业经营活动的开展。可见社会心理学与饮食消费心理学的关系也是非常密切的，它同样为饮食消费心理学的研究提供了重要的理论与方法依据。

社会心理学着重研究个体在群体中的行为，而一个人的饮食消费行为总会受群体影响和家庭饮食消费行为的制约。对两学科比较后发现，它们的研究对象、内容和社会实践有明显具体的差异。

4．烹饪学

烹饪学所涉及的范围很广，如化学、物理学、生理卫生学、营养卫生学、饮食心理学、工艺美术学以及民俗学、经济学等，并以此构成自己的科学基础和理论依据。其研究内容包括烹饪的形成发展过程，烹饪原理，烹饪与其他学科之间的关系在内的基本理论和食物加工过程中及其前后所涉及的基本技术和基本知识。从学科说明可以看出，烹饪学与饮食消费心理学有着交叉关联，在烹饪加工技术导向结合消费者心理需求角度紧密融合。

研究消费者对于饮食制品感受体验的特定心理活动领域，正是饮食消费心理学有别于其他心理学分支的学科实践基础。饮食消费心理学与烹饪学在社会实践研究对象方面高度契合。

第三节　饮食消费心理过程与个性特征

心理是人脑特殊物质的一种特殊机能，也是人脑活动的一种特殊结果，是人脑对周围世界的反映。心理学是关于一般心理，特别是作为具体历史个性的人的心理发生、发展和表现的规律性的科学。心理学作为一门研究人的心理的学科，运用辩证唯物主义的观点和客观的方法来研究和分析人的心理问题，科学地研究人的心理现象的本质、作用及其发生和发展的规律，是现代科学体系的重要知识组成部分。从19世纪末起，特别是20世纪初以来，各国心理学家已经把普遍心理学的一般原理和方法运用到社会各个领域中，产生了管理心理学、教育心理事、劳动心理学、经营心理学、消费心理学、文艺心理学、军事心理学、犯罪心理学、妇女心理学、儿童心理学、青年心理学、工业心理学、爱情心理学等各种学科分支，使心理学得到了蓬勃发展。

普通心理学在人的个体心理的研究方面，经过长期探索并运用科学实验的方法，总结出的一些基本原理，为我们研究饮食消费活动中人的心理和行为提供了科学范式。

一、饮食消费心理的基础概念

饮食消费心理现象包括人的饮食消费心理过程和个性心理特征两大组成部分。饮食消费心理过程包括认知过程、情感过程、意志过程。饮食消费个性心理特征就是个体在饮食消费活动中所经常表现出来的在自然属性方面的不同特征，包括能力、气质、性格以及个体倾向。饮食消费心理活动与个性心理特征互为条件，在相互作用中融合在一起，它们统一构成了饮食消费心理学的研究内容。饮食消费心理学是一门研究饮食消费心理现象及其规律的科学。

1．条件反射是饮食消费心理活动产生的机制与基本形式研究的基础

条件反射是饮食消费心理学研究的主要心理活动机制与基本形式。人的心理活动的产生是以大脑的生理机制作为物质基础的。一般来说，人的心理活动的产生和发展是由两个因素决定的：一是人的大脑神经系统的高度发展；二是人在后天的实践活动。反射是心理活动的基本形式。所谓反射是指动物通过神经系统对刺激所做的有规律的反应。一切心理活动都是反射活动。反射又分条件反射和非条件反射。

非条件反射是动物生来就有，在系统发育过程中遗传下来的，其神经联系是固定的。就是说，人或动物受到外界事物的刺激，就会自然而然地作出反射。例如吞咽反射、性反射等。非条件反射是中枢神经低级部分的活动，是一种纯粹的生理过程。目前人们已知的非条件反射不仅数量有限，而且固定不变。

条件反射是人和动物个体在生活过程中适应环境变化，在非条件反射的基础上逐渐形成的，其神经联系是暂时性的。条件反射必须有条件刺激物给予强化，才能巩固下来。

巴甫洛夫的著名实验：给狗吃食物时，狗的唾液分泌增多，任何一条狗都是如此，可见这是先天就有的非条件反射。假如给某一条狗喂食时先摇铃，然后再喂食，如此反复多次，即使不喂食，只摇铃，狗的唾液分泌也会增多。这时，铃声对于狗而言，已成为食物的信号，故听到铃声就唾液增多，这就是条件反射，铃声就是这个条件反射的条件刺激物。

这里特别指出，人的条件反射与动物的条件反射有着本质的区别，主要原因在于：一是人的条件反射不仅包括生理反应，同时包含社会意义。例如，团体组织中的人可能听到就餐的提示音，如学校中午下课铃声，就会立即想到吃饭，唾液分泌增多。这时提示音对人体来说固然是食物的信号，同时还体现生活作息制度，还体现着对人就餐前后的行为要求。二是人的条件反射中语言和文字的介入。例如，听到列车车厢里播音员用餐时间广播声，看到餐饮产品的广告或餐饮标识牌、字号招牌等，就会产生进食反应机制生理现象。

2．物质与客观现实是人的饮食消费心理反应的条件与源泉

随着现代科学技术的进步，特别是生物科学、生理学的发展，通过实验验证了心理的器官主要是人脑，而不是心脏的论断，心理是人体，特别是人脑这个特殊物质的产物。科学证明人脑是具有特殊组织形态和特殊属性的高度完善的物质，人脑的高级神经活动制约着人的心理活动，人的心理主要是人脑的属性和机能。人体的其他感官是大脑获取神经反馈信息的重要渠道，因此也是人的心理器官。人的心理是人脑这种物质的反映，不能离开周围的客观事物而独立存在。人的一切心理现象包括简单的感觉、知觉，以及复杂的想象、思维、动机、兴趣、情感、意志、性格等都是对客观现实的反映。人脑所反映的是来自客观外界的事物，它构成了人的心理生活的全部内容。

人的心理不仅发生、发展于实践之中，而且服务于实践，指导着实践。这种客观事物包括自然环境和社会条件两个方面。特别是社会条件，不仅影响而且决定着人的心理活动的产生和发展。但是，人在反映客观事物时，不是被动化，而是能动化的反映。人不能脱离社会而存在，人从出生开始，就在家庭、学校和社会环境中生活，它从客观上都在培养着人的心理。人总是在社会环境下实践着、活动着的，人的一切心理现象都是在所处时代社会环境里的劳动、学习、游戏实践活动中，在与别人交往中发生和发展的。人在改造外界的同时改变自身，改变自己对外界的反映，形成每个人的人生观、世界观。正是在人按照自己对现实的反映而行动的时候，人对现实的反映正确与否，人的认识是否同外界相符，也受到实践的检验。

人是根据对现实的反映来行动的，不必说复杂的生产劳动依存于人对材料、工具的性质的反映，即使极其简单的饮食活动也是在心理反应调节之下完成的。正如恩格斯所说："甚至人吃饭喝水，也是受了反映在他头脑中的饥渴感觉之影响而来的；停止吃喝，则是因为饱的感觉反映在他的头脑中。"（恩格斯．费尔巴哈与德国古典哲学的终结［M］．北京：人民出版社1955，35）

人对现实的反映即人的心理是主观与客观的统一。要研究一个人的心理，既要从他的生理特点考虑，更重要的是研究他所处的社会环境，他所从事的实践活动，这些都是形成一个人心理特点的背景，也是饮食消费心理学研究的饮食消费心理实质问题。

二、饮食消费的心理过程

心理学研究揭示了任何个体的每一种心理活动，都是一个发生、发展和完成的动态过程，这就是我们说的心理过程。饮食消费心理过程同样经历认知过程、情感过程和意志过程三个紧密相连的阶段。

1．认知过程

心理学的基本原理认为，人的心理活动首先是在客观事物作用下通过认知过程进行的。这种认识活动从简单的、反映事物表面现象的感知觉到复杂的思维活动，使人能获得对外界事物由感性到理性的认识。科学实践证明，人的心理认知过程就是感觉、知觉、记忆、想象等心理活动在注意的意识状态下的系列思维活动。

感觉是脑对直接作用于感觉器官的客观事物的个别属性的反映。感觉是最初级的认知过程，是一种最简单的心理现象。感觉是各种复杂的心理过程（如知觉、记忆、思维）的基

础，人的外部感觉主要包括视觉、听觉、嗅觉、味觉和肤觉五种。这类感觉的感受器位于身体表面，或接近身体表面的地方。知觉是一系列组织并解释外界客体和事件的产生的感觉信息的加工过程，即知觉是客观事物直接作用于感官而在头脑中产生的对事物整体的认识。知觉有整体性、恒常性、意义性、选择性等特性。感觉与知觉综合反映形成感知觉，感知觉是人的复杂的、通过分析与综合去反映事物本质特点的思维活动认识的开端和源泉。例如，饮食消费者对食物的评价，首先是通过视觉、嗅觉、味觉、口腔器官肤觉等去反映体验，然后通过思维和分析作出判断。

记忆是人脑对经历过事物的识记、保持、再现或再认，它是进行思维、想象等高级心理活动的基础，人在认识事物时，将接受的信息存储在大脑仓库中，并对信息进行加工整理，且在一定的条件下能重新回想起来，这是一个很重要的心理过程。人们依靠记忆才能积累和丰富知识经验，才能认识和改造世界。饮食消费者对食用消费活动过程的食物、服务及环境等，都是会通过记忆心理活动进行信息的接受、综合和重现的。

想象是人在头脑里对已储存的表象进行加工改造形成新形象的心理过程。它是从知觉得来的，而且在记忆中保存的材料的基础上，进行加工改造，从头脑里创造新形象的过程。它是一种特殊的思维形式，与思维有着密切的联系，都属于高级的认知过程，它们都产生于问题的情景，由个体的需要所推动，并能预见未来。想象在人类的创造活动中具有重大的作用。人的幻想和理想都是想象的表现形式。心理学认为人的想象具有巨大的潜能，它对人类社会创造性的贡献还有待进一步开发。在饮食消费场景中，消费者可以根据菜肴的名称想象即将端上菜肴的形状和烹制方法；在食物制作过程中，厨师可以想象需要雕刻的食物形状。

思维最初是人脑借助于语言对事物的概括和间接的反映过程，它通过其他媒介作用认识客观事物，并借助于已有的知识和经验，已知的条件推测未知的事物。思维也是人脑对客观事物的反映，但思维这种心理与感性认识阶段的感知觉不同，它所反映的是事物的本质和规律，是对事物属性的概括和抽象，是对事物的间接反映过程，且借助了语言进行。思维的过程是分析、综合、比较、抽象和概括的过程，其基本形式是判断和推理。饮食者在消费活动中，通过食用品菜和接受相关服务及可能的环境使用，然后给出消费满意的评价意见，这是经过思维的过程。

注意是心理活动对一定对象的指向和集中，注意本身不是独立的心理过程，而是感觉、知觉、记忆和思维等心理过程的一种共同特性。任何心理过程在开始时，总是表现为我们的注意指向于这一心理过程所反映的事物，并伴随心理过程逐步深入。人的心理的认知过程，无论是感觉、知觉，还是记忆、思维、想象，这些心理活动的进行，只有在注意的情况下才能产生。注意是一切心理活动的特性，它可分为无意注意和有意注意两类（也称不随意注意和随意注意）。无意（不随意）注意的特点是无预定的目的，不需任何努力，不由自主地对某一事物发生的注意，它主要是在新异刺激物的作用下引起的。有意（随意）注意有预定的目标，并需经过努力，主观能动地对一定事物的注意。这两种注意在一定的条件下也可以互相转化。在饮食消费活动中，餐饮单位可以通过招牌、霓虹灯，或接待措施上的新颖、奇特，以及食物的造型、菜肴的摆台、香味等一种强烈的或易于变化的刺激作用常使人产生这种无意的注意。厨师进行烹饪技艺的学习或进行食品雕刻的工作时，主要是依靠有意注意。

感觉、知觉、注意、记忆、想象和思维等心理活动，是我们在日常生活、学习和工作以及包括饮食消费活动在内的其他社会实践中经常发生的认识活动。人正是在社会实践中通过各种认识活动，特别是通过思维活动，在头脑中不仅经常保持着对当前可感知的事物的状况和作用的辨认，而且还保持着过去曾感知过的事物的情况并推想将来会发生的事物的情景。这就是我们在头脑中经常会形成的关于客观现实的事物、感知到的事物以及思维到的事物的种种映象。

2．情感过程

人在认识或反映客观现实的过程中，不仅去感知思维，同时也伴随着一定的情绪或情感的过程，人对待客观事物总是要表示自己的观点和态度，如赞同与否、喜欢与否、是喜是忧等，这些对客观事物所持的态度的体验，就叫作情感或情绪。心理学角度情感和情绪是两个既有区别又有联系的科学概念。

情绪是对一系列主观认知经验的通称，是人对客观事物的态度体验以及相应的行为反应，一般认为，情绪是以个体愿望和需要为中介的一种心理活动。情绪主要是与生理需要相联系，较多地指感情的表现方面。情绪状态是指在某种事件或情境的影响下，在一定时间内所产生的某种情绪，其中较典型的情绪状态有心境、激情和应激三种（表1–2）。

表1–2　较典型的情绪状态

类别	定义	影响
心境	心境是指人比较平静而持久的情绪状态。心境持续时间依赖于引起心境的客观刺激的性质，人格特征也能影响心境的持续时间，心境产生的原因是多方面的。生活中的顺境和逆境、工作中的成功与失败、人际关系是否融洽、个人健康状况、自然环境的变化等，都可能成为引起某种心境的原因	心境对人的生活、工作、学习、健康有很大的影响。积极向上、乐观的心境，可以提高人的活动效率，增强信心，对未来充满希望，有益于健康；消极悲观的心境，会降低认知活动效率，使人丧失信心和希望。经常处于焦虑状态，有损于健康。人的世界观、理想和信念决定着心境的基本倾向，对心境有着重要的调节作用
激情	激情是一种强烈的、爆发性的、为时短促的情绪状态。通常是由对个人有重大意义的事件引起的。往往伴随着生理变化和明显的外部行为表现	激情状态下人往往会出现“意识狭窄”现象，即认识活动的范围缩小，理智分析能力受到抑制，自我控制能力减弱，进而使人的行为失去控制，包括做出一些鲁莽的动作或行为，以及兴高采烈、欣喜若狂等表现
应激	应激是指人对某种意外的环境刺激所做出的适应性反应。人们遇到某种意外危险或面临某种突然事变时，必须运用自己的智慧和经验，动员自己的全部力量，迅速作出选择，采取有效行动，此时人的身心处于高度紧张状态，就是应激状态	人在应激状态下，会引起机体的一系列生物性反应，如肌肉紧张度、血压、心率、呼吸以及腺体活动都会出现明显的变化。这些变化有助于适应急剧变化的环境刺激，维护机体功能的完整性。应激状态的产生与人面临的情景及人对自己能力的估计有关

情感是态度这一整体中的一部分，它与态度中的内向感受、意向具有协调一致性，是态度在生理上一种较复杂而又稳定的生理评价和体验。情感包括道德感和价值感两个方面，具体表现为爱情、幸福、仇恨、厌恶、美感等。情感主要是和社会性需要相联系，着重表现感情的内容方面。

情感是一种特殊的主观反映，其发生过程实际上是人脑对于事物价值特性的刺激与感受的生理过程，它与一般意义的刺激与感受生理过程的不同之处在于：刺激信号不是事物的物理或化学特性，而是事物的价值特性，具体地讲就是事物的“价值率高差”（即事物的价值率与主体的平均价值率之差）。这种刺激信号往往是一种抽象化的、复合型的关系信号，它既可以是复合的色彩、形状、体积、重量、声音、图像等物理化学信号，也可以是语言与文字所组成的第二信号系统，这些复合型信号代表着事物的价值特性，而不是代表着事物的某种物理化学特性。当事物的价值特性作用于或即将作用于人时，人脑将以一定的情感强度来感受它。根据价值目标指向的不同，人的情感表达模式可分为对物情感、对人情感、对己情感以及对特殊事物的情感四大类。

情绪和情感按社会性内容可分三大类：一是道德感，它是根据社会道德行为准则评价别人或自己的言行而产生的情感；二是理智感，它是人的认识和探求真理的需要是否得到满足而产生的情感；三是美感，它是人的审美需要是否得到满足而产生的情感。

心理学关于情感过程的理论对饮食消费心理的研究有很大的启示。例如，如何激发饮食需求者的消费激情，如何控制失去理智的消费；如何通过环境的布置来调节饮食消费者的心境；如何改进烹调制作技艺增进菜肴的美感，以满足饮食消费者的审美需要等，都是可以深入研究的方向。

3．意志过程

人的心理过程不仅有认知过程和情感过程，而且还经历着意志过程。意志是人自觉地确定目的，并根据目的调节支配自身的行动，克服困难，去实现预定目标的心理倾向。它是决策心理活动过程中重要的心理因素，是人的意识能动性的集中表现，在人主动地变革现实的行动中表现出来，对行为有发动、坚持和制止、改变等方面的控制调节作用。意志过程包括采取决定阶段（意志行动的准备阶段）和执行决定阶段（将行动计划付诸实现的过程）两个阶段。

意志是人脑所特有的产物，是人的意识的能动作用的表现。人们在进行某种活动前，活动的结果已经作为意志行动的目的而存在于他的头脑中。要把观念转为现实，必须以预定的目的来指导、激励自己的行动，排除干扰，克服困难从而达到行动的目的。因此，意志过程是人的内部意志向外部动作转化的过程。

在意志过程中，人们为了满足自己的需要，通过对物品的认知过程和情感过程，确定明确的行动目的，并有计划地根据行动目的去支配和调节自己的行为，以实现预期目的。意志过程有两个特征：其一，意志过程是有目的的行动过程。意志过程是人所特有的行动，但并非说人的一切行动都是意志行动，只有预先有明确的目的，并以目的来配合、调节行动才是意志过程。如手遇到火烫迅速收回，一时冲动打人骂人，这些行动预先没有目的，是本能的、盲目的行动。其二，意志过程是克服困难的过程。意志过程是有目的的行动，但也并不是所有有目的的行动都是意志过程，虽有目的但无须努力和克服困难就不属于意志行动，需要做出巨大努力的行动就是意志行动。

人的意志水平和品质是各不相同的，在行动中，有的懦弱，有的坚强，有的易受暗示，有的自主性强，反映了各人不同的意志特点。在中国特色社会主义市场经济条件下，餐饮业的竞争十分激烈，企业成功与发展需要有意志力的经营者和从业人员。同时，在饮食消费心理研究角度，饮食消费者在选择消费过程中的意志特点也就构成了消费者的个性消费特点。

三、饮食消费心理的个性心理特征

人的心理过程包括认知过程、情感过程和意志过程，反映在每个人身上都具有个人的独特色彩，这是由于每个人的个性是不相同的，这就是心理现象的第二个方面，即个性心理特征。

个性心理特征是指人的多种心理特点的一种独特的结合，个体经常、稳定地表现出来的心理特点。比较集中地反映了人的心理面貌的独特性、个别性。主要包括能力、气质、性格。其中，能力标志着人在完成某种活动时的潜在可能性上的特征；气质标志着人在进行心理活动时，在强度、速度、稳定性、灵活性等动态性质方面的独特结合的个体差异性；而性格则更是鲜明地显示着人在对现实的态度和与之相适应的行为方式上的个人特征。

人的心理过程和个性特征是密切联系的，它不可分割地构成人的心理活动。人的个性特征必然要通过认知、情感和意志的心理过程表现出来；反过来，人的个性特征也制约着各种心理过程。人的心理现象这两大方面是辩证统一的关系。

1．个性的概念

个性是一个人在先天生理素质的基础上，在一定的社会历史条件下，通过社会实践形成和发展起来的比较稳定的、带有一定倾向的个性心理特征的综合，就是具有一定倾向性的比较稳定的本质的心理特征的综合。人的个性的形成和发展固然与先天遗传等生理因素有关，主要与人的高级神经活动的生理特征相联系，但更重要的是后天社会环境等各方面条件的制约，如家庭、学校教育等社会因素的影响，而起决定性作用的是人的内在矛盾的动力作用。所以，具体到每个人就存在着个性差异，就好像一棵树上找不到两片完全相同的树叶一样，世界上也没有两个完全相同的人。人的个性差异主要表现在兴趣、能力、气质和性格上。

2．兴趣的差异

兴趣是人认识某种事物或从事某种活动的心理倾向，它是以认识和探索外界事物的需要为基础的，是推动人认识事物、探索真理的重要动机。兴趣有直接的，也有间接的，兴趣有个体在生活中长期形成的，也有在一定对的情景下由某一事物偶然激发出来的。兴趣是人对某些事物特别注意的倾向，同时对这些事物持有积极态度的心理特征。兴趣和人的注意与情感密切联系着。兴趣的产生来源于人对物质和精神的需要，是在实践的过程中产生和发展的。它可以激发人积极地获取知识，开阔视野，丰富人的精神生活，在人的生活实践中具有极为重要的作用。

兴趣的4种品质如表1–3所示。

表1–3　兴趣的品质

类别	定义
倾向性	指兴趣所指向的内容。是指向物质的，还是指向精神的；是指向高尚的，还是指向卑劣的内容
广度	指兴趣的范围大小。有人兴趣广泛，有人兴趣狭窄。一般说来，兴趣广泛的人能获得广博的知识
稳定性	指兴趣长时间保持在某一或某些对象上。只有具备了稳定性，一个人才可能在兴趣广泛的背景上形成中心兴趣，使兴趣获得深度
效能	指兴趣对活动发生作用的大小。凡是对实际活动发生作用大的兴趣其效能作用也大，反之，对实际活动发生作用小的兴趣其效能作用也小

兴趣对人的活动有很大的影响。从一般意义上讲，首先影响知觉的选择性，其次影响人们探索的积极性，再次影响人们行动的积极性。从饮食消费心理角度看，来自不同国家和地区的饮食消费者，个人的兴趣不尽相同，应该研究他们一般的兴趣和特殊的兴趣，以针对性满足他们的饮食消费兴趣。在餐饮企业管理工作上，研究员工的兴趣特点，有助于培养员工的职业兴趣。

3．能力的差异

心理学认为能力是顺利完成某种活动、直接影响活动效率的心理特征。能力必须以一定的知识为基础，但知识不等于能力。只有消化理解了知识，掌握了运用知识的技巧，知识才会转化为能力。能力与先天因素有关，即人与生俱来的生理特点，包括感觉器官、运动器官、神经系统的特点，它们是人的能力形成和发展的自然前提，但能力的形成和发展的决定性因素是后天的实践和学习。

能力可分为一般能力和特殊能力两种。所谓一般能力，即平常所说的智力，它包括观察力、注意力、想象力、记忆力、思考力、判断力、语言表达力等。这些反映人的智慧的能力适用于广泛的活动范围，是在一切学习、工作和生活中表现出来的。而特殊能力是指在某些专业活动中表现出来的能力，如数学能力、音乐能力、飞行能力、烹调能力等。但特殊能力是以一般能力为基础的，特殊能力的发展也相应地促进一般能力水平的提高，二者相辅相成，在人的实践活动中互为影响。

能力差异是个性心理的重要差异。在人们之间，能力的差异既表现在质的方面，也表现在构成和发展水平上。能力的质的差异有知觉差异、记忆差异和思维差异之分。能力的知觉差异，主要指人们在知觉方面有分析型、综合型和分析综合型的区别。能力的记忆差异，主要是指人们在记忆方面有听觉型、动觉型、视觉型和混合型的区别。能力的思维差异，主要是指人们有抽象思维、形象思维、具体思维和逻辑思维的区别。人的能力大小或者能力差异是正常的现象。餐饮业要求从业人员必须具备相应的一般能力和专业工作能力，但每个人不可能一样，有强有弱，故有等级之分。根据人的能力特点，人尽其能，可以发挥人的积极性。同时，人的能力发展主要依靠实践活动的锻炼和知识经验的积累。文化科学知识的水平是能力的重要因素，实际工作的锻炼是能力发展的根本保证。在这些方面创造条件是能力发展的必要途径。当然，能力和先天素质这些生理方面的自然因素有内在联系，但能力主要在后天的社会条件下形成发展。能力具有能动性和可塑性。

4．性格的差异

人的性格是个性的典型体现，是构成人的个性的核心部分。性格是指人对客观现实的态度体系和习惯化了的行为方式。人在对人、对己、对客观事物的态度、行为上不可能完全一致，表现出举止态度方面彼此不同的特点，这就反映着性格的不同。例如，有的人热情、开朗、活泼、外露，有的人拘谨、内向、冷静、多思，有的人大胆勇敢、见义勇为，有的人谨小慎微、见利忘义等，反映出各自不同的性格特征。但必须是经常地、稳定地表现在他的态度和行为方面，如果是偶尔的，就不能认为是某人的性格。

人的性格不仅表现在对现实的态度方面，也反映在情绪、意志和理智的特点上。人的性格一般可分为内向型和外向型两种；也有分独立型和顺从型的；还有按理智、情绪、意志三者哪个占优势来确定性格类型的。了解人的性格特点，对饮食服务工作极为重要，饮食消费者在态度和行为方式上，反映出不同的性格特点，这就需要随时调节餐饮企业接待服务工作。同时，要培养饮食服务从业人员良好的性格特点以适应工作的需要。性格的消极方面应努力克服，同时也是可以改造的，性格在人的生活环境中、在实践活动中逐步形成，虽然比较稳定，但一旦发现它不适应外界环境和人际交往，只要主观努力是可以改变的。

5. 气质的差异

气质是人典型的稳定的个性心理特征，它受个体生理特点的制约，具有先天遗传性。它反映出人的心理活动的动力特点，即反映了一个人心理活动过程进行的速度、强度、稳定性、指向性。气质是一个古老的概念，最早由古希腊医生希波克利特（Hippocrates，约公元前460—前377年）提出，后经罗马医生盖伦（Galen，约公元130—200年）的验证修订，正式成为气质学说理论。希波克利特认为，人体内有血液、黏液、黄胆汁、黑胆汁四种不同的液体，并根据它们在人体内所占的不同比例，把人分成四种不同类型的气质，即胆汁质、多血质、黏液质和抑郁质。现代心理学认为，气质的这四种类型都有其特殊表现，都有其长短处。

知识拓展

四种类型的气质

多血质	耐受性高，感受性低，能忍耐较强的刺激，能坚持长期的工作	这种人活泼、好动、反应灵活、行动迅速、效率高；情绪兴奋性高，外部表现明显、变化性大，对人热情、友好、善于交际、富有感染力，易适应环境变化，脾气急躁，性情不甘寂寞，但坚持性差，容易出现厌倦和消极情绪；在认识上，对新生事物敏感、语言表达力强，但认识不深刻，易受暗示的影响，意志薄弱，注意力不稳定，缺乏知己
黏液质	耐受性高，感受性低，动作反应慢，不灵活，情绪兴奋性低，不易变化	对人真挚、诚恳、性情安静、脾气柔和、交际适度，遇事谨慎，善于忍耐，富于实干，注意力不易转移；对新生事物缺乏热情，沉默寡言，心理内向不外露，常被人看成是外柔内刚
胆汁质	耐受性高，感受性低，兴奋性高但不均衡，动作反应灵活，情绪易激动，控制性差	情绪热烈，态度坦率、直爽，易于受感染，心境变化激烈，易发生冲突；语言表达力强，行为冷热不均，常常刚愎自用，傲慢不恭
抑郁质	耐受性低，感受性高，不能经受强烈的刺激	动作反应慢，不灵活，具有刻板性；情感体验深刻，感情脆弱，性情孤僻、羞怯，缺乏自信心；为人小心谨慎，思考透彻，在困难面前容易优柔寡断

实际上，生活中是难以找到只有一种气质特点的典型代表，而且气质本身无好坏，不能决定一个人活动的社会价值和成就的高低。然而，气质类型虽然不能决定一个人社会活动的内容和方向，但它往往影响一个人的活动性质和工作效率。对饮食业的经营服务人员，抑郁气质的人是难以胜任的。

四、饮食消费典型心理活动

饮食消费心理是由饥饿感诱发需要而产生的，但构成饮食消费心理的因素十分复杂，不同的饮食消费者消费同一种饮食服务产品，其受驱动的消费心理是不一样的。典型的饮食消费心理活动主要有以下几种。

1．先验与后效

饮食消费的先验心理是由消费者的直接饮食感觉而产生的连锁反应。这种反应在饮食消费活动中是很平常的。善于经营的饭店给顾客的第一道菜，味道会特别好，分量分外足，菜的颜色格外吸引人，能唤起人的食欲，形成好感，使顾客一开始就产生良好的印象，认为这家饭店物美价廉；至于后面上的菜，就是差些也不在乎了，顾客酒一喝、菜一吃，舌头品味就不太灵敏了。这就是先入为主，起始效应在发挥作用。

美国心理学家对吃自助餐的消费者做过研究，结果发现消费者兴奋地挑选大量的食物，不断地放在自己的盘中，是因为自选食物布置合理、量多、种类多、色彩缤纷醒目，使他们处于“高峰体验”的状态中。这就是饮食者在五光十色、琳琅满目的视觉中产生良好的感觉，引起消费者对饭店的信任感和愉悦感的连锁反应。所以，第一次接触很重要，无论是餐桌上的食物，还是商店橱窗中的食品，往往是消费者首先感知的东西；无论是品尝食品还是接受服务，首次都是十分重要的，我们应该给饮食消费者留下良好的第一印象。

与饮食消费先验心理相对应的是饮食消费后效心理。饮食消费后效心理是饮食者在实行消费行为后产生的善后反应和心理反馈。每一个消费者都能通过购买、食用对食物和服务作出评价而总结经验教训，作出选择下一次饮食消费行为的决定。

有些饭店，每年都要进行一次停业修缮，精明的老板往往在修缮前的两三周，供应的饭菜分量特别足，味道特别好，使人留下物美价廉的印象。停业时，这些老主顾到别的饭店吃饭，与原有老饭店一比较相差甚大，更加深了对老饭店的怀念。这就是利用饮食消费后效心理的经营之道。

2．恋旧与怀古

饮食消费恋旧与怀古心理是指饮食者从时间特征上对过去的饮食服务产品有一种特殊的情感体会和行为倾向。这种心理在中老年人中普遍存在。老年食客常抱怨目前的某些食物加工和味道不如从前，总喜欢挑老字号的店铺，迫使一些饭店酒楼恢复一些传统食物，以吸引中老年食客。尽管有些传统的食物加工方法已不符合今天的食品要求，但不这样做就会失去一批有恋旧与怀古心理的饮食消费者。如挂炉烤鸭的制作加工已经使用电烤炉完成，但是在传统字号烤鸭餐厅里依然设置了传统木柴烤炉。为了与传统字号相匹配，餐饮企业的服务、设施、环境、气氛等都恢复了老传统，有些还发展了系列产品，如烟、茶、酒、饮料、糖、水果等，赢得了不少顾客，尤其是吸引了很多外宾，这些传统项目的挖掘和食物加工传统方法的恢复，既满足人们饮食消费活动的恋旧和怀古心理，也继承和发扬中华民族的优秀饮食文化，所以，餐饮业对饮食消费者的恋旧和怀古心理应予以高度的重视。

3．求实与求廉

饮食消费的求实与求廉心理，指饮食者在消费时着眼于实用和廉价的心理反应。每个饮食者消费都着眼于以较少的经济支出获取较多的食物和良好的服务。饮食消费中的物美价廉是矛盾的统一，也是一种相对的要求。实际上食物质量好的，价格自然要贵些。反之，食物质量差，价格自然便宜。有求实求廉心理的饮食消费者的着眼点是实惠、廉价、质鲜味美、营养丰富。这种心理人人有之，只是程度不等，尤其以年龄大、收入低和家庭负担重的消费者为多。

目前，中国国内餐饮消费大致分为温饱型、改善型、社交型三大消费类型。其中的温饱型即吃饱一餐安全健康饭者，和改善型即吃到个人喜欢的地道美食等类型，就是求实求廉的消费需求心理为主要因素。大众餐饮、百姓消费、地方特色餐饮等消费企业，都应当重视这一个性心理特征。

4．求新与求美

饮食消费者的求新与求美心理是求实求廉心理的升级发展层次。它是指饮食消费者注重食物和服务的品质与审美提高的心理反应。求新心理人皆有之。一个时期在一个地方吃的总是同一类食物或味别，就会产生感觉疲劳，这既是心理反应，也是生理反应。同时，饮食消费者的求新心理在对新鲜食品食材消费追求体现得更突出。

对应青年餐饮消费者，善变常新才能满足他们的饮食消费需求，所以目前在商业中心美食街区的餐饮企业，时尚餐厅的形式越来越普遍，阶段时间里从菜单菜品，到桌椅环境的不断调整变换，努力成为受饮食消费者欢迎的地标美食，这正是迎合饮食消费者的求新消费心理。

爱美之心也是人皆有之。随着饮食文化的发展，饮食者在消费时追求食物与消费环境的款式新颖、颜色漂亮和时尚奢华。这种消费心理正在成为中国饮食业发展的一条主线。

5．雅静舒适

饮食消费的雅静舒适心理，是饮食者在消费时追求环境的文化与空间艺术体验的心理反应。越来越多的饮食者对就餐场所的环境体验希望更高，不愿在嘈杂、拥挤、脏乱差的饭店吃饭或宴请。特别是社交型餐饮消费需求者，不仅仅是满足生理的需要，而且是社会交际的手段。通过聚餐叙叙友情，谈谈生意，沟通信息，目的多多，这种情况下，更不愿意在人多嘈杂的环境下进行。餐饮企业设立包厢就是餐饮消费心理应用的产物。

目前，在城市里的特色餐饮企业有独特的文化主题，融合到产品、服务、环境等各个设计领域，使消费者感受到菜点饮食、设施设备、桌椅餐具、服务卫生等全面迎合饮食者个性要求，甚至海底捞等餐厅还开展多种服务项目，真正做到想顾客所想，急顾客所急。

6．食品安全

饮食消费安全心理是指饮食消费者对消费场所和食品安全的心理反应。不论食物品种多么丰富、服务态度多么热情，如果食品安全出问题，对餐饮企业会是致命的打击。随着社会的进步、人类文明的发展，人们的食品安全心理需求越来越强烈。尤其是公共场所、集体性消费，更应该十分注重食品安全。早在新中国成立初期，我国就陆续颁布了数十种有关饮食卫生、食品加工、饮食环境等方面的法规、条例，并于2009年6月1日废止了《中华人民共和国食品卫生法》，颁布实施的《中华人民共和国食品安全法》也于2018年12月29日修正，对食品安全实行国家监督，为了保证食品安全，保障公众身体健康和生命安全依法行事，使我国的食品安全步入了一个新阶段。

食品安全管理是对餐饮企业管理的基本要求。越来越多餐饮企业主动开展“明厨亮灶”改造，包括厨房加工间视频餐厅现场直播等形式。既是从业者守法标志，也是满足饮食者食品安全需求的行为结果。

7．保健养生

饮食消费康养心理是指饮食消费者对食物的保健养生功能需求的心理反应。中华传统的“药食同源”的传统文化理念越来越普及，食能安身也能治病，食疗配合一些药疗，有时能起到意想不到的效果。进入21世纪以来，我国的药膳研究方兴未艾。不仅是休／疗养院所采用药膳配合治疗一些慢性疾病，城市餐厅药膳和食疗产品屡见不鲜，高校还开设了康养保健专业。既能提供营养，又具有保健和食疗作用的饮食是饮食者的心理需求，并有持续长期发展的趋势。

8．偏爱与嗜好

饮食消费偏爱与嗜好心理指饮食者对某种食物的特殊爱好和兴趣的一种心理反应。这种反应主要是由于地域的差异、生活习惯、特殊的嗜好而形成的。例如，中国的四大菜系正是由于不同地区的人有不同的饮食口味所形成的；老年人与青年人的生理条件和生活习惯有差异，形成了对食物的硬软、冷热等不同的要求；即使一个家庭中每个成员对食物的荤素、淡咸、生熟及结构要求也不一样。有的人不喜欢吃的食物可能一辈子都改不了。正是由于饮食消费的偏爱与嗜好心理，这就要求餐饮企业要多种经营方式并举，不断开发餐饮产品，尽可能满足饮食消费者的特殊需求。

本章复习与思考

1．饮食消费者动机行为的基本过程是什么？

2．饮食消费心理学的研究对象是什么？

3．简述兴趣的品质特点及对人类活动的影响。

4．简述气质的类型及各类型特点。

5．如何研究饮食消费心理？

6．饮食消费心理学与相关学科的关系是什么？

7．研究饮食消费心理的意义是什么？

8．简述饮食消费心理学的研究方法。

9．简述饮食消费的心理过程。

10．举例说明典型的饮食消费心理。

第二章 饮食消费一般心理过程

学习引导

内容提要

本章主要介绍了饮食消费认知过程的一般心理活动概念、饮食消费认知的基础心理状态、认知心理过程、认知心理的差异等基本概念和基础理论，介绍了情绪、情感心理活动的概念、影响饮食消费者情绪的主要因素，以及饮食消费情感心理过程等内容，介绍了饮食消费意志的基本概念、意志行动的心理过程、意志行动心理过程的阶段特征、意志心理过程的个性特点内容。

学习目标

通过以下目标，建构以“饮食消费一般心理过程”为阶段性知识内容的“传承型学习”成果。

学习和把握认知的一般心理活动、饮食消费认知的基础心理状态、饮食消费认知心理过程等知识；以及饮食消费者认知心理的差异等知识；用其指导“本章复习与思考”相关作业题；体验“饮食消费者的一般心理过程”中“饮食消费认知心理”的“传承型学习”及其迁移。

学习和把握情绪、情感的一般心理活动等知识；影响饮食消费者情绪的主要因素、饮食消费情感心理过程等知识；用其指导“本章复习与思考”相关作业题；体验“饮食消费一般心理过程”中“饮食消费者情绪、情感”的“传承型学习”及其迁移。

学习和把握意志的含义、意志品质、意志行动特征、意志行动的心理过程等陈述性知识，以及饮食消费意志行动心理过程的阶段特征、饮食消费者意志心理过程的个性特点等知识；用其指导“本章复习与思考”相关作业题；体验“饮食消费一般心理过程”中“饮食消费意志过程”的“传承型学习”及其迁移。

内容结构图

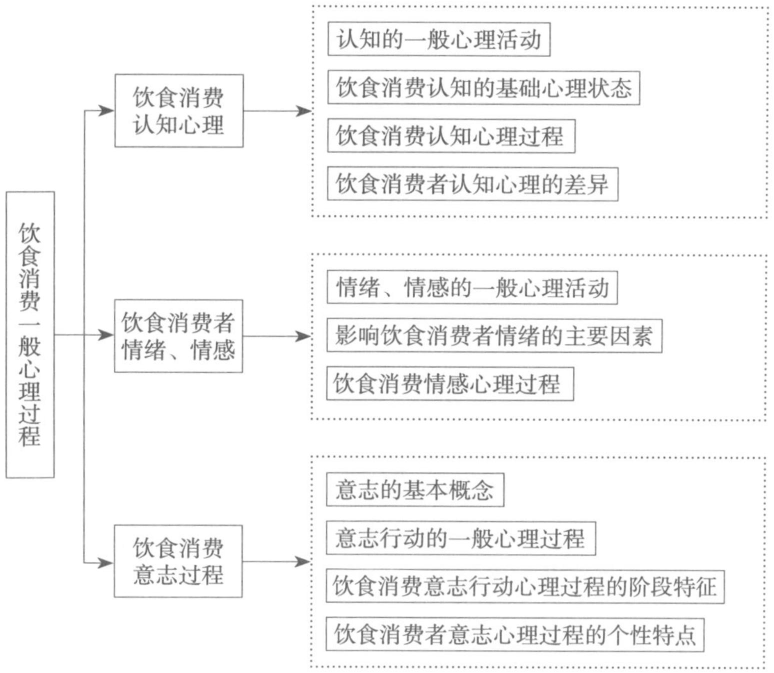

第一节　饮食消费认知心理

根据心理学关于人的心理过程构成及其基本原理理论，饮食消费者的心理活动也同样按照认知过程、情感过程和意志过程发生，并在这些过程中表现出饮食消费特有的心理现象。

一、认知的一般心理活动

1．感觉

感觉是人脑对直接作用于感觉器官的客观事物个别属性的反映。

（1）感觉的种类　按照刺激的来源可把感觉分为外部感觉和内部感觉。外部感觉是由外部刺激作用于感觉器官所引起的感觉，包括视觉、听觉、嗅觉、味觉和皮肤感觉（皮肤感觉又包括触觉、温觉、冷觉和痛觉）；内部感觉是由身体内部来的刺激所引起的感觉，包括运动觉、平衡觉和机体觉（机体觉又称内脏感觉，包括饿、胀、渴、窒息、恶心、便意、性和疼痛等感觉）。

（2）感受性及感觉阈限如表2-1所示。

表 2-1　感受性及感觉阈限

感受性	感觉器官对适宜刺激的感觉能力
感觉阈限	能引起感觉的最小刺激量称为感觉阈限
差别阈限	刚刚能引起差别感觉的刺激的最小变化量称为差别感觉阈限，或称差别阈限，又称最小可觉差

感受性和感觉阈限的关系：感受性是用感觉阈限的大小来度量的，二者成反比，阈限值低感受性高，阈限值高感受性低。

（3）感觉现象如表2-2所示。

表 2-2　感觉现象

感觉适应	在外界刺激持续作用下感受性发生变化的现象称为感觉适应。各种感觉都能发生适应的现象，痛觉则难以适应，因为痛觉具有保护性的作用
感觉后像	外界刺激停止作用后，暂时保留的感觉印象称为感觉后像
相继对比	两种感觉先后发生所形成的对比称为相继对比，如吃完苦药以后再吃糖觉得糖更甜了；从冷水里出来再到稍热一点的水里觉得热水更热了
联觉	一个刺激不仅引起一种感觉，同时还引起另一种感觉的现象称为联觉，如红色看起来觉得温暖，蓝色看起来觉得清凉。注意：联觉不是联想
感觉对比	不同刺激作用于同一感觉器官，使感受性发生变化的现象称为感觉对比
同时对比	两种感觉同时发生所形成的对比称为同时对比

（4）几种重要感觉。

①视觉：视觉的适宜刺激是波长在380～780纳米的电磁波，我们把这一段的电磁波称为光波。

人们常常说颜色是只指彩色。本来颜色包括彩色和非彩色，彩色有色调、明度和饱和度的特性；非彩色只有明度一种特性（它是一个由黑到白，其间由各种不同明度的灰组成的系列）。色盲的人是按物体的明度来判断颜色。

②听觉：20～20000赫兹的空气振动是听觉的适宜刺激，我们把这个范围的空气振动称为声波。比20赫兹小的次声波，以及比20000赫兹大的超声波人们都听不到。听觉的特性包括声音有音调、响度和音色三种性质。音调由声波的频率决定，频率越高音调越高。响度由声波的振幅决定，振幅越大声音越响。音色是由声波的波形决定的。

③皮肤感觉：皮肤感觉包括触觉、压觉、振动觉、温觉、冷觉和痛觉，它们分别有不同的受纳器。皮肤感觉和内脏感觉中都有痛觉。痛觉对机体具有保护的作用。痛觉具有生物学的意义。正是因为这个原因，痛觉最难以适应。

2. 知觉

知觉是直接作用于感觉器官的客观事物的整体在人脑中的反映。知觉具有整体性、选择性、恒常性、理解性等基本特性。知觉包括空间知觉、时间知觉、运动知觉、错觉等种类。

感觉与知觉的关系如表2-3所示。

表 2-3　感觉和知觉的区别与联系

区别	反映的对象不同：感觉——个别属性；知觉——整体 反映的形式不同：感觉——镜子式的反映；知觉——理解和解释
联系	都具有直观形象性，知觉是对感觉信息的组织

3．思维

思维是人脑对客观事物间接的、概括的反映，它能认识事物的本质和事物之间的内在联系。思维具有概括性、间接性的基本特征。思维的智力操作过程包括分析与综合、抽象与概括、比较与分类。思维的分类如下。

（1）根据思维的形态，可以将思维分为三种。

动作思维	以实际动作为支柱的思维过程
形象思维	以直观形象和表象为支柱的思维过程
抽象思维	用词进行判断、推理得出结论的过程

（2）按照探索问题答案的方向不同，可以将思维分为两种。

辐合思维	按照已知的信息和熟悉的规则进行的思维
发散思维	沿着不同的方向探索问题答案的思维

（3）按照思维是否具有创造性，可以将思维分为两种。

再造性思维	用已知的方法去解决问题的思维
创造性思维	用独创的方法去解决问题的思维

4．想象

想象是对已有的记忆表象进行加工改造，创造出想象表象新形象的思维过程。想象的种类可分为以下两种。

无意想象	无意想象是没有预定的目的，在某种刺激作用下不由自主产生的想象。梦是无意想象的极端例子。幻觉是在异常精神状态下产生的无意想象
有意想象	有意想象是在一定目的、意图和任务的影响下有意识地进行的想象。有意想象又分为再造想象、创造想象和幻想。幻想是和一个人的愿望相联系并指向未来的想象

5．意识和注意

意识是在觉醒状态下的觉知，既包括对外界事物的觉知，也包括对自身内部状态的觉知；既涉及觉知时刻的各种直接经验，也包括我们对这些内容和自身行为的评价。

意识的形态可以分为不同的层次和水平，因为从无意识到意识是一个连续体。而且一般的意识形态也会转化为其他的形态，如睡眠、梦和幻觉等。

意识状态包括以下三种。

潜意识	指在当前并没有意识到的信息，但它却保持在记忆中，可以通过一定的方式把它从记忆中提取出来。潜意识是精神分析论的重要概念
无意识	是相对于意识而言的，指个体没有觉察到的心理活动和心理过程
注意或焦点意识	注意是心理活动或意识活动对一定对象的指向和集中。注意是“意识的聚焦”。根据注意有无预定目的和意志努力的程度不同，可以把注意分为不随意注意、随意注意、随意后注意三种

6．记忆

记忆是人脑对过去经历的事物的反映。人们在日常生活和社会实践中，凡是过去感知过的事物、思考过的问题、经历过的情景、演练过的动作等，都会在大脑中留下痕迹。这些痕迹日后遇到一定条件，就会被重新“激活”，在人脑中重现已经消失的刺激物的印象。记忆是人脑的一种机能，它的生理学基础是大脑神经中枢对某种印迹的建立与巩固。根据信息理论，人类的记忆可以被看成一个信息加工系统，刺激过程是信息的输入，中枢过程是对信息的编码、储存，放映过程则是信息的输出。

记忆在人的心理活动及实践活动中起着十分重要的作用。由于记忆，人们才能保持、积累经验，从而形成各自的个性心理特征。研究表明，人的知觉如果没有记忆参与就不可能实现，没有记忆也就不可能有思维活动。就人的实践活动而言，没有哪一种活动不需要记忆这种心理现象的参与。记忆对人的实践活动具有动力作用。记忆的心理过程包括识记、保持、再认和回忆四个过程。

识记是人们为了获得对客观事物的深刻印象而反复进行感知的过程，也就是通常所说的“记住”。识记是记忆过程的开端，是保持的必要前提。根据有无明确的目的，可以把识记分为无意识记和有意识记。识记根据识记材料有无意义或消费者是否了解其意义，分为意义识记和机械识记。意义识记主要是通过对材料的理解而进行的识记。机械识记主要是依靠机械重复而进行的识记。

保持是信息储存，即对已经识记的知识和经验，在头脑中积累、储存和巩固的阶段。保持是记忆的重要环节。保持不仅是巩固识记，也是实现再认或回忆的重要保证。保持的反面是遗忘，遗忘就是识记过的内容在一定条件下不能或错误地恢复与提取。保持是否持久和巩固，是记忆强弱的标志。一般而言，在生活中具有重大意义的事物，适合人的兴趣、需要、活动的目的和任务的事物，能激发人们情绪活动的事物，对人的影响就深，就容易被人们无意识记。广告语要尽量使用对受众而言是有意义的、有价值的词或语言，以使受众识记、保持，避免遗忘。品牌推荐广告要让消费者（受众）熟记于心，就应“狂轰滥炸”，注意推广的密度、强度。一般是系列性材料开始部分最容易记忆，其次是末尾部分，中间偏后一点的项目则容易遗忘。这条规律对商业广告播出时段、播出位置的选择，对商业展示会、推广会、商家、厂家位置的选择具有重要意义。

再认又称为认知，是指原来感知过的事物重新出现时，人们感到熟悉而确认它是过去感知过的。再认速度和确定性主要取决于两个条件：对旧事物识记的巩固程度；当前出现的事物与以前识记过的有关事物的相似程度。当一些久违的名牌商品重新出现在市场上时，许多老顾客立即就能认出它们，这就是再认。例如，消费者通过广告了解的商品信息在商店里出现时，消费者能把它认出来，就是通过再认来完成的。

回忆是指过去经历过但现在不在眼前的事物，在头脑中重新出现的过程。根据回忆是否有预定的目的、任务，可以把回忆分为有意回忆（随意回忆）和无意回忆（不随意回忆）。有意回忆是指根据预定的目的所进行的回忆，自觉地追忆以往的某些经验。无意回忆是指没有预定目的，自然而然地发生的回忆。消费者购买饮食消费品时，主要依靠有意回忆完成对商品品牌、价位的选择，作出购买决定。如果能把消费者吸引到对商品的使用活动中，则会明显调动他们活动的积极性，从而加强对商品的记忆，扩大销售。让消费者现场品尝试吃，是有效的促销方法。

二、饮食消费认知的基础心理状态

在人们的饮食消费心理活动中，注意是饮食消费认知过程的基础心理状态。

注意不是一种心理过程，而只是伴随着心理活动的一种状态，是心理活动的调节机制。感觉、知觉、记忆、想象、思维等心理活动，在我们日常的饮食消费过程中是普遍存在的，这些认识是在注意的前提下进行的。

1．注意的特征

注意的广度	注意的范围
注意的稳定性	注意的起伏 注意的分散 注意稳定的时间与年龄有关
注意的转移	注意的转移与注意的分散的区别
注意的分配	注意的分配是有条件的

心理学研究告诉我们，任何心理活动总是具有一定的方向，而集中于一定的对象的。在饮食消费活动中，人们对饮食消费的认知不仅是通过食物所具有的属性对人产生诱惑而引起饮食者的注意，而且通过饮食者的思维活动，在人的头脑中经常保持着对以前可感知的食物的形状、色泽、味道等和食物作用的辨认，保持着过去曾感知的食物的信息记忆，并想象将来会出现的食物情景，这便是人们对饮食消费的种种印象（即在头脑中形成的客观存在的饮食消费情景，类似感觉虽然有些是设想的，但它毕竟是一个人在清醒时关于食物的意识情况）。如果人们在消费时，对食物没有这样一个前期的认知过程，即使有一盘很讲究的菜肴或其他什么食物，饮食消费者也不会感受到特殊的欣赏；即使食用了也只能是饱腹感和一般感觉的食用体验，并不能感觉到菜肴所具有的属性及其作用。

2．注意的特点

注意有指向性和集中性两个特点。

指向性	指人在每一瞬间，他的心理活动或意志选择了某个对象，而忽略了另一些对象
集中性	指当心理活动或意识指向某个对象的时候，它们会在这个对象上集中起来，即全神贯注起来

人们对饮食消费过程的认识是不断提高的，对饮食消费心理的认识也是不断丰富的。人的饮食消费心理与饮食消费行为，已从盲目的、不自觉的低级阶段提高到自觉地注意对食物的选择和有计划、有目的摄取食物的高级阶段，早已从一般动物的饮食心理水平中分离出来，成为只有人类才能产生和发展的饮食消费心理。人们在长期的社会实践中，已越来越讲究饮食的内容和方式以及饮食消费场景，讲究饮食的安全营养价值，讲究饮食消费形式与场景的美学价值等，这正是人类饮食消费心理发展和丰富的写照。

三、饮食消费认知心理过程

人们对食物的认知是由浅入深的。在自然界，不论哪种食物，都有各自特有的属性，饮食行为在自然状态下引起人们的注意、认识并留下某种印象（记忆）。那么，饮食消费认知过程是怎样的呢？

人们在自身的或观察他人的饮食过程中会产生系列感觉，依照各自的感受阈值形成感知觉体验，并形成相关形象、情景、动作等记忆。当再次遇到同样饮食消费实物情景或图文信息刺激引发注意（焦点意识）时，前期形成的记忆唤醒感觉阈值，直接引发情感情绪及意志心理，形成反应行为的过程，这就是饮食消费的认知心理过程（图2-1）。

饮食消费的认知心理过程是饮食消费心理一般过程的基础，直接影响着饮食消费心理的情感情绪及意志活动，对饮食消费行为的形成与改变有着关键作用，是饮食消费心理学指导饮食消费行为实践的基础理论支撑。

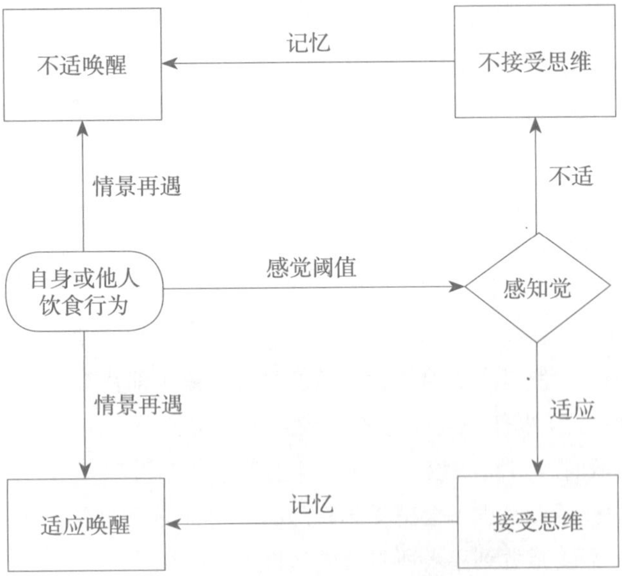

图2-1 饮食消费的认知心理过程

案例解读

16世纪中叶，葡萄牙殖民主义者的先遣队到了秘鲁，发现了番茄具有与众不同的风姿，便引入欧洲作为观赏花卉，种在私家花园里。当时，人们对番茄还有畏惧之心，因为它与曼陀罗这类有毒的植物是同宗，因此一直不敢品尝它。到了18世纪它仍是一种无人敢吃的“毒果”，番茄的命运在1820年发生了转折，由观赏品第一次成为人的食物。有一个叫罗伯特·吉本·约翰逊的人，很有冒险精神，一天他不顾危险，在美国的新泽西州的萨勒姆地方政府办公楼前的台阶上，当众作了吃番茄的表演。他的品尝使人们第一次知道番茄并没有毒，是可以食用的。后来又有一位法国画家也作了同样的表演。这些勇敢的尝试，对番茄的食用起到了很大的促进作用。

生活中儿童挑食厌食情况时有发生，是家庭教育与社会食育的典型问题。如有些孩子可能是由于以前吃某菜时，由于感觉阈值不确定原因，尝到过不适应的口味，或者吃菜时遇到过不高兴的事情，引起对该菜厌恶的心理反应。孩子不愿吃，家长强迫孩子吃，这样会更加加深孩子对菜的反感情绪，时间一长，就形成了条件反射的“恐菜症”。要改变孩子对菜的惊恐心理，可采用心理脱敏法，也就是让孩子的口味感觉阈值降低或改变。

例如，要解决孩子只吃饭不吃菜的问题，不妨在吃饭上先变点花样，如蛋炒饭、八宝饭，也可煮点肉糜粥试试。吃饭时要喝汤，如烧点营养丰富的牛肉汤、鸡汤、排骨汤，让孩子不吃肉，只喝清汤。如果孩子愿吃面食，可做包子、饺子、馄饨等。先是少量接触，当孩子适应后，再鼓励孩子吃饭时吃少量可口的菜，以后逐渐增量。在诱导孩子吃菜时，不要讲什么菜有营养价值的大道理，因为孩子不容易接受。要善于造成吃菜的欢乐热闹氛围。如一家人围在一起吃饭，做父母的可以抢着吃菜，边吃边说：“噢，真好吃！”“真鲜！”“让我再吃一口！”。孩子的好奇心和模仿性很强，容易自动加入抢着吃菜的热闹环境中。当孩子吃菜后，要适当加以鼓励，使孩子觉得吃菜并不可怕，时间一久，用不着鼓励，孩子就自觉地吃菜了。这就是心理脱敏的方法。在日本的小学里，老师和学生共同午餐，老师采用吃饭示范带头作用引起学生的改变，是儿童食育教育重要的实践内容。

四、饮食消费者认知心理的差异

人类的饮食消费内容与形式，从古至今一直存在着很大的差异。人们对食物的性质的认识还不能趋于一致，不同的认知理念在一定程度上抑制了人们饮食消费心理水平的发展和提高。

1. 饮食消费者自身状况导致饮食消费认知差异产生

影响人们饮食消费行为差别和对饮食消费心理认知不一致的主要原因：一是客观环境（如生活习惯、地理位置、经济状况、消费水平等），造成了人们的饮食消费行为差别和对食物认知范围的不同；二是传统文化使人们对食物与消费的认知也出现差别，由于各国各地区、各民族各种族文化传统差异的原因，从可食性食物中分离出一些具有某种抽象意义的象征物。有时这种“物”的象征意义还会使人们在联想思维心理活动中产生许多误解，这同样造成人们的饮食消费行为的差异和对食物的不同认识。

2. 饮食消费者联想思维影响饮食消费认知心理变化

联想思维简称联想，是人们在想象思维心理状态下经常产生的思维活动，是一种由某一事物的表象、语词、动作或特征联想到它事物的表象、语词、动作或特征的思维活动。即联想一般是由于某人或者某事而引起的相关思考，人们常说的“由此及彼”“由表及里”“举一反三”等就是联想思维的体现。当时间上或空间上的接近，外形、性质、意义上的相似，事物间完全对立或存在某种差异，以及两个事物存在因果关系等因素发生的情况下，都可能会引起联想。

因为联想思维是人们从甲事物想到乙事物的意识迁移心理活动，因此，心理学通常称甲事物为启发原型。原型之所以有启发作用，是因为它具有引起人们联想的因素。一般来说，饮食消费的联想就是由甲次饮食消费活动的内容与情景的某一特征，想到乙次饮食消费活动的内容与情景以及产生的相关体验记忆。联想对人们的饮食消费有时起促进作用，有时起抑制作用。既影响饮食者的消费需求方向，也影响其消费需求强度。通常食物的色彩、气味和造型易使人产生联想，例如，一个人闻到红烧肉的香味便引起联想，会立即回忆起以前吃过的美味红烧肉的感官刺激，于是便唤起了就餐者的消费欲望，促进了消费红烧肉动机的产生，引发实施相应进餐行为。

此外，产生什么样的联想，还取决于饮食消费者本人。因为饮食消费者的身份、职业、经历、生活环境、年龄、文化、个性等都同联想的发生和发展有着密切的关系。或者说，这些条件在一定程度上，限定了饮食消费者联想的范围，直接影响着饮食消费者的认知心理过程的发生与发展。

例如，英格兰的一个心理学家曾做了一个有趣的实验。他在一次午餐会上，把牛排制成的沙拉由白色染成蓝色，把咖啡泡成土黄色，芹菜染成淡红色，牛奶弄成血红色，豌豆做得如同黑色的鱼子酱。当满怀喜悦的客人见到这样的菜肴时，不仅情绪一落千丈，而且使他们发呆了。有的落座后呆呆看着，不拿刀叉，有的勉强吃了几口，也恶心得要呕吐。这种反常的食物使大家倒了胃口。然而，将同样的一桌午餐给那些被蒙着眼睛的客人则被吃得精光。这一实验说明，联想具有很强的心理作用。眼见的食物，由于奇特的联想就会产生特殊的饮食消费心理。如喝红色牛奶则可能与喝生猪血联系在一起，吃黑豌豆联想到吞咽腐臭了的鱼子酱……显然，如果食物的色、香、味、形都能满足人们的认知审美需要，那么，就能增进人们的食欲，而不致产生厌恶。

总而言之，人类饮食消费心理的演变与发展，是随着饮食消费内容与形式的变化和人类意识的发展而发展变化的。饮食消费者的联想，在其饮食消费活动过程中具有特殊的意义。

第二节　饮食消费者情绪、情感

一、情绪、情感的一般心理活动

1. 情绪、情感的定义

情绪、情感是指人对客观事物是否满足需要而产生的主观体验。人们体验到的愉快、不愉快，喜、怒、哀、乐等就是情感。凡符合个人需要的事物就产生肯定的态度，不符合个人需要的事物就产生否定的态度。人体验到肯定的态度，就会产生愉快的情绪、情感，体验到否定的态度就会产生不愉快的情绪、情感。情感和情绪既有区别又有联系。

（1）情绪和情感的区别表现　情绪是同生理需要和较低级的心理过程（感觉、知觉）

相联系的内心体验。如消费者食用某种个人喜欢的食品，会对它的颜色、形状、气味、口感、味道等可以感知的外部特征产生积极的情绪体验。情绪具有情境性、冲动性。当情境影响减弱时，情绪也随之减弱和消失。所以，情绪是一种不稳定的、经常变化的体验。

情感是与社会需要紧密联系的内心体验，如爱国主义情感、集体主义情感、美感。情感则比情绪稳定、深刻、内隐。在消费活动中，情感对消费者心理行为的影响相对长久和深远。例如，对美感的追求，会驱使消费者重复购买符合其审美观念的物品，而排斥其他物品。

（2）情绪和情感的密切联系　情感依赖于情绪。人的情感总是在各种不断变化的情绪中表现出来的，离开人的具体情绪，人的情感及其内容就不可能存在和表现。同样，情绪也依赖于情感。情绪的不同变化，一般都受已经形成的社会情感的影响。因此，这两个概念有时互相通用。

2．情绪、情感的种类

（1）情绪的分类　按情绪状态与表现，把情绪进行不同的类型划分，在本书第七章第一节有相应记述。此处从略。

（2）情感的分类　情感就是人类主体对于客观事物的价值关系的一种主观反映。人的高级情感包括很多种，主要有道德感、美感和理智感。

①道德感：是按照一定的道德标准评价人的思想、观念和行为时所产生的主观体会，是一种高级形式的社会情感，直接体现了客体事物与主体需要的关系。在消费活动中，消费者总是按照自己掌握的道德标准和需要来决定自己的消费标准与消费行为。服务人员应恪守职业道德规范，尊重消费者的消费行为，不能有“见人下菜碟”“以貌取人”等不平等接待服务等有损职业道德的行为。

②美感：是按照一定的审美标准评价自然界、社会生活及文学艺术品时所产生的情感体验。审美标准既反映事物的客观属性，又受个人的思想观点和价值观念的影响，美是主客观的对立统一。对同一商品服务，也会由于对美的内涵和形式有不同的理解和体验，而产生不同的美感和评价。一般而言，同一群体成员有近似的美感。消费者在消费过程中产生的对某种商品或服务的美感，实际是一种以满意、愉快等情绪反映出来的肯定态度。因此，在饮食消费产品服务设计和营销活动中，向消费者提供具有美感的产品和服务，也是尊重消费者的表现。

③理智感：是在智力活动过程中所产生的情感体验。例如，对未知事物的好奇心、求知欲和认知的兴趣。在解决问题过程中表现出来的怀疑、自信、惊讶，以及问题解决时的喜悦等都是理智感。理智感不仅产生于智力活动的过程中，而且对推动人学习科学知识，探索科学奥秘也有积极的作用。例如，消费者在面对某高科技产品进行认知活动时，有时会产生好奇、求知、疑惑等情感，从而产生购买并使用这些商品的兴趣。有研究表明，喜欢逛商店的消费者，有相当一部分是带着对商品知识的求知欲去的。所以，营销人员应恰当解释商品的特点，充分展示商品，解除消费者疑惑，促使营销活动顺利进行。

二、影响饮食消费者情绪的主要因素

1．饮食消费环境的物理条件

饮食消费环境的温度、照明、色彩、空间大小，以及营业环境中人员的拥挤状况等，对于情绪的影响最大。

饮食消费场所内合适的温度令人感到舒服，过冷的温度令人情绪低落，饮食消费兴致下降。过热的温度令人烦躁，会导致消费者产生不舒服、不愉快的情绪。

一般而言，饮食消费场所环境的暖色调能够使人情绪兴奋，消费行为比较容易发生；而冷色调容易抑制情绪的兴奋，不利于消费行为的发生。现实生活中，大众快餐厅等高流量特征的餐厅环境常常以暖色调为主要特征。

饮食消费营业环境的空间大小会影响消费者的情绪。人与人之间松散有序、距离适宜，消费者的消费活动相对从容，情绪比较稳定。从以社交需求为目的的高标准餐饮消费者满意度的调查研究来看，人们倾向于较大的物理空间以保护个人隐私或彰显影响力范围，促使人们增加了心理空间的要求。反映在饮食消费接待环境方面，增大了消费空间单元的规模要求。

饮食消费营业环境中的拥挤状况会影响消费者的情绪。如果饮食消费营业环境过于拥挤，一部分消费者的消极、烦躁情绪容易被刺激起来，消费的满意度迅速降低，并且经常以逃避的方式减少消费。当然，饮食消费营业环境过于松散、人员稀少，也不利于调动消费者的情绪。如果空空荡荡的餐厅内只有稀稀落落的消费者，大部分服务人员无所事事。餐饮消费者的情绪难以兴奋，也可能产生对该餐厅经营状况的疑虑或产品服务质量的疑虑，不良情绪还会向其他消费者传染。

2．饮食产品与服务情感特性的影响

饮食消费者的消费需要能否被满足，是饮食消费者情绪引起和产生的首要直接因素，例如，在餐厅菜单中，由四喜丸子、红烧肉、鹌鹑蛋、海参等主料混炖的菜品被命名为“全家福”，这样一个具有阖家团圆寓意的名称就可能满足消费者饮食聚会积极情绪与共享情感的需求，就容易激起消费欲望。如一帆风顺、大展宏图、生意兴隆、祝君如意、玉树金钱、百年好合、节节登高、竹报平安、年年有余、锦上添花等符合饮食消费情感价值取向的菜品，容易被消费者接受。

在饮食消费接待工作中，服务人员的情绪会对消费者情绪构成重大影响。因为服务人员的表情，特别是“微笑”，对消费者的影响最为重要。在餐饮服务业，微笑服务已经成为基本的服务标准原则，要求服务人员接待饮食消费者的时候，热情待人、礼貌服务。以情绪管理为能力要求的情绪劳动，是服务人员提供技能、知识劳动以外，更加重要的劳动力付出形式。

3．饮食消费者的心理准备状态

饮食消费者的心理准备状态对饮食消费情绪有直接的激发作用，这些饮食消费过程中产生的情绪又反过来影响饮食消费者原来的心理准备，二者合一，推动饮食消费行为的进行。

饮食消费者的需要水平与动机越强烈，情绪的兴奋程度越高，消费动机转变为消费行为的可能性也越大。从整个市场供求的角度看，这种关系一直存在。市场上产品服务越稀缺，人们的需要越强烈，消费者购买越迅速，产品服务上市之后销售的速度就越快。如果消费者的心理准备不足，难以在短时间内调动起饮食消费者的情绪，消费行为也就难以实现。这就是餐饮企业为什么要在新品推广之时，经常采用限量供应广告促销宣传的原因。

同样，饮食消费者的心理也是复杂的，如果饮食消费需要水平很高，而产品服务与消费者的期望相差太远，消费者的情绪将产生很大的反差，由兴奋情绪变为失望情绪。餐饮经营服务人员在遇到这类消费者时，应该善于理解消费者的情绪状况，避免增加消费者对餐厅与服务产品厌恶感的行为出现。

三、饮食消费情感心理过程

心理学告诉我们，人们在完成认知心理活动的基础上，并不只是冷漠地产生反映世界和认识世界的心理状态，伴随人们对各种事物的认识活动，常常产生这样或那样的情感。情绪和情感贯穿人类社会实践的全过程，同样也贯穿于人们饮食消费过程的始终，影响着人们的饮食消费行为和饮食消费心理。

1．情绪作用于饮食行为的生理机制

情绪和情感对人们的饮食消费行为和饮食消费心理的影响，有其自身的生理机制，情绪与肠胃系统等的关联就是情绪直接对人的饮食活动产生的生理系统影响。

情绪的变化与食欲生理反应往往呈现出一定的内在联系，人无论是悲伤、忧虑，还是恐惧、惊慌，都会使食欲大减，再好吃的东西吃在嘴里都味同嚼蜡。《黄帝内经》中也提到“思伤脾”，从中医角度讲，每一种情绪都可以影响内脏器官，导致人体气血运行方面出现问题。中医认为：“思则气结。”思虑过度，容易使神经系统功能失调，消化液分泌减少，出现食欲不振、纳呆食少、形容憔悴、气短、神疲力乏、郁闷不舒等。思虑过度不但伤脾，还会导致睡眠不佳，日久则气结不畅，百病随之而起。过度思虑，导致气机郁滞，运化失职。临床可见心悸、失眠、多梦、精神萎靡及倦怠乏力、食少、腹胀、便溏等症状。

有研究表明，胃肠消化系统对情绪是十分敏感的。当人情绪愉快时，胃肠消化系统各种消化体液的分泌量增加，胃黏膜血管充盈，胃壁肌肉的运动增强。反之，忧郁、悲伤、失望时，胃黏膜血管收缩，黏膜苍白，胃液的分泌量减少；忧虑、恐惧、怨恨、愤怒时，胃黏膜充血，胃液的分泌量也大为增加，胃液的酸度也增高。如果长期处于这种情绪激动的状态，就会使胃黏膜的脆性增加，进而发生糜烂、溃疡，形成溃疡病，甚至导致胃出血等重症发生。从这里可以看出情绪的不稳定和长期处于激动状态，对胃肠消化系统的副作用较大，不利于健康。然而，必须说明的是，溃疡病的发生并不仅仅是心理因素作用的结果，它还与遗传因素和身体营养物质缺乏等因素有关。

2．情绪作用于饮食行为及消费心理

人在各自特定的生活环境中，会形成各自的饮食习惯和饮食消费心理。我们常常会发现，有些人往往喜欢某些食物，却因情感的支配不愿食用（如祭祀活动时摆的供品等），甚至可以忍饥挨饿。有些人对某些食物并不喜欢，却能在特殊的条件下，吃得津津有味，如在饥饿的状况下，吃什么食物都感到有滋有味。其原因在于人的各种活动都是由大脑中枢神经支配着的，这里既包含人的情感因素，又包含人的意志因素。

从饮食消费者的饮食行为与消费活动过程分析，其情绪的产生和变化受以下三个因素的影响。第一，受饮食消费环境的影响。例如，就餐者走进明亮整洁的餐厅，看到整齐卫生的餐具餐桌，会引起就餐者愉快、舒畅的情绪；反之，会引起就餐者厌恶、失望的消极情绪。第二，受食品质量优劣的影响。例如，就餐者看到润白的米饭、新鲜翠绿的蔬菜，就会引起愉快的情绪；否则，会因为食物质量低劣产生厌食情绪。第三，就餐者的情绪受个人状况的影响，包括生理特点、性格倾向、生活待遇、身体状况等。例如，有的就餐者，因为工作或生活中遭遇挫折，会导致某段时间的萎靡不振，形成饮食行为活动中的情绪消沉。此外，饮食消费者的情绪还会受到种族、民族以及社会环境等方面的影响。

人的各种情绪都与人的饮食消费心理和饮食行为现象有关。有时一种情绪与人的好几种饮食消费活动心理和饮食行为现象有关，有时则一种饮食消费心理和饮食消费行为现象与若干情绪有着联系。

情绪的激情类型，对饮食活动心理和饮食消费行为的影响很大，这是因为它具有对于一般行为的可变性质。一方面，激情可以造成正常的饮食消费心理和饮食消费习惯无法适应；另一方面，对饮食消费者的饮食活动和饮食消费行为也起着很大的抑制作用，甚至还使饮食者的饮食行为与消费心理不能恢复到正常水平。

心境情绪对饮食活动心理和饮食消费行为的影响不大，一般多是潜移默化地影响，不直接发生作用。应激情绪对饮食活动心理和饮食消费行为的影响具有选择性特点，对人的正常饮食消费影响较大。

人的一般情绪还包括快乐、愉快、爱憎、痛苦、满意等，包括肯定性和否定性，积极性和消极性，对人的饮食消费心理和饮食消费行为的影响也比较大。

拓展阅读

饮食可以影响人的情绪

现代生物学家发现，大量的细菌寄生在我们呼吸道和消化道中，它们中的半数是中性菌，对我们既无害也无益，如肠杆菌、酵母菌及肠球菌；约有10%是有害菌，如葡萄球菌、幽门螺旋杆菌等；还有约30%是有益菌，如乳酸菌、双歧杆菌等。对有害菌我们也不必担心，因为它们的活动严格受到有益菌和中性菌的管制。这些寄生在肠道内的细菌对改变我们的情绪和行为有着不可忽视的作用。

一方面，这些细菌影响人体的营养代谢，如果消化不良，会引起情绪异常；另一方面，假如人体的代谢紊乱，这些细菌会制造出硫化氢、氨等气体来毒害我们的神经，从而导致我们情绪异常，甚至做出极端行为。

人们情绪异常和行为失控的发生频率逐年升高，从肠道内细菌的生存环境来看，导致这一现象主要有两个原因：一是农药、食品添加剂和抗生素等的滥用。这些药物或化学物质进入人体会大量杀死肠道细菌，导致人的代谢紊乱和消化不良，从而引发情绪异常和精神疾病。二是人们生活水平提高后，摄入过量高蛋白，由于在人体内缺少有益菌或中性菌分解、代谢，它们会在杂菌的分解下产生大量的硫化氢、氨等对神经有毒害作用的物质。这些物质会破坏人体中起抑制冲动作用的5-羟色胺的合成，导致人的情绪异常，产生过激行为。

此外，生活中的很多例子说明了食物对人的情绪作用特征表现出来的饮食心理过程，如茶、咖啡等饮料可以使人精神振奋，碳水化合物则使人安静，较多脂肪使人烦躁、疲劳、忧郁，高糖、高蛋白饮食则会引起精神不振等症状。

3．情感的激发推动饮食消费兴趣

情感是指对行为目标目的的生理评价反应，情感是人类主体对于客观事物的价值关系的一种主观反映。情感的个体差异包括：

（1）情感的倾向性　是指一个人的情感指向什么和为什么会引起，它和一个人的世界观、人生观有着密切的联系，也和一个人的人生态度有关。

（2）情感的深刻性　是指一个人的情感涉及有关事物的本质程度。能深入地渗透到一个人生活的各个方面的情感就是深刻的情感。人的情感是由一定的客观事物引起的，越是接近事物的本质，就越具有深刻性，而由表面现象引起的情感则缺乏深刻性。同一种情感能深入地体现一个人生活的各个方面，这也是一种深刻的情感。

（3）情感的稳固性　是指情感的稳固程度和变化情况。情感的稳固性是一个人主观世界稳固性的具体表现。只有在正确的世界观、人生观指导下产生的情感才是稳固的情感。

（4）情感的效果性　是指一个人的情感在其实践活动中发生作用的程度。情感效果性高的人，任何情感都会成为鼓舞其进行实际行动的动力。

从广义上讲，情感不仅影响人的食欲，而且还能支配人的饮食消费行为。情感效果性的激发和倾向性推动，通常使饮食消费者的饮食消费兴趣得到积极的发挥，更容易对饮食产品的形式和消费活动内在的属性产生联想，使存留在记忆中的某些记忆重现并构成新的情境。例如，当人们应邀参加婚宴、节日聚餐时，一般这类宴会都讲究饭店的选择、宴会的规格、喝什么酒水、吃什么菜肴等。宴会主持人也时刻注意亲朋好友的情感，并不失时机地调动或调整饮食者的情绪，使宴会始终在愉快和谐、热烈的气氛中进行，人们会感受到情趣、愉悦、幸福等氛围的感染。把握宴会的环境和条件以及赴宴人的心境，使得饮食消费过程始终伴随着人的情感活动，是整个宴会气氛最基本的条件，这样才能提升饮食者的心理需要和反应，增加人们对此类饮食消费的需求兴趣。

第三节　饮食消费意志过程

饮食消费者的心理过程并不只局限于对饮食产品和服务的认知和一定的情感体验，更主要的是要有计划地实施消费购买决策。消费者保证不受干扰，努力去实现预定饮食消费目标而采取的一系列活动，就是饮食消费者的意志过程。如果说消费者对饮食产品和服务的认识活动是由外部刺激向内在意识的转化，那么，意志活动则是内在意识向外部行动的转化。只有实现这一转化，饮食消费者的心理活动才能现实地支配其饮食消费购买行为。

一、意志的基本概念

意志是人自觉地确定目的，自觉地坚持并支配行动，克服困难，实现目的的心理过程。人们在从事各种实践活动时，通常总是根据对客观规律的认识，先在头脑里确定行动的目的，然后根据目的选择方法，组织行动，施加影响于客观现实，最后达到目的。意志是人的意识能动性的集中表现，是人类特有的心理现象，是人的思维过程见之于行动的心理过程。

意志对行动的调节功能作用体现在三个方面：一是表现为推动（发动）人去产生和维持达到一定目的所必需的行动；二是表现为阻止和克制（制止）与预定目的相违背的愿望与行

动；三是改变与预定目的相违背的愿望与行动。但意志在实际活动中不是互相抵触和排斥的，而是一个问题的不同方面统一的过程。古人说过“有所为，有所不为”，意志实现着对人的活动的支配和调节，保证了活动目的的顺利实现。

1. 意志的品质

意志的品质特性就是意志在对人的行为驱动过程中所表现出的动力特性，它主要取决于主体的行为价值关系变化的动力特性，反映了人的行为价值的目的性、层次性、强度性、外在稳定性、内在稳定性、效能性、细致性等。主要表现为：

（1）意志的自觉性　是指个体自觉地确定行动目的，并独立自主地采取决定和执行决定。这反映了一个人在活动中坚定的立场和始终如一的追求目标。它贯穿于意志行动的始终，也是意志行动进行和发展的重要动力。与自觉性相反的表现是易受暗示和独断。意志品质的自觉性应该是为了实现预定目的，既坚持正确的决策，不为他人所动，又能及时听取合理化建议，修正不合理的地方。

（2）意志的果断性　是指面对复杂多变的情境，能够迅速而有效地采取决定，并实现作出的决定。果断性是在全面地考虑行动的各个环节和环境的诸多因素的基础上，明辨是非，当机立断。

与果断性相反的品质是优柔寡断和武断。在个体身上表现出来的这种情况，一方面可能是情形复杂，不易作出判断；另一方面则是意志品质上的欠缺，瞻前顾后，过于小心。武断的表现是指处事冲动鲁莽，不等到时机成熟就草率从事。这两个方面都是意志品质果断性缺乏的表现。

（3）意志的坚韧性　是指在执行决定阶段能矢志不渝，坚持到底，遇到困难和挫折时能顽强乐观地面对和克服。意志的坚韧性在于既能坚持原则，抵制各种内外干扰，又能审时度势，灵活机动地达到预定目的。与坚韧性相反的品质是动摇或执拗。

（4）意志的自制性　是指能够完全自觉、灵活地控制自己的情绪，约束自己的言行的意志品质。与自制性相反的表现是冲动性和过于自制，这两种都是意志不坚定、缺乏自制力的表现。

2. 意志行动特征

人的行动主要是有意识、有目的的行动，由于意志与行动紧密相连，我们常把有意志参加的行动称为意志行动。无意识的本能活动、盲目的冲动或一些习惯动作都不含有或很少有意志的成分。

（1）意志行动的目的性　意志过程之所以是人和动物有所区别的一个方面，是因为意志是有自觉目的性的。并非所有的人类行为都是有预定目的的。譬如人的一些无条件反射控制的本能活动，以及一些下意识的动作，都是不受意识控制，没有明确的目的性，就不属于意志行动。那些有明确的行动目的，并在该目的支配和调节下的行动才是意志行动。运动员为获得奥运金牌而刻苦训练，文学爱好者为成为作家而笔耕不辍，科学家为攻克难关而废寝忘食，都应属于意志行动的范畴。人的意志由于具有明确的目的性，它才能既发动符合于目的的某些行动，又能制止不符合目的的某些行动。意志行动效应的大小，是以人的目的水平的高低和社会价值为转移的。目的越高尚、越远大、越有社会价值，意志表现水平就越高。

（2）意志行动是与克服困难相联系的　虽然人们在生活中一些意志行动是轻而易举的，无须克服困难，如手指当空画圈，随意扭腰摆臂，扳动开关，拿起书本等，但人们评价意志行动的时候，往往是和它是否克服了困难相联系的。克服困难的过程也就是意志行动的过程。困难有外部困难和内部困难两种。人的意志坚强与否、坚强程度如何，是以困难的性质和克服困难的难易程度来衡量的。意志行动的水平往往是随着困难的性质和克服困难的难易程度不同而变化。

意志是一种特殊形式的情感，同样遵循情感强度三大定律（表2-4）。

表 2-4　意志强度的三大定律

意志强度第一定律（即意志强度对数正比定律）	意志的强度与自身行为活动的价值率高差的对数成正比
意志强度第二定律（即意志强度边际效应定律）	意志的强度随着自身行为的活动规模的增长而下降
意志强度第三定律（即意志强度时间衰减定律）	意志的强度随着自身行为的持续时间的增长而呈现负指数下降

人的自身行为活动的价值率高差越大，根据意志强度第一定律，它所产生的意志强度越大，人就会越经常地、大规模地发展这一行为活动；同时，根据意志强度第二定律，其价值率就会逐渐下降并趋近于人的中值价值率，它所产生的意志就会逐渐衰退，以至最终消失，从而体现出意志强度第三定律。

（3）意志行动以随意动作为基础　意志行动离不开个体的行为，但个体行为表现并不见得都是意志行动。人的行动是由动作组成的，动作有不随意动作和随意动作两种。不随意动作是指无预定目的的动作，随意动作则是指有预定目的、受意识指引的动作。有了随意动作，人们就可以根据目的组织、支配和调节一系列的动作，实现预定的目的。随意动作是意志行动的必要组成部分，是意志行动的基础。

二、意志行动的一般心理过程

意志行动的心理过程主要分为两个阶段：采取决定阶段和执行决定阶段。在这两个阶段中，又有一些具体的步骤和环节。而执行决定的阶段是意志行动的最重要的环节。

1. 采取决定阶段

采取决定阶段是意志行动的初始阶段，也是内部决策阶段。这个阶段虽然在意志行动实现过程中不易被觉察，但对具体行动的发动和活动目的的实现有极其重要的作用。在采取决定阶段，包括以下四个环节：

（1）动机冲突　在大多数情况下，一个人存在着复杂多样的动机，但它们在意志行动中所起的作用是不同的。动机冲突的过程也涉及对外界多种行动目的的权衡选择。最强烈最稳定的动机，常成为他的主导动机。主导动机决定着行动的方式和行动过程的坚持性，还决定着意志过程的结果。

（2）确定行动目的　作为意志行动都要有预先确定的行动目的，这是意志行动产生的重要环节。目的有高尚和卑劣、远和近、主和次的不同，最终应确立成就他人有利自己、先近后远、先主后次的合理目标。

（3）选择行动方法　有时行动方法同行动目的有直接联系，无须选择。但在许多情况下，达到同一个行动目的的方式和方法可能不止一种，就需要进行对比优化选择。

（4）制定行动计划　在确定了行动目的和选定行动方法之后，在采取行动之前还要制定行动计划。特别是在复杂的意志行动中，需要精心准备，做好计划。计划的制定要在调查研究的基础上，要综合考虑主客观因素，力争周密而严谨。一个切实合理的计划是执行决定行动成功的基础。

2．执行决定阶段

执行决定阶段是一个不断克服困难的过程。与采取决定阶段主要克服主观上的内部困难情况不同，在执行决定阶段，就既要克服内部困难，也要克服外部困难。引起执行决定过程中的内部困难的因素很多，原因也很复杂。首先应该解决内部困难，只要认定行动目的是有意义的，计划是合理的，就应该发挥主观能动性去排除干扰，克服自身的弱点，坚持意志行动。当内部困难得到解决，外部困难一般总能够加以克服。

执行决定阶段还要接受成败的考验。有很多时候，执行决定是一个漫长的过程。在这个过程中既可能有短暂的成功，也可能有暂时的挫折和失败。要使意志行动的目的最终实现，就要有对待成败的正确态度。特别是对待失败，如餐饮企业经营的问题，包括服务产品设计市场销售差强人意或经营目标不能实现等，应该冷静地分析原因，总结经验，避免犯同样的错误。只有经历过成败的考验，做到“胜不骄，败不馁”，才能取得最后的成功。

三、饮食消费意志行动心理过程的阶段特征

饮食消费意志行动的心理结构一般分为饮食消费决策阶段、饮食消费实施阶段和饮食消费评价分享阶段这样三个阶段。

1．饮食消费决策阶段

这是意志行动的准备阶段，也是消费决策阶段，它决定意志行动的方向和行动、方法、步骤，这是饮食消费者意志开始参与的准备阶段。这一阶段包括饮食消费目的与目标的确定、消费购买方式的选择和消费行动计划的制订，实际上是饮食消费前的准备阶段。消费者从自身饮食消费需求出发，根据自己的支付能力和产品服务的供应情况，作出消费行为决定，即是否消费及如何消费等。

2．饮食消费实施阶段

这是饮食消费意志行动过程的关键阶段。这一阶段是把消费决定变为实施行动的阶段，需要消费者作出更大的意志努力。在这一转化过程中，可能遇到来自外部和内部的困难和障碍。比如，订不到理想的餐位、想点的菜品估清、价格上涨、口味变化不喜欢等，这些可能会动摇消费者原有的饮食消费决定。这就需要消费者排除干扰实现消费，或者重新调整消费方案，制定和执行新的决定，以便顺利完成消费活动。在此期间，饮食服务可以把握机

会，引导消费者排除心理困难，提供应对服务，争取实现商家获益、食客开心的消费活动的达成。

3．饮食消费评价分享阶段

这是饮食消费意志行动的最后阶段，是消费者检验和评价自己饮食消费意志决策实现成果的阶段。如对是否符合自身需要，是否有质量问题，是否有消费惊喜等的评价。如果消费者发现消费活动与原来预期的相一致，就会感到满意，而后向朋友进行良好的体验介绍或产生再次回顾心理。如果体验效果差就会产生不满或遗憾，同样也会产生消极的传播效应，或产生维权投诉消费的意志。

四、饮食消费者意志心理过程的个性特点

人的饮食消费行为是有意识、有目的的行为，它是饮食消费者自觉地确定饮食消费目的，并根据目的来支配调节实现饮食消费目标的行为，这种意志行动进行的心理过程，就是饮食消费者意志心理。各种不同的人，由于生理情况不同、工作性质不同、地理环境不同等，都会产生不同的饮食消费心理和不同的饮食消费需求。

饮食消费意志过程的选择性或目的性为明显个性标志的意志行为越来越普遍，饮食者的消费意志中已经考虑到自身的综合需要（即生理需要、保健需要、审美需要、实惠需要、食品安全需要等），需要说明的是，这种饮食者在饮食消费方面的目的性和选择性，是以饮食消费意识和习惯为前提的，有什么样的饮食消费心理和饮食消费习惯，就会有什么样的饮食消费目的性和对食物的选择性。不考虑个性饮食需要的无差异或盲目性饮食消费逐渐被市场竞争淘汰。

饮食消费过程的意志行动的动因可以归为：需要—意志—满足需要。这样一个动因规律，人们在饮食消费过程中是可以自我调节的。

饮食消费者心理活动的认知过程、情绪过程、意志过程是统一的，互相联系的。意志过程有赖于认知过程，又能促进认识的发展和变化；意志过程还依赖于情绪过程，但意志又能调节情绪的发展变化。意志、认识和情绪这三个心理过程，就是这样彼此渗透、互为作用地影响着饮食消费者的饮食行为与消费活动。因此，正确地认识和掌握这三个过程的辩证关系，对于我们研究饮食者的消费心理，采取相应对策，提高餐饮服务质量有着十分重要的意义。

本章复习与思考

1．简述饮食消费认知过程的一般心理活动。

2．感觉的现象有哪些？

3．简述思维的种类。

4．简述饮食消费者的认知心理差异。

5．情感和情绪的区别有哪些？

6．请根据自身经历谈谈情绪对饮食消费的影响。

7．饮食消费者情绪受影响的因素有哪些？请举例说明。

8．情绪如何作用于饮食行为及消费心理？

9．简述意志品质的表现。

10．简述意志行动的心理过程。

第三章 饮食消费感知觉心理活动

学习引导

内容提要

本章主要介绍了人的视觉感知基础、视觉对饮食消费心理的影响、食物色视觉心理应用等基本概念和基础理论，介绍了嗅觉的基本概念、香气及其来源、嗅觉对饮食消费心理的影响、嗅觉感知心理饮食消费应用等内容，介绍了味觉的基本概念、味觉的种类、影响味觉的因素、饮食消费中的味觉心理现象等内容，以及听觉感知体验、口腔触觉感知体验等饮食消费感知觉心理活动。

学习目标

通过以下目标，建构以“饮食消费感知觉心理活动”为阶段性知识内容的“传承型学习”成果。

学习和把握人的视觉感知基础、视觉对饮食消费心理的影响等陈述性知识，以及食物色视觉心理应用等知识；用其指导“本章复习与思考”相关作业题；体验“饮食消费感知觉心理活动”中“视觉感知饮食消费心理活动”的“传承型学习”及其迁移。

学习和把握嗅觉的基本概念、香气及其来源、嗅觉对饮食消费心理的影响等陈述性知识，以及嗅觉感知心理饮食消费应用等知识；用其指导“本章复习与思考”相关作业题；体验“饮食消费感知觉心理活动”中“嗅觉感知饮食消费心理活动”的“传承型学习”及其迁移。

学习和把握味觉的基本概念、味觉的种类、影响味觉的因素等陈述性知识，以及饮食消费中的味觉心理现象等知识；用其指导“本章复习与思考”相关作业题；体验“饮食消费感知觉心理活动”中“味觉感知饮食消费心理活动”的“传承型学习”及其迁移。

学习和把握听觉感知体验、口腔触觉感知体验等陈述性知识；用其指导“本章复习与思考”相关作业题；体验“饮食消费感知觉心理活动”中“听觉与口腔触觉感知饮食消费心理活动”的“传承型学习”及其迁移。

内容结构图

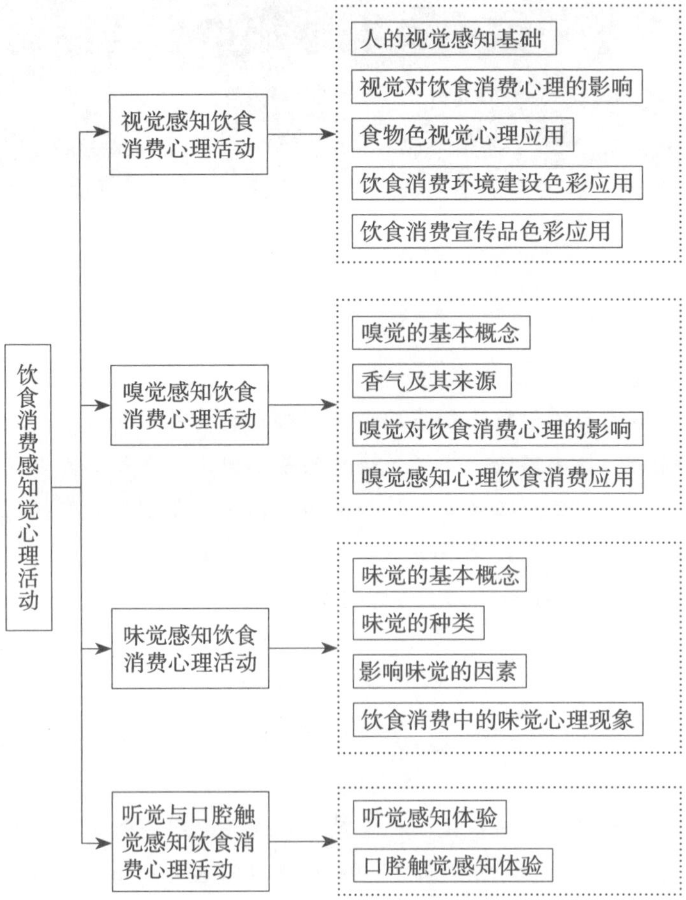

第一节　视觉感知饮食消费心理活动

视觉是一个生理学词汇，是通过视觉系统的外周感觉器官（眼）接受外界环境中一定波长范围内的电磁波刺激，经中枢有关部分进行编码加工和分析后获得的主观感觉。通过视觉，人和动物感知外界物体的大小、明暗、颜色、动静，获得对机体生存具有重要意义的各种信息，至少有80%以上的外界信息经视觉获得，视觉是人和动物最重要的感觉。

人的眼可分为感光细胞（视杆细胞和视锥细胞）的视网膜和折光（角膜、房水、晶状体和玻璃体）系统两部分。其适宜刺激是波长为370～740纳米的电磁波，即可见光部分，约150种颜色。该部分的光通过折光系统在视网膜上成像，经视神经传入到大脑视觉中枢，就可以分辨所看到的物体的色泽和亮度。因而可以看清视觉范围内的发光或反光物体的轮廓、形状、大小、颜色、远近和表面细节等情况。在日常生活中视觉对人类心理作用巨大，人们约90%的心理要通过视觉从接受客观事物的刺激到作出反应，饮食行为及消费活动中的心理，视觉感知对人的饮食消费心理过程有十分重要的作用。

一、人的视觉感知基础

1．色视觉原理

眼睛里有三种不同的锥细胞，分别对红、绿、蓝三种波长的光线敏感，当不同波长的光波进入眼睛并投映在视网膜上时，大脑就通过分析由各个锥细胞输入的信息去感知景物的颜色。

（1）颜色敏感度　正常人眼可分辨大约七百万种不同颜色，人眼不同区域对颜色有不同的敏感度，眼睛中央对颜色和动态十分敏感，但眼睛边缘的颜色敏感度则较差。不同颜色当中，人对红色、绿色和黄色则比对蓝色敏锐，这种特性对视象传意有很大的影响。

（2）光源　由于我们对物体颜色的感知源于物体表面反射来自光源的光线，因此物体本身和光源对我们的感知同样重要，光源如果缺乏某些波长成分，我们所看到的物体颜色也会缺少对应的颜色。

人的眼睛拥有极高的分辨相邻两种近似色的能力，在浅色的范围肉眼的敏感度尤胜于仪器，而且人的色彩感知还有一个特点，就是对色彩移位的适应性，这种特性令我们可以减除光源对颜色转变的影响。

（3）色相、纯度及明度　色彩有三种属性，分别是色相、纯度及明度（表3–1）。不论任何光谱上的色彩，皆可在色相、纯度及明度三个属性作出变化，因而形成我们在视觉感知中变化万千的色彩。

表3–1　色彩的属性、概念及特征

属性	概念	特征
色相	是指色彩的相貌	在可见光谱上，人的视觉能感受到红、橙、黄、绿、青、蓝、紫等不同的色彩。而各种不同的色相，都有自己的波长与频率。相环上的色彩是有秩序及顺序的排列，是光谱中色彩的关系
纯度	是指色彩的纯净程度，也是色彩的饱和程度	任何一种色彩，加上白色、黑色或灰色，都会降低它的纯度
明度	是指色彩的明暗程度，也可以形容光源的光度	任何一种色相的颜色，都可以混合黑色或白色，而令色彩产生明度的转变。白颜料明度高，混入白色越多，明度越高。黑色明度低，混入黑色越多，明度越低。同时，白与黑是代表明与暗对比的两种颜色，此两色的混合，可以形成黑白灰调子的明暗度变化

2．颜色心理学

（1）色彩现象的心理性质　不同波长的光作用于人的视觉器官以后，大脑必然导致对不同的色彩产生某种情感活动，不同的色彩会影响人们的情绪、性情和行动，这是色彩的心理性质。几种常用色彩的情感功能见表3–2。

表 3-2 常用色彩的情感功能

颜色	情感功能	心理特性
红色	红色是热烈、冲动、强有力的色彩，它能使肌肉的机能和血液循环加快。 由于红色是可见光波最长的波长这一特性，所以它极易引起注意	它常传达有活力、积极、热诚、温暖的表情，对于人的心理产生兴奋、激动、欢乐、危险、紧张、恐怖等影响。纯色的：热情、活泼、引人注目，热闹、革命，同时也给人以恐怖的心理
橙色	橙色的刺激作用没有红色大，但它的视认性、注目性也很高，既有红色的热情又有黄色的光明，活泼的性格，是人们普遍喜爱的色彩	它使人联想到金色的秋天，丰硕的果实，是一种富足、快乐而幸福的颜色。具有渴望、健康、跃动、成熟、向上等心理
黄色	黄色是最为光亮的色彩，在有彩色的纯色中明度最高，它的明视度很高，注目性高，比较温和	给人以光明、迅速、活泼、轻快、丰硕、温暖、轻薄、颓废等感觉
绿色	绿色为植物的色彩，明视度不高，刺激性不大，对生理作用和心理作用都极为温和，因此人对绿色的嗜好范围很大	给人以宁静、休息、安静、生命、青春、成长、满足等感觉
蓝色	蓝色是博大、深远的色彩。蓝色的注目性和视认性都不太高，但在自然界，如天空、海洋均为蓝色，所占面积相当大	蓝色给人智慧、高深、寒冷、无限、永恒、透明、沉静、简朴、忧郁、纯洁、悲痛、压抑等感觉
紫色	紫色因与夜空、阴影相联系，所以富有神秘感。紫色易引起心理上的忧郁和不安，但紫色又给人以高贵、庄严之感，所以女性对紫色的嗜好性很高	朝霞、紫云、优美、优雅、高贵、娇媚、温柔、昂贵、自傲、虚幻、魅力、虔诚、庄严、幽静、伤痛、神秘等，纯色加白（明清色）：给人以女性化、清雅、含蓄、清秀、娇气、羞涩的心理感觉
黑色	黑色在心理上是一个很特殊的色，它本身无刺激性，但是与其他色配合能增加刺激，黑色是消极色，所以单独时嗜好率低，可是与其他色彩配合均能取得很好的效果	黑夜、深沉、庄严、阴森、沉默、凄凉、严肃、死亡、恐怖等
白色	白色为不含纯度的色，除因明度高而感觉冷外基本为中性色，明视度及注目性都相当高	纯洁、朴素、轻盈、单薄、哀伤、明快、清白、真理、神圣、正义感等
灰色	灰色意味着一切色彩对比的消失，是视觉最安稳的休息点。中性色，依靠邻近的色彩获得生命。灰色的视认性、注目性都很低，给人以高雅、含蓄的印象	给人以平淡、沉闷、寂寞、含蓄、高雅、安适之感

（2）色彩的温度感　温度感即色彩的冷暖感觉，通常称之为色性。色性的产生主要在于人的心理因素，在于人对自然界客观事物的长期接触和认识，积累了生活的经验，由色彩产生了一定的联想。由于人的心理因素和人的联想思维，当人们看到红色时，必然与火、太阳等高热度的事物产生联系，而形成心理上的温暖感；当人们看到蓝色时，便会与水、冰等产生关联，从而产生出寒冷的心理反应，这种对色彩的心理上的冷暖反应，就是色彩的温暖与寒冷感。

色彩的调子，主要按冷暖区分为两大类。一般来说，在光谱中近于红端色的颜色为暖色，如红、橙等。接近紫端区的颜色则为冷色，如蓝、紫等。绿是冷暖的中性色。

色彩的温度感与明度有密切的联系。一般来说，明度高的为暖色，明度低的为冷色。但在具体色彩环境中，各色的冷暖感觉并非绝对的。如黄色与蓝色互比，黄色是暖色；而与红色、橙色互比，黄色又偏冷了。

（3）色彩的胀缩感　色彩的胀缩感是一种错觉，明度的不同是形成色彩胀缩感的主要因素。明度强的色彩具有膨胀感；同一色相在明度增强时显得膨胀。色彩的冷暖与胀缩感也有一定的联系。暖色具有膨胀感，冷色具有收缩感。

（4）色彩的距离感　明度距离感特征：明度高的色彩，易产生近感；明度低的色彩，易产生远感。六种标准色的距离感按由近而远的顺序排列是：黄、橙、红、绿、蓝、紫。

纯度距离感特征：色彩的距离感与纯度也有关系。纯度高的为近色，纯度低的为远色。

冷暖距离感特征：暖色较有前进感，冷色较有后退感。

色彩的面积大小距离感特征：一般说来，大面积的颜色具有前进感，小面积的颜色具有后退感。

（5）色彩的轻重感　色彩的轻重感觉，是物体色与视觉经验而形成的重量感作用于人心理的结果。如三个等大而重量相等的灰色、黑色、白色物体中，给人的感觉一定是黑色的显得最重，灰色的次之，白色的最轻。决定色彩轻重感觉的主要因素是明度，即明度高的色彩感觉轻，明度低的色彩感觉重。其次是纯度，在同明度、同色相条件下，纯度高的感觉轻，纯度低的感觉重。

（6）色彩的兴奋与冷静感　有兴奋感的色彩，刺激人的感官，使人兴奋，引起注意。色彩的兴奋沉静感与色相、明度、纯度都有关，其中以色相的影响为最大。

色相方面：红、橙、黄等暖色，是最令人兴奋的积极的色彩，而蓝、蓝紫、蓝绿等给人的感觉沉静而消极。

明度方面：同纯度的不同明度，一般为明度高的色彩比明度低的色彩刺激性大。低纯度、低明度的色彩是属于沉静的，而无彩色中低明度（黑色）一带则最为消极。

纯度方面：纯度高的色具有兴奋感，纯度低的色具有沉静感。

（7）色彩的喜好　由于人们长期受自然色彩的熏陶，就培养了对不同色彩的好恶情感。这种联想和情感对于人们来说，具有一定的稳定性。

色彩心理与人的年龄、职业有关。根据实验心理学的研究，人随着年龄上的变化，生理结构也发生变化，色彩所产生的心理影响随之有别。也就是说，年龄越近成熟，所喜爱色彩越倾向成熟。而体力劳动者喜爱鲜艳色彩，脑力劳动者喜爱调和色彩；农牧区喜爱极鲜艳的，成补色关系的色彩；科研人员喜爱复色、淡雅色、黑色等较成熟的色彩。

色彩喜好与性格、民族习惯有关。人们对某种色彩的偏爱与性格有很大关系，不同的色系具有不同的含义。因此可以根据他人的衣着色彩、房间色彩等身边的东西，分析他的性格。色彩偏好或喜好与社会因素有关，有民族、地域差异。

二、视觉对饮食消费心理的影响

色视觉及颜色与人们饮食消费心理密切相关，色味俱佳的饮食审美观念在我国饮食行业与社会生活中，从古至今影响非常重大。孔子就提出“色不正，不食”等“十不食”观点，中国菜讲究“色、香、味、形”的文化理念，首位要素就是颜色。国家职业标准已经把菜肴色彩的配置和运用能力作为中餐厨师职业技能评价内容。色视觉对人们的饮食行为与消费活动心理产生重要的影响。

1．色视觉在饮食行为中的生理效应

色香味是中国人长期以来形成的美食认定共识，菜肴饮品的颜色与香气是首要因素，后来发展到“色、香、味、形、器”审美标准，这其中菜肴的颜色、出品形状、食物盛装器皿，都是以满足人类视觉感官感知觉审美为目的。人类生活中形成的饮食行为一般规律就是，首先要靠视觉发现食物，同时通过嗅觉、触觉，及引发记忆与想象等思维，完成食物认知心理过程，随后激发完成意志行动心理过程的一般心理规律。

“秀色可餐”这个成语也说明了人们由于美好色相的视觉感知刺激引发的心理需求与饮食基本生理需求关联的心理活动特点，可见色视觉对人们日常生活的影响至深（表3-3）。

表 3-3　颜色与食物感觉

颜色	感官印象	颜色	感官印象	颜色	感官印象
白色	营养、清爽、卫生、柔和	深褐	难吃、硬、暖	暗黄	不新鲜、难吃
灰色	难吃、脏	橙色	甜、滋养、味浓、美味	淡绿	清爽、清凉
粉红	甜、柔和	暗橙	陈旧、硬、暖	黄绿	清爽、新鲜
红色	甜、滋养、新鲜、味浓	奶黄	甜、滋养、爽口、美味	暗黄绿	不洁
紫红	浓烈、甜、暖	黄色	滋养、美味	绿	新鲜

2．色视觉在饮食消费活动中的心理效应

色视觉不仅对饮食行为本身具有关键影响，在饮食消费活动中同样有着重要影响，贯穿人们饮食消费活动全部过程。其主要是通过色视觉对促进人体食欲的影响作用（图3-1），表现在食品的包装、菜肴的颜色、进食的环境等诸多方面。在餐桌旁挂上一张轻松、活泼的艺术装饰品，在餐桌上摆放一枝鲜花，在深色餐桌上铺一层浅色的桌布，将房间的映射餐台饮食区域日光灯改为射灯，并使其直接照到餐桌上的菜肴，用透明的高脚杯装一些颜色纯正、鲜艳的果汁，使用成套的工艺风格餐具等，就能够使餐饮消费者赏心悦目，从视觉上得到放松，加上鲜花的芳香伴随着菜肴的美味通过嗅觉神经传入大脑的中枢神经，既可消除人体劳累后的紧张，又可强化刚才视觉神经传入中枢神经的信息，将使受控于中枢神经的胃酸、胆汁分泌增多，而致食欲大增。

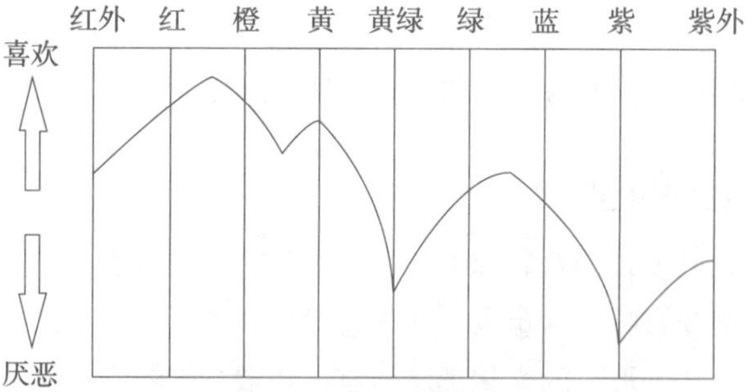

图3-1　颜色与食欲的关系

三、食物色视觉心理应用

食物色泽对人们饮食消费心理有着重要的影响，如何科学充分地运用色视觉对饮食消费心理的影响，对促进饮食消费活动有着非常现实的意义。可以从食物本身的色彩、食物原料加工过程中的变色规律、食物之间的配色技巧，以及饮食环境颜色调控、饮食宣传品颜色把控等几个方面加以考虑。

食物的色彩分为自然本色和外加色两种。所谓自然本色，即食物自身的天然颜色或经过加工后的自然颜色。自然色对人体无害，容易为人们所接受，也容易引发人们对食物的美感。所谓外加色，即在天然食物中加入其他颜色。如在凉菜、面点、雕刻食品上加入一定量果汁、蔬菜汁，使其染成各种非食物自然变色，提供食物的视觉感知审美。

1．食物色泽加工后的自然色与外加色控制

食物本身的天然色泽丰富多彩，在烹饪过程中，人们应用最多的还是食物的本色，即自然色。在操作中应该严格控制外加色的化学色素用量，做到食物中不用或少用非食用食物配饰品，避免带来健康安全问题。

常见的可外加自然色的食品原料如表3–4所示。

表 3–4　可外加自然色的食品原料

颜色	可用食品原料
白色	熟蛋白、蛋白松、熟鸡脯肉、熟鸡里脊肉、水发燕窝、牛奶、熟山药、象牙萝卜、白菜心、莲子、粉丝、豆腐、水发银耳等
黑色	海参、紫菜、黑木耳等
红色	番茄、胡萝卜、芥头、红辣椒、山楂、樱桃、草莓等
黄色	海米、蟹黄、水发鱼肚、蹄筋、鸡蛋松、橘子、金针菜、芽菜心、羊角葱、黄豆、猴头菇、芥末、咖喱粉等
绿色	菠菜、芹菜、油菜、生菜、香菜、豌豆苗、韭菜、蒜苗、炸菜松等

2．食物原料加工过程中的变色控制

众所周知，食物原料在加工过程中自然色泽往往会发生一定的变化，这就要求烹饪操作不仅要熟悉食物原料的本色，而且还要了解加工过程中食物色泽变化的规律，并在必要和可能的前提下采取适宜的方法加以解决，以取得最佳的视觉心理效应。例如，植物类蔬菜如芹菜、青菜等原料经水焯后容易变黄，但若在加工过程中加适量食用碱，则色泽更绿更艳，更令人赏心悦目；植物类如黄瓜等原料腌制后色度加深，但超过保色期则失去鲜艳的色泽，因此，应尽量在保色期内食用；动物类原料加热后，水产类原料（如虾、蟹等）的色泽多由浅变深，由暗变艳，陆产类的动物原料（如猪肉、牛肉、羊肉等）色泽则多由浓变淡并往往会改变本色。如虾、蟹类一经加热就变成鲜艳的红，红色生肉加热后变为暗白色，干贝加热后呈黄白色。

3．食物之间的配色技巧

掌握食物色泽以及加工过程中色泽的变化规律，其实都是为了提升食物具备的美感，以激发饮食消费者的情绪心理与增强食欲。在饮食消费服务产品中，每一道菜肴的食物之间的配色，正是影响人们饮食消费心理的最重要一环，如单调配色，就无法使食物具有艺术的魅力，就不会有五彩缤纷的美妙意境，也难以激发人们的食欲兴趣。因此，烹饪加工出品过程十分重视食物之间的配色技巧，使食物之间的配色有较高的审美创造性。

配色的总原则是整体和谐协调，一般分顺色配和异色配两种。顺色配是指选用菜肴的主料和配料的颜色相同或相近，使菜肴的颜色协调统一，美观大方。异色配是指选用菜肴的主料和配料颜色不同，通过颜色视觉审美规律合理配料，使色彩调和，相得益彰。

食物之间的配色除了考虑单个菜肴装盘出品的色彩组合外，也要考虑整个餐饮消费餐台席面整体的配色效果。特别是宴会活动中，每个宴席的整体设计菜品摆放出的色彩要丰富多样、协调悦目、浓淡相宜。不仅菜肴的配色让人食欲大增，而且，宴会上菜顺序呈现的菜肴颜色表现，也可以给消费者带来美食盛宴的视觉心理享受。使整个宴会出菜服务好比一组旋律音乐组合，时而轻柔舒缓，时而高昂激越，时而庄重浑厚，时而轻松愉快。比如宴席初始上冷盘菜的色调偏“冷”，好比一个低音，接着上热炒菜的色调偏“暖”，好比一个高音，进入尾声是汤菜雅静清淡，好似一个弱音。这样上菜的先后顺序也就会产生出美妙的音乐节奏感，令人心旷神怡、回味无穷。

四、饮食消费环境建设色彩应用

在餐饮空间设计中，设计者必须意识到色彩应用的重要性，将其放在核心位置，餐饮空间色彩设计的根本问题是配色，色彩营造的整体效果则取决于不同颜色之间的相互关系。要根据餐饮空间特点、性质，优化利用各类色彩，注重不同色彩的合理搭配，充分发挥同色系花纹图案的装饰作用，促使设计的餐厅能够满足人各方面的客观需求，营造不同的餐饮环境，吸引消费者注意力。

在餐饮空间，色彩的作用体现在两方面：一是可以准确表达餐厅主题思想。因为色彩具有可以让人想象与回忆的特殊作用，借助色彩客观呈现餐厅的主题思想，借助主色调，巧妙利用局部色彩进行点缀，营造良好的就餐环境。二是可以烘托餐厅的环境氛围。不同的色彩对餐厅环境有着不同的影响，不同色调会给人带来不同的感觉，就餐饮空间环境气氛烘托来说，色彩的重要性不言而喻。

1．突出环境氛围的色彩利用

在不同的地域，色彩的适用性是不同的，这主要表现在民族文化、宗教信仰、人文环境、地域文化、饮食风格、建筑风格几个方面，每一种风格适宜的色彩都有差异。如湖南湘菜馆餐厅，应当在潇湘文化的基础上应用色彩学原理。采用橙黄色、土褐色暖色调搭配外观，营造出一种温馨的感觉；在传统古典红的基础上，应用橙黄、墨绿的色彩区分餐厅的内部空间，强化主次关系，建立秩序感。通过暖色灯光营造出优雅、别致的用餐氛围。

2．突出心理暗示的色彩利用

色彩在心理学中的价值常常是无法量化的，将其应用在餐饮空间设计中，能充分体现出功能为先的理念。色彩能够对消费者起到心理暗示，并支配他们的情感表达。如肯德基、麦当劳在环境色彩设计上，是以“快餐”为定位，人员流动速度快，消费者一般不会花费太多的时间。因此为了满足这一需求，其在色彩搭配上，使用得多为朱红、柠檬黄等暖色。这类明亮的颜色能够减轻用餐的拥挤感，让消费者不自觉地加快动作节奏，促进餐厅的人员流动。

色彩是表达餐饮空间环境主题的重要元素，饮食消费公共场所流动性非常强，在色彩搭配方面，需要根据餐厅功能、消费者的喜好来合理搭配。总之，在餐饮设计空间中，合理应用色彩学，能够营造出特定的主题氛围，营造出清新、优雅的就餐环境，通过各类软装的搭配，体现出饮食消费应有体验。

3．饮食消费环境光源效果应用

物体的色彩取决于物体的反射和投射特性，物体有选择性地吸收特定波长的光，并反射特定波长的光。生活中常见灯光大致分为冷光源和暖光源两类。依据心理错觉对色彩的物理特性进行分类，红光、橙光和黄光的波长较长，属暖光，有暖和的感觉，用这类光照射到物体会有暖和感。相反，紫光、蓝光和绿光的波长较短，属冷光，有寒冷的感觉。人们对于颜色的心理活动大致由冷暖两个色系产生，但冷暖的感觉并非来自物理上的真实温度，而是与人的视觉和心理联想有关。

菜品的色彩不能脱离灯光和菜品本身。菜品在不同的光线下会产生不同的色泽效果，菜品的颜色由白光被食物反射或透射所造成的损坏而形成，也就是说，色是被损坏了的白光。常用的白色的光照射在菜品上很难达到应有的色彩效果，不同的菜品适合用不同的光线照射，一般菜品的颜色都是暖色调的，要接受暖光源的照射；如果菜品的颜色是冷色调的，那就要接受冷光源的照射，这样才能收到色泽美观的视觉效果。比如“麻婆豆腐”是暖色调的菜品，在暖光源的照射下会反射暖光中的红色光波而显得颜色丰富，具有红亮视觉效果。若是把“麻婆豆腐”放在冷光源下面照射，豆腐反射了冷光中的白色光波会使菜品表面显得惨白，就破坏了菜品的感官形象。

冷暖光源的合理搭配运用，能使菜品的色泽更加丰富多彩。运用最多的暖光源当属橙色光，橙色光的波长仅次于红色光，它具有长波的特性，能使脉搏加速，照射物体能给人以温度升高的感觉。橙色是十分活泼的色彩，是暖色系中最温暖的色彩，是一种富足、快乐而幸福的色彩。

五、饮食消费宣传品色彩应用

饮食消费宣传品的目的就是企业与饮食消费者的一个对话交流，传递饮食产品和餐饮企业的定位，食品的定位尤其重要。通过视觉上的传达，消费者能够很好地理解到实际的概念和产品，不仅仅是广告公司与品牌的目标达成，也是品牌与消费者的成功链接。通过具有表现力和传递力的美食照片，消费者一眼就能理解和体会到产品的感觉，让人们在店面中一眼能够找到他需要的商品或是你想给他的商品，也能够提高产品的复购率。

众所周知，所有广告宣传当中能呈现的只有视觉。因为照片没有声音，也没办法触摸，因此仅是通过视觉带给大家的冲击，来感受食欲。通过单纯的视觉来传达影响五种感觉与感官的体验，打造整体的食物感官盛宴，让消费者觉得食物非常美味，达到美食摄影视觉传达的目标。具有传达力的照片的设计方案就是拍摄当中应用可以和消费者沟通的特别的点。主要包括：

立体感	让食物有层次
光泽感	让美味感倍增
色彩感	凸显食欲感。通过不同颜色的呈现，食物的食欲感会更加凸显，平衡感会更好
临场感	捕捉活的瞬间。临场感是最容易传递食欲感的方式，摄影师在瓶子上面浇上了一点小水珠，传递给消费者这是冰的饮料，给人一种爽口清凉的感觉
空气感	氛围调动食欲。空气感也就是氛围和环境。如在烤肉炉下面铁板的部分加上小气泡，让它看上去像刚刚热煎出炉的一样，加上热气腾腾的烟雾，有热的感觉

第二节　嗅觉感知饮食消费心理活动

嗅觉是人类辨别外界物体气味感觉的生理机能。在色香味为感知过程的饮食行为与消费中，嗅觉不可或缺，有时甚至先于视觉。在菜肴尚未端上桌前，还没看到是什么样子，鼻子已经嗅到香味了，从而引起食欲。反之，如果先闻到腐味、臭味，再好看味美的食物也不一定受欢迎。因此，食物气味不仅是饮食卫生问题，而且还是饮食心理问题。嗅觉对人们的饮食消费心理有着重要的影响，厨师非常重视对菜肴嗅觉的运用，并将它列为色、香、味、形的重要品质标准。味道和气味共同组成食品的风味，直接影响人类对食品的接受性和喜好性，同时对内分泌也有影响。因此，嗅觉与饮食消费有密切的关系，是进行感官评价时所使用的重要感觉之一。

一、嗅觉的基本概念

1．嗅觉

嗅觉是气体刺激鼻腔内嗅觉细胞而产生的感觉。嗅觉是人类的一种基本感觉，它比视觉原始，比味觉复杂。现在嗅觉已不是最重要的感觉，但嗅觉的敏感性还是比味觉敏感高很多，比如嗅觉感官能够感受到的乙醇溶液的浓度要比味觉感官所能感受到的浓度低24000倍。

人类嗅觉在察觉能力上强于味觉，但对分辨气味物质浓度变化却不及味觉。

由于嗅觉更易疲劳，疲劳持续时间也长，影响因素较多（气体纯度、实验方法、条件、身体状况等），所以准确测定嗅觉阈值较难。影响嗅觉感受性的因素：

环境因素	包括空气的温度、湿度和清洁度。空气消毒净化后，嗅觉的感受性提高；而温度有助于嗅觉的感受，嗅觉的适宜温度是37～38℃。相应地，嗅觉对热菜的感受性强，对冷菜的感受性较弱
肌体状况	人的身体状况影响嗅觉的感受性，特别是当身体处于病态时，嗅觉的感受性大大下降。例如，伤风感冒时，嗅觉变得较为迟钝，平时很容易闻到的气味在感冒时闻不到或变得不再敏感。肝炎患者会厌食肉食和多油食品，甚至会产生欲呕的感觉

2．嗅觉器官与分类

鼻子（两个鼻腔）是人体感受气味的嗅觉器官。在鼻腔上部有一块对气味异常敏感的区域，称为嗅感区或嗅裂，嗅感区内的嗅黏膜是嗅觉感受体。嗅黏膜呈不规则形状，上面布满了嗅细胞、支持细胞和基细胞。嗅细胞是嗅觉感受体最重要的成分。

嗅觉不像其他感觉那么容易按性质分类。人们说明嗅觉时常常以产生气味物质来命名。饮食中的嗅觉，主要感受的是各种香气，如肉香、菜香、酒香，以及酱香、蒜香、葱香、谷香等，另外，也还有恶臭、腥、臊、膻等气味。

3．嗅觉过程

嗅觉的器官是鼻腔化学性分析器，嗅觉是由气体分子或挥发物质作用于嗅觉器官的嗅感觉细胞而引起的。

嗅觉过程是：空气中气体物质的分子在呼吸作用下，首先进入嗅感区，吸附并溶解在嗅黏膜的表面，进而扩散至嗅毛，被嗅细胞所感受，然后嗅细胞将所感受到的气体刺激通过传导神经以脉冲信号的形式传递到大脑，从而产生嗅觉。

嗅觉过程可以表示为：气味物质→嗅黏膜→嗅细胞→大脑→嗅觉。

在饮食行为活动中，嗅觉的产生通过两种途径：一是气体物质的分子从鼻孔进入鼻腔，到达嗅觉感受器产生刺激引发嗅觉功能；二是气体物质的分子随食物进入口腔，在吞咽食物时，由咽喉空间弥散进入鼻咽部嗅觉感受器，形成刺激激发嗅觉功能。

4．嗅觉疲劳特征

嗅觉疲劳是嗅觉的重要特征之一，它是嗅觉长期作用于同一种气味刺激而产生的适应现象。嗅觉疲劳比其他感觉的疲劳都要突出。嗅觉疲劳存在于嗅觉器官末端，感受中心神经和大脑中枢上。

嗅觉疲劳产生的原因：有人认为气味浓度达到一定程度后，大量的气味分子刺激嗅感区，导致嗅觉疲劳，疲劳速度随刺激强度的增加而提高。也有研究者认为在强刺激作用下，在嗅感区某些部位的持续去电荷干扰了嗅感信号的传输而导致嗅觉疲劳。

（1）嗅觉疲劳的三个特征。

①施加刺激到嗅觉疲劳式嗅感消失有一定的时间间隔（疲劳时间）。

②在产生嗅觉疲劳的过程中，嗅味阈逐渐增加。

③嗅觉对一种刺激疲劳后，嗅感灵敏度再恢复需要一定的时间。

在嗅觉疲劳期间，有时所感受气体的本质也会发生变化。例如，在闻硝基苯时，气味会从苦杏仁味变为沥青味；在闻三甲胺时，开始像鱼味，过一会儿又像氨味。这种现象是由于不同的气味组分在嗅感黏膜上适应速度不同而造成的。

（2）交叉疲劳现象　对某一气味物质的疲劳会影响到嗅觉对其他气味刺激的敏感性。对松香和蜂蜡气味的局部疲劳会导致橡皮气味阈值的升高；对碘气味产生嗅觉疲劳的人，对酒精和芫荽油气味的感觉也会降低。

（3）嗅味的相互影响　两种或两种以上气味混合后会产生多重结果：一是气味混合后，某些主要气味特征受到压制或消失，这样无法辨别混合前的气味。二是混合后气味特征变为不可辨认特征，即混合后无味，这种结果又称中和作用。三是混合后某种气味被压制，而其他的气味特征保持不变，即失掉了某种气味。四是混合后原来的气味特征彻底改变，形成一种新的气味。五是混合后保留部分原来的气味特征，同时又产生一种新的气味。

二、香气及其来源

1．气味

气味是能够引起嗅觉反应的物质。

海宁（Henning）曾提出过气味的三棱体概念，他所划分的六种基本气味分别占据三棱体的六个角（图3–2），而所有气味都是由这六种基本气味以不同比例混合而成的。

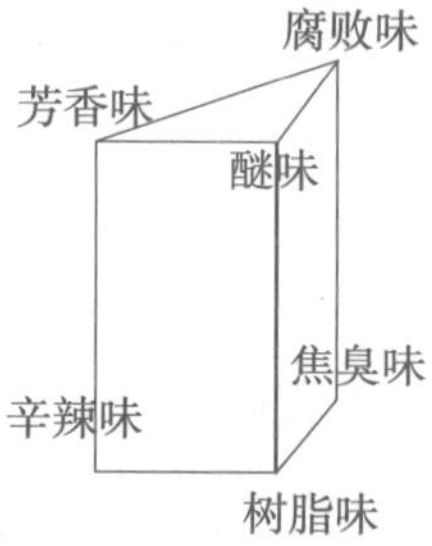

图3–2　气味的三棱体

2．气味的嗅觉识别

（1）嗅技术　嗅觉受体位于鼻腔最上端的嗅上皮内。在正常的呼吸中，吸入的空气主要通过下鼻道和中鼻道，只有极少量缓慢通过鼻腔嗅区。所以只能感受到有轻微的气味。为了获得明显的嗅觉，就必须将嗅味物质置于鼻腔下面，适当用力地吸气（收缩鼻孔）或扇动鼻翼作急促呼吸，头部稍微低下对准被嗅物质使气味自下而上通入鼻腔，使空气形成急速的涡流，嗅味物质因而能够较多地接触嗅区，引起嗅觉的增强，这一过程称为嗅技术。（提示：同一气味物质使用嗅技术不能超过三次，否则会引起嗅觉疲劳。嗅技术不能用于含辛辣成分的气体物质。）

拓展阅读

范氏实验

范氏实验是指用口感觉气味的技术。首先，用手捏住鼻孔通过张口呼吸，然后把一个盛有气味物质的小瓶放在张开的口旁（注意：瓶颈靠近口但不能咀嚼），迅速地吸入一口气并立即拿走小瓶，闭口，放开鼻孔使气流通过鼻孔流出（口仍闭着）从而在舌上感觉到该物质。这个实验已广泛地应用于训练和扩展人们的嗅觉能力。

（2）化学感觉　除了味觉和嗅觉系统外，鼻腔和口腔中以及整个身体还有一种更为普遍的化学敏感性。这种普遍的化学反应由三叉神经来调节。体内的一些黏膜、角膜对化学刺激很敏感，如切洋葱使人流泪，可乐中二氧化碳的“杀口感”，辣椒、黑胡椒、生姜、孜然、芥末、大葱、大蒜等刺激的都是三叉神经末梢，引起眼睛、鼻子和口腔产生麻辣感、灼烧感、辛辣感、刺鼻感以及刺痛感等。三叉神经觉引起的化学感觉有助于消费者对一种食品的接受，在食品感官评定中非常重要，如“辣”。

三、嗅觉对饮食消费心理的影响

1．诱惑性

当人在饥饿的时候，忽然从什么地方飘来一缕米饭或烧菜香气，会马上感到饥饿是那样地不堪忍受，会迫不及待想吃到它。食物以自身的气味，或清逸淡雅，或浓香扑鼻，来吸引饮食者。所以，嗅觉对饮食消费心理的影响不可低估。

2．选择性

有人曾做过一个试验，把母亲的一个乳头抹上一点苦胆汁，在喂奶时，就会发现，婴儿的嘴一接近乳头，闻到这种苦味，就换向另一个乳头。据研究，婴儿在一个月的时候就有嗅感。饥饿的人进饭店后如果首先嗅到异味（像夏季厨房下水道的气味、餐厅环境的霉味、食物的苦煳气味等），就会产生心理上的反感，甚至对饭店的卫生信不过，再好看的食物也不愿消费。

3．影响饮食者的食欲

由于人的嗅觉具有辨别能力，所以，嗅觉所感受到的气味，也就必然影响人们的饮食消费心理，影响人们的食欲。这种影响触发着认知、情绪和意志等饮食消费心理过程。认知感觉是由香气引起唾液分泌，产生食欲、期待心理，并激发由香气产生的联想，由某种香气联想到美味佳肴。情绪过程是嗅觉器官闻到香气后产生高兴、喜爱、感化、回味，继而产生欣赏、喜形于色的感情及偏好心理。

四、嗅觉感知心理饮食消费应用

菜肴的香味，通过人的嗅觉给人以美感和食欲。可以说是最能诱人食欲的一个重要方面。古语“闻香下马”一词足以说明香味的魅力。在饮食消费过程中，营造菜肴香味，达到“香飘四溢”“引佛跳墙”的氛围，会极大增加饮食消费的吸引力和企业产品竞争力。

1．重视菜肴香味来源

（1）本味香　食物原料所含的芳香物质是菜肴香味的重要来源。但是，本味香在低温下不易释放出来，因此，厨师通过油炸、水煮方法使菜肴的芳香物质大量释放出来，以增强菜肴的香味。炒菜时高温加热气化的挥发物质较多，比冷菜有更浓的香气。另外，烹调时加盖密闭让容易挥发气化的香味物质免于流失，也可增加菜肴的香气。采用菜肴蒸制方法可以避免其液汁物质溶解于水，因此，清蒸的肉类、蔬果常比水煮的香味浓郁。

（2）调料香　烹调中加入的作料，如姜、葱、蒜、酱油、醋、花椒、胡椒、辣椒、八角、丁香、桂皮、酒等，大都含有挥发性的芳香物质，在烹调加工时适当加入这些调料，会增加食物的调料香味。

（3）烹调香　通过几种辅助性香料的混合使用，由烹调过程而产生新的香气，也可以说是香味的转变。比如，川菜“鱼香肉丝”中“鱼香”就是利用泡辣椒丝、蒜泥、姜末、葱丝、料酒、酱油、豆瓣酱等作料烹制而成类似真鱼的香味。

2．使用气味掩盖

气味掩盖就是利用气味混合嗅觉特征，用一种气味去改变或遮盖另一种不愉快的气味的方法。

在饮食消费活动中常见掩盖行为包括，在餐厅公共空间使用空气清新剂、前台接待领位服务人员使用适度淡味香水、在公共卫生间使用除臭剂。

在食品加工环节中，并非所有的食物原料都含有香气，在众多的可食性动、植物原料中，往往有一部分原料含有腥膻、臊臭等不良气味。这些不良气味经烹调后一般都能予以消除，主要也是应用多味交叉与混合改变形式。

例如，羊肉、狗肉、牛肉等膻气和异味较重的肉类，烹调时可用白萝卜、红枣、大葱、蒜等作辅料，以料酒、醋、糖、香料、辣椒等去膻，以达到鲜香味美的要求。鱼类的腥味极不稳定，易挥发，在烹制加热中经油炸、煎、水煮、炖等加热产生逸散和挥发，调味时特别要注意用酒、醋、香糟、糖、葱、姜、蒜、香菜、辣椒等调味料，实现解腥去劣，使其显出特有的鱼香气。

第三节　味觉感知饮食消费心理活动

味，是食品的重要性能之一，是人最直接与食物打交道产生的感觉。人们饮食消费中评价食物的质量，要看色、香、味、形，但其中，味觉体验感是决定性的要素。对于没有滋味的菜肴，人们会感到毫无食趣，望而生厌；而食用美味佳肴时，会使人觉得满口生津，余味不尽。味觉对人们的饮食消费心理有着非常重要的影响。人们常说“宁吃鲜桃一个，不吃烂杏一筐”，就充分说明味觉对饮食消费心理的影响。

一、味觉的基本概念

1．味觉

味觉是某些溶于水或唾液的化学物质作用于舌面和口腔黏膜上的味蕾所引起的感觉。味觉是化学信息（能量）的感知。味觉产生是呈味物质、味觉感受器、唾液或水溶性共同作用的结果。味觉是人的基本感觉之一，在食品感官评价中占有极其重要的地位，一直是人类对食物进行辨别、挑选和决定是否予以接受的最关键因素。

拓展阅读

味觉基本性质

灵敏性	感味速度（$1.5\times10^{-3}\sim4\times10^{-3}$秒） 呈味阈值（最小刺激量） 味分辨力（人可分辨5000余种味觉信息）
适应性	因持续受某一种味觉的作用而产生的对该味的适应 短暂适应（在短时间内多次受某种刺激而产生的味觉瞬时对比现象），永久适应（长期受某种过浓滋味刺激引起的，相当长时间难以消失）
可融性	数种滋味相互融合形成一种新的味觉，叠加、掩盖、对比和转化等
变异性	生理条件和状况、温度、浓度、季节等
关联性	味觉与其他感觉相互作用的特性，包括与嗅觉、触觉、视觉和听觉等

2．味觉的感觉器官

（1）味觉受纳器口腔。

口腔（图3–3）：由上下颌骨、唇、颊、腭、舌和牙齿组成，是摄取、咀嚼和吞咽食物，言语、感觉和表情表达，进行呼吸作用的重要器官。

呼吸或说话时，会厌向上，喉腔开放；咽东西时，会厌向下，盖住气管。

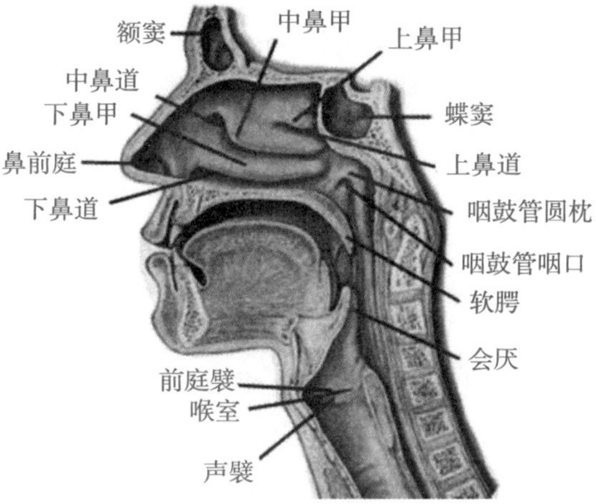

图3–3　口腔

（2）舌、味蕾和唾腺　舌头表面相当复杂，上面有许多突起物（隆起的部分），呈乳头状（图3–4）。人的味蕾大部分分布在舌头表面的乳突中，小部分分布在咽喉、会厌等处。

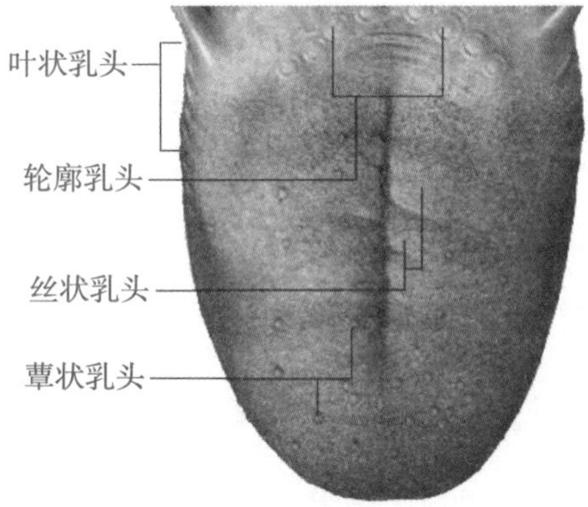

图3–4　舌头

医学上根据乳突的形状将其分为四种类型：

丝状乳头	最小，数量最多，分布于舌前2/3处。因无味蕾而没有味感。起撕裂作用、清洁功能
蕈状乳头	呈霉菌状、蘑菇状，分布于舌尖和舌侧面，对甜味和咸味比较敏感
叶状乳头	分布于舌部后两侧，对酸味较敏感
轮廓乳头	最大，呈V字形分布在舌根部位，对苦味较敏感

乳头上真正感受味觉作用的是味蕾，味蕾中的味细胞能感应化学刺激，将刺激转换成电子脉冲输送往大脑。在蕈状、叶状和轮廓乳头上都有，是味觉的受体。它的形状就像一个膨大的上面开孔的纺锤。

味蕾的数量与年龄有关。胎儿几个月就有味蕾，味蕾在哺乳期最多，以后逐渐减少、退化。成年后味蕾的分布范围和数量都减少，所以人在不断地失去味蕾。一般是从50岁开始出现迅速衰退。其分布不均匀，随着年龄增大逐渐集中在舌尖、舌缘等部位。

唾液对引起味觉有极大关系。只有溶于水中的物质才能刺激味蕾。唾液分泌的数量和成分受食物种类的影响。一般情况下，食物越干燥，唾液腺单位时间内分泌的唾液量越大。唾液的成分随食物种类不同而变化。如食用鸡蛋会分泌浓稠而富含酶的唾液，食用醋酸时分泌稀而很少含酶的唾液。

（3）味觉神经　不同的部位信息传递的神经不同。舌前的2/3区域是鼓索神经，舌后部1/3是舌咽神经，咽喉部感受的刺激由迷走神经负责，颚部的信息由面部神经的分支大浅岩样神经传递等。

味觉通过神经几乎以极限速度传递信息。人的味觉感受到滋味仅需1.5~4毫秒，比触觉（2.4~8.9毫秒）、听觉（1.27~21.5毫秒）和视觉（13~46毫秒）都快得多。其中咸味的感觉最快，苦味感觉最慢。所以，一般苦味总是在最后才有感觉。

一般味觉形成过程是，食物进入口腔后，在舌头肌肉运动作用下将食物中的呈味物质与味蕾相接触，食物中的呈味物质刺激味蕾中的味细胞，这种刺激再以脉冲的形式通过神经系统传至大脑经分析后产生味觉。

味盲是一种先天变异，如少数几种苦味剂难以打开苦味受体口上的金属离子桥键，所以苦味盲者感受不到它们的苦味。

与嗅觉一样，完全失去味觉的人很少，但是味觉灵敏度较弱，尤其是对各种苦味剂感觉较弱的人却普遍存在。

二、味觉的种类

就人类饮食而言，味觉可分为两大类，即基本味和复合味。

1. 基本味

基本味好比色视觉中的三原色，有四原味，即酸、甜、苦、咸（图3-5）。它们以不同的浓度和比例组合时就可形成自然界千差万别的各种味道。

基本味觉的特性：甜—咸—酸—苦。

不同国家和地区基本味的分类有所不同。比如，我国习惯酸、甜、苦、辣、咸“五味说”，也有酸、甜、苦、辣、咸、鲜、麻“七味说”；欧美国家认同酸、甜、苦、辣、咸、金属味六种；印度则有酸、甜、苦、辣、咸、淡、涩、不正常味八种。

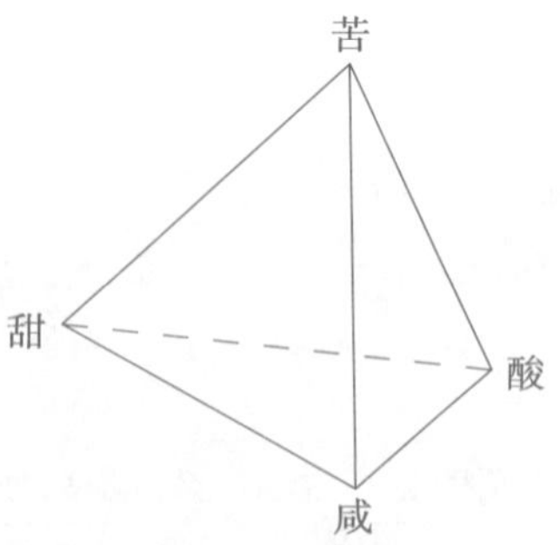

图3-5　基本味

2. 复合味

自然界中，大多数呈味物质的味道不是单纯的基本味，而是两种或两种以上的味道组合而成。食品经常含有两种、三种甚至更多种味道。因此，不同味之间的相互作用对味觉有重大影响。红、黄、蓝三原色互相组合能组成绚丽多彩的大千世界。同样，三种以上的基本味相互组合也能产生丰富多变的复合味感。在人们的饮食过程中，复合味对人的诱惑性远比单一味强烈得多。在烹饪中基本上都是复合味，单一的基本味在实际烹饪中是不存在的。所谓“调味”，其实就是指配置复合味。比如，以糖、醋、盐和辣油组成的红油味，咸鲜香辣，回味略甜；以糖、醋、泡辣椒、葱、姜、蒜组成的“鱼香味”，咸辣酸甜兼有，气味芬芳浓郁；五味俱全，尤以麻辣见长的怪味等。关于复合味究竟有多少种的问题，目前尚无定论。

复合味一般分轻重主次，往往有一个主味，其余为辅味。所谓“地方菜系”，其复合味都有一定的主旋律。比如，麻辣川菜，就是以麻辣为主，辅以咸甜鲜味；江苏本味菜，以鲜为主，辅以咸甜等。

三、影响味觉的因素

影响味觉的因素较多，主要有以下几种。

1．温度

菜肴的温度是影响味觉敏感性的重要条件。一般说来，温度升高，味觉敏感性减低。研究表明，温度为10～40℃的菜肴最能刺激味觉，其中，味觉器官对30℃的菜肴感觉最敏锐。

温度对味觉的影响也表现在味阈值的变化上。各种味道的察觉阈（即刺激的下限）会随温度的变化而变化，这种变化在一定范围内是有规律的：

甜味	17～37℃逐渐下降，超过37℃又回升
咸味和苦味	17～42℃升高
酸味	变化不大

有研究者认为在温度对味觉的影响上，味感受体的温度比呈味物质的温度更重要。味细胞与呈味物质发生作用时的味感受体温度将起决定性作用，而不是所用样品的温度起决定性作用。即饮食者自身体温对个人味觉有关键影响。

2．舌位

舌头的不同部位对不同刺激的味觉敏感性不同。一般来讲，舌尖对甜味的感受性最强，舌根对苦味更为敏感，舌的边缘对酸味的感受性最强，舌尖和舌的边缘对鲜味和咸味的感受性最强。因此，吃苦药时如果缩短药物在舌根的停留时间，就不会觉得药很苦口。

3．浓度

味蕾对不同味觉刺激产生味觉的最低浓度要求不同。有研究指出，人们对苦味最为敏感，溶液中只要有0.00005%的苦味物质，就能产生苦味，甜味以蔗糖为例需要0.5%，咸味需要0.2%的食盐，酸味则只需0.0012%的酸味物质。

4．介质

介质的黏度会影响呈味物质扩散至味觉细胞的速度，介质的性质会降低呈味物质的可溶性或抑制其有效成分的扩散。例如，四种基本味的呈味物质处于水溶液中时，最容易辨别；处于泡沫状、胶体状介质时不易辨别。一般情况下，溶解度越大，味阈值越低。例如，水介质中蔗糖、氯化钠、咖啡因等物质的味阈值低于在番茄汁中的味阈值。

5．时间

从刺激味觉器官到产生味觉，不同味觉刺激产生味觉的快慢不同，一般而言，需要1.5～4毫秒，其中咸味感觉最快，苦味最慢，因此，吃食物时往往总是最后才感觉到苦味。

6．机体状况

人的身体状况影响味觉的感受性。特别是当身体处于病态时，味觉的感受性下降。例如，伤风感冒时，味觉变得迟钝，平时适口的菜肴此时很容易感到“味道不够”，甚至感到没有味道。

7．地域性差别

由于受水土、气候等生活环境和地方习俗的影响，人们的味觉表现出较为明显的地域性。突出表现在生活环境相近的人们趋于相近的口味。比如，我国就有“南甜北咸、东辣西酸”的说法。

8．人的性格口味偏好

近年来，日本的行为心理学研究组织提出一个口味性格学的理论。该理论认为口味与性格之间存在先天的必然联系，且有一定的规律性。例如，他们的调查结果为爱吃冷食者，大多性格比较稳健，意志比较坚强；爱吃烧烤者一般比较急躁，有较强的进取心；爱吃甜食者，大多比较柔和，乐于助人等。关于口味性格学的理论有待进一步研究。

四、饮食消费中的味觉心理现象

1．味觉的适应

由于味觉的适应性特征，在饮食消费活动中味觉刺激超过一定时间后味觉变得迟钝的现象，就会出现在食用菜品时，时间过长会感觉口味变轻，有再次加调味料的现象，如夏天露天烧烤，边吃边聊，会对烤肉提出再加热。

由于味觉的感受器味蕾组织随年龄增长发生变化，在现实里就会出现厨龄较长的厨师做出来的菜有时偏咸，其中一个重要原因就是由于身体机能变化带来的味觉适应变化。

2．味觉的相互作用

味觉的相互作用是指不同基本味之间的相互影响，给味觉带来的变化感受体验。通过试验发现，不同基本味之间存在着互为竞争或互为补偿关系。

基于味觉相互作用现象，在饮食制作过程中调味就成为重要的食品加工方式和手段了。根据菜肴要求，针对原料中呈味物质的特点，选择合适的调料，并按一定比例将这些调料组合起来对菜肴进行调味，使菜肴的口味得以形成和确定。这也是烹调技术的工艺所在。主要有以下方法。

（1）味的对比　又称味的突出，是将两种以上不同味道的呈味物质，按悬殊比例混合使用，导致量大的那种呈味物质味道突出的调味方式。“盐是百味之主”，它是对比各种复合味的主要调料，依靠盐来突出呈味物质的味道是实践工作中应用的常态。

例如，用少量的盐将汤中的鲜味对比出来就叫作“提鲜”；用少量的盐提高糖浆的甜度就叫作“增甜”；用盐水煮虾突出其鲜味的“白灼”；上述这些都是利用味的对比来突出某一味道。

对比方式虽然是靠悬殊比例将量大的呈味物质对比出来，但这个悬殊比例是有限度的，究竟什么比例最合适，要在实践中多体会，并进行量化分析处理。

（2）味的相乘　也称“味的复合”，是将两种以上同一味道的呈味物质混合使用，导致这种味道进一步加强的调味方式。餐饮生产操作实践中，这种方式通常在两种情况下使用：一是在需要提高原料中某一主味时使用，如蜜汁山药，用糖和蜂蜜来增加其甜度等就是相乘方式的具体运用。二是在需要为原料补味时使用，如海参、燕窝、鱼肚等本身鲜味很弱，也会用鲜汤和鸡精粉以适度比例进行相乘方式的补味。

（3）味的掩盖　即味的消杀，是将两种以上味道明显不同的呈味物质混合使用，导致各种呈味物质的味均减弱的调味方式。例如，烧鱼烹酒烹醋，去除鱼腥味，就是一种典型的消杀调味方式。

（4）味的转化　即味的变调，是将多种味道不同的呈味物质混合使用，导致各种呈味物质的本味均发生转变的调味方式。味的转化由两方面原因造成：一是原料及调味料的呈味物质融合后产生复杂的化学变化，使原来的呈味物质的味发生改变。许多味的模式都是这样形成的，如怪味等。二是味觉对味的感受出现暂留现象，如吃完辣菜之后再吃其他菜，会感觉这些菜肴都有辣味。

味的转化方式在单个菜的调味上可以用来调制复合味，而在整桌菜的设计上都要予以防止，要遵循“先咸后甜，先鲜后辣，先酸后苦，先清淡后浓郁”的上菜程序，防止味道较重的呈味物质在生理感受系统上出现暂留现象，干扰味蕾对味道较轻呈味物质的感受，避免菜肴在口腔中互相串味影响美食体验。

第四节　听觉与口腔触觉感知饮食消费心理活动

一、听觉感知体验

通常，人们往往认为听觉与饮食消费心理无关。但实际上听觉体验，特别是音乐对人们的饮食消费心理有着不可低估的作用。有的厨师将色、香、味、形、声等作为完美佳肴的重要条件。在音乐环境中进餐，增加饮食消费过程中情感的激发与体验，可见听觉对人们饮食消费心理的重要影响。

1. 听觉的性质

听觉，是声波作用于听分析器而引起的感觉，是声波进入耳朵后产生的感官印象。

声音的产生：外界的声波以振动的方式通过空气介质传送至外耳；再经耳道、耳膜、中耳、听小骨进入耳蜗，此时声波的振动已由耳膜转换成膜振动；这种振动在耳蜗内引起耳蜗液体相应运动进而导致耳蜗后基膜发生移动；基膜移动对听觉神经的刺激产生听觉脉冲信号，使这种信号传至大脑，即感受到声音。

声音特性：音强、音调和音色是描述声音特性的三个要素。

2. “听食”饮食消费心理

声波分为乐音和噪声两大类。在饮食消费环境中，“噪声”包括食物加工操作过程声音，如油爆、水煮、淋烹时的声音。国内一些经典菜肴上菜时会有声音，如山东名菜“糖醋鲤鱼”“油泼鱼”，四川的“响铃肉片”，江苏的“天下第一菜”“松鼠鱼”“三鲜锅巴”等，都是将菜品油炸或加工好上桌，并在桌上现浇烹调好的浆汁，桌上菜肴会发出强烈的“吱吱”声，宾客闻声食欲大振，满桌皆喜，其乐无穷，因而满足了饮食消费者的“听食要求”，得到乐趣的饮食体验。

3. 音乐与饮食消费心理

现代医学、心理学的大量研究结果表明，音乐对人的影响大，音乐的影响与听者的音乐素养无关，即使是婴儿，也可以随着音乐节奏的起伏而手舞足蹈。音乐也影响人们的饮食消费，而且，人们很早已意识到音乐对饮食消费心理的影响，最突出的例子就是古已有之的“音乐佐餐”。帝王将相、权臣贵戚们用餐时，无不奏管弦丝竹伴轻歌曼舞，以助雅兴。随着社会生活水平的提高，人们进一步发展和深化了音乐佐餐，使音乐与美食这两种艺术完美结合并达到理想境界。

（1）音乐在饮食活动中的作用　音乐可以直接影响人们的生理机能运动，适宜的音乐能提高消化系统植物神经的兴奋性，起到增强食欲、帮助消化的作用。国外有人曾用巴赫的音乐治疗胃神经官能症，方法很简单，只需每天饭后听一张巴赫的音乐唱片，疗效奇佳。坊间趣闻，国外一顾客在品尝美味时，乐队突然奏响了疯狂的爵士乐，顾客不由自主跟上快速的节奏，不小心被食物噎住，几乎噎死。接着，乐队改奏肖邦的《葬礼进行曲》，徐缓、稳重的旋律，竟神奇般地起到了人工呼吸的作用，顾客渐渐苏醒。

（2）音乐影响人们的心理活动　适宜的音乐可以使人心情舒畅、轻松愉快，从而影响人们的食欲。现今，“晚餐音乐会”在国内外许多饭店兴起，甚至邀请专门艺术团体在“晚餐音乐会”上表演，使音乐和饮食结合起来。“晚餐音乐会”一词在英文中为“dinner-show”，原意是餐间音乐表演，为饮食助兴，至少有三方面的意义：一是提高了饭店的知名度，显示了饭店的文化品位。二是可以招徕更多的饮食消费者，让食客一边用餐，一边享受高水平的艺术表演，既高雅，又有荣耀感。三是饭店提高经济效益的一个有效的竞争方法。

4. 打造视听盛宴的饮食消费环境

（1）选择适宜的音乐节奏　迪斯科、快爵士乐等节奏强烈的乐曲，与人们进餐时的生理节奏相去甚远，也与人们进餐时所需的闲适、轻松等心理需要相悖逆，因此，迪斯科、快爵士乐等节奏强烈的乐曲一般不宜作佐餐音乐。佐餐音乐一般适宜挑选节奏明快、平缓、轻柔的轻音乐，这不仅与人们进餐时的生理节奏相适应，而且也与人们进餐时的心理需要相协调。上海中医研究所经过研讨指出，在饮食消费的场合针对不同的饮食消费者，播放不同的音乐，能起到情绪营养的作用。如心绪不好、情绪不稳定，可听贝多芬的奏鸣曲、肖邦和施特劳斯的圆舞曲；注意力不集中时可放贝多芬的《月光奏鸣曲》；功能性、神经性食欲不佳时，可听穆索尔斯的钢琴组曲《图画展览会》及巴赫的音乐作品；便秘、瘴病患者饭前可听莫扎特的《小步舞曲》；神经衰弱时，听李斯特的《匈牙利狂想曲》、比才的《卡门》等；心情不安时，多听巴赫的《b小调弥撒》等；感到空虚的时候听贝多芬的《命运》、莫扎特的《b小调第十四交响曲》等。

（2）选择适宜的音乐主题 佐餐音乐的主要功能在于以音乐助餐兴，因此，音乐的选定要与聚餐的主题和气氛协调，以达到聚餐主题和背景音乐的和谐统一。比如，久违的朋友相聚，就要选择欢快、热情的音乐，以与“有朋自远方来，不亦乐乎”的主题相一致。如正式的举行欢迎宴会，可以播放《迎宾曲》《水上芭蕾》等；婚宴可以播放《好日子》《友谊地久天长》等。不符合聚餐主题的性质和气氛的需要，乱点乐谱，不仅达不到“佐餐”的良好效果，而且还可能弄巧成拙，事与愿违。

（3）选择与就餐者饮食消费活动需求相适宜的音乐 选择佐餐音乐要充分考虑就餐者的审美能力和欣赏习惯，以及餐饮消费活动的主题意愿。选择与就餐者生活贴近的、熟悉的音乐更容易产生共鸣，从而产生愉快、轻松的感觉。或结合餐饮团宴活动聚会或结婚庆生等主题，当人们举杯共饮，投箸品味之时，选放动听欢快音乐佐餐，会给饮食消费的餐桌带来意想不到的好效果。音乐与饮食消费的关系已逐渐为人们所重视。

二、口腔触觉感知体验

触觉是指分布于全身皮肤上的神经细胞接受来自外界的温度、湿度、疼痛、压力、振动等方面的感觉。狭义的触觉，指刺激轻轻接触皮肤触觉感受器所引起的肤觉。广义的触觉，还包括增加压力使皮肤部分变形所引起的肤觉，即压觉。一般统称为“触压觉”。与人们的饮食消费心理关系密切的触觉是口腔触觉，口腔触觉即口唇、牙齿、舌面、腭等部位接触食物后引发的触觉感。即人们常说的口感。

1. 口感的概念

口感即食物在口腔中所引起的感觉的总和，是人类对食物的一种高级体验。包括味觉、硬度、黏性、弹性、附着性、温度感等体验感受。

在烹饪学中，口感是指食物在人们口腔内，由触觉和咀嚼而产生的直接感受，是独立于味觉之外的另一种体验。

烹饪时对食材的形状和大小的控制，以及烹饪火候的把握形成的口感优劣，是对厨师烹饪水平的重要评价标准。

2. 口感的分类

口感一般包括食物的冷热程度和软硬程度两个基本方面：描述食物冷热程度的词语如温凉热烫等；描述食物软硬程度的词语如软、糯、酥、滑、脆、嫩等。一般来讲，同样的食材，加工处理之后含水分越少就越酥脆，含水分越多就越滑嫩。想要追求酥脆的口感，油炸尤其是复炸是常用的方法。而滑嫩的关键在于前期腌制过程，通过手工捏制让食材尽量地吸收水分，然后用生粉封住，在烹饪的时候尽量地缩短时间和控制温度。口感的表述如表3-5所示。

表 3-5　口感的表述

口感	表述
嫩	适于牙齿毫不费力地自然咀嚼，牙齿体验的第一快感。不管荤菜还是素菜，特别是爆炒的菜，要求非嫩不可。炒菜嫩与否几乎成为厨艺水平的重要评价指标
老	一种与嫩相对的口感，一般为菜肴所禁忌，但特殊情况下，要特意追求这种口感。比如，老而韧的“川味牛肉”，入口以后耐嚼，越嚼味越深长，深受人们喜爱
脆	给人一种干净、爽利的口感。脆与嫩、松等口感复合成脆嫩、松脆等，更能给人以愉快的感觉。如山东名菜“油爆双脆”，外脆里嫩，口感极佳。而著名的“芙蓉鸡片”，更是以鲜脆著称
烂	烂是与脆相对立的口感，菜肴一般来说忌烂。但一些烧、煮、炖的菜却要求烂的口感。特别是老年人和儿童，尤其喜爱软烂易嚼的口感。比如，著名川菜“东坡肘子”“烤乳猪”等，都以烂而味浓受到人们的欢迎
松	松的口感是松软、易入口，对于牙齿欠佳的人来说，松软是重要的快感。很多糕点以松软见长，有的菜肴也追求松软的口感，如入口松软易化的“油炸粉丝”
软	是与硬对立的口感，一般菜肴都忌硬求软。它给人以柔和、绵软的口感
酥	是松、脆、软的综合口感
糯	是因食物的黏性而产生的口感，它给人以缠绵、柔美的感觉。名菜“冰糖湘莲”就以香糯而驰名
爽	即爽口、利齿。爽并非多数菜肴所具有的口感，它不仅与烹饪方法有关，更与原材料的质地有关。酒泉名菜“雪山驼掌”就以爽见长
滑	给人以柔润、滑溜的口感。如“滑熘里脊”
绵	是软、糯、黏、烂的综合效果，比较受老年人的欢迎
润	水分较多的菜肴，特别是汤类，容易产生润口的效果
焦	是煳、脆、酥的综合反映，但又不同于煳、脆、酥。如锅巴类菜肴，其中锅巴的特殊加工即为“焦”的典型。江苏的“脆膳”实际也是炭化焦脆的质感
麻	既是口感，又是味感。华中及西南地区菜中麻的口味普遍。如“麻婆豆腐”“夫妻肺片”

还有像沙、粳、疲、韧等口感这里不一一介绍。另外，像辣、肥、黏、涩、腻、枯、浓等口感，有的不甚明显，有的属一种痛觉，饮食业还没有定论，有待进一步研究。总之，不同原料、不同烹饪方法的菜肴，往往给人们以不同的口感体验，从而广泛影响着人们的饮食消费心理。

本章复习与思考

1. 简述黑、白、红、黄、绿、蓝色彩的情感功能。
2. 怎样正确运用色视觉对饮食消费心理的影响?
3. 如何应用饮食消费色视觉心理?
4. 简述嗅觉的概念及其过程。
5. 简述嗅觉对饮食消费心理的影响。
6. 什么是味觉? 哪些因素会影响味觉?
7. 就视觉、嗅觉、味觉的关系谈谈你自己的观点。
8. 音乐与饮食消费心理的关系如何?
9. 简述味觉是如何相互作用的。
10. 简述嗅觉疲劳的特征。

第四章 饮食消费者个性心理

学习引导

内容提要

本章主要介绍了饮食消费者个性心理结构、能力心理特征、能力构成、能力的个体差异特征等基本概念和基础理论，介绍了饮食消费者气质、自我心理特征、自我概念与行为特征等内容，介绍了饮食消费者个性心理特征等内容。

学习目标

通过以下目标，建构以“饮食消费者个性心理”为阶段性知识内容的“传承型学习”成果。

学习和把握饮食消费者个性心理特征、个性心理结构、个性的形成和发展；以及饮食消费者行为心理特征表现等知识；用其指导“本章复习与思考”相关作业题；体验“饮食消费者个性心理”中“饮食消费者个性消费特征”的“传承型学习”及其迁移。

学习和把握饮食消费者的能力心理特征、饮食消费者的能力构成等陈述性知识；以及饮食消费者能力的个体差异特征等知识；用其指导“本章复习与思考”相关作业题；体验“饮食消费者个性心理”中“饮食消费者能力心理”的“传承型学习”及其迁移。

学习和把握饮食消费者气质、饮食消费者的自我心理特征、饮食消费者的自我概念与行为特征等陈述性知识；用其指导“本章复习与思考”相关作业题；体验“饮食消费者个性心理”中“饮食消费者气质与自我特征”的“传承型学习”及其迁移。

内容结构图

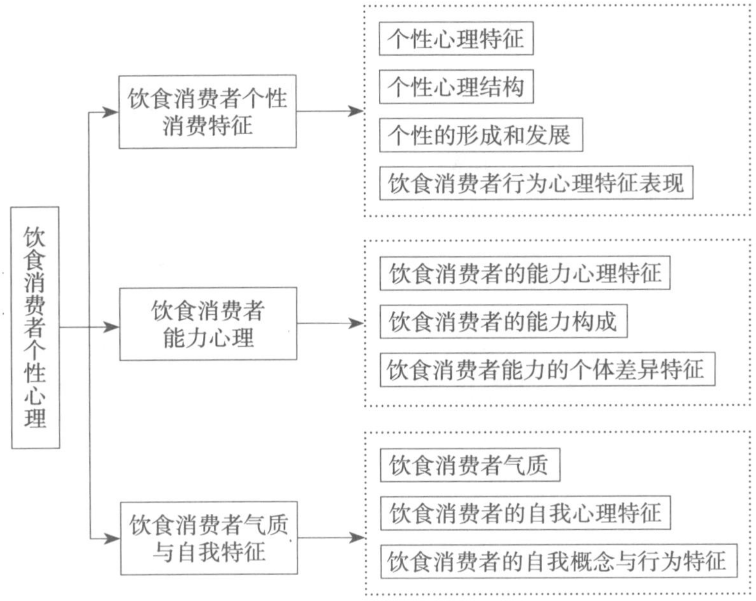

第一节　饮食消费者个性消费特征

一、个性心理特征

个性是一个人心理特点的综合，既有外显的行为，也有内隐的特征。个性在心理学中常常用来指一个人从整体上表现出来的心理面貌。人们既在日常生活中使用这个词，也在科学研究中使用这个概念，每个学科都对个性有独特理解。到目前为止还没有关于个性的统一和公认的看法，所以对个性的理解和使用是千差万别的。

1．个性是人的性格特质

一般认为，性格是人的个性中最主要的心理特征，在个性中具有核心意义。性格是人对客观现实的态度和行为方式中经常表现出来的稳定倾向，是一个人比较稳定的对现实的态度和习惯化的行为方式。它是人的个性中最重要、最显著的心理特征。它是各种心理特征的核心。性格是指人对客观现实的态度和行为方式中经常表现出来的稳定倾向。在心理学中，性格是指由人对现实的稳定态度和相应行为方式所表现出来的个性心理特征。性格则决定消费者的活动内容和方向。

2．性格特征

（1）性格的态度特征　性格的态度特征表现为个人对现实的态度倾向性特点，性格的态度特征属于人的道德品质的范畴，它是性格的核心。性格的态度特征是指一个人如何处理社会各方面关系的性格特征。好的性格态度：忠于祖国、热爱集体、关心他人、认真负责等。不好的性格态度：对集体漠不关心、自私自利、蛮横粗暴、狂妄自大等。

（2）性格的理智特征　指人们认知过程中表现出来的性格特征，即人们在感知、记忆、想象和思维等认知方面的个体差异。性格的理智特征是指一个人在认知活动中的性格特征。例如，思维活动的精确性：有人深思熟虑，看问题全面；有人缺乏主见，人云亦云。想象中的现实性：有人现实感强，有人富于幻想。

（3）性格的情绪特征　指人的性格可以在情绪反应的快慢，体验的深浅，表现的强弱以及保持的久暂等方面。如狂怒或心平气和，慷慨激昂或情绪消沉等。性格的情绪特征是指一个人的情绪对其活动的影响以及他对自己情绪的控制能力。良好的情绪：包括善于控制自己的情绪，情绪稳定。不良的情绪：包括事无大小都容易引起情绪反应。

（4）性格的意志特征　指人的性格特征在意志行动中的表现。性格的意志特征是指一个人对自己的行为自觉地进行调节的性格特征。良好的意志：有远大理想、独立自主、坚韧不拔等。不良的意志：盲目性强、优柔寡断等。

二、个性心理结构

饮食消费者个性指人的整个心理面貌，是个人心理活动稳定的心理倾向和心理特征的总和。饮食消费者个性心理的结构包括个性心理特征和个性倾向性两个方面。复杂的个性心理特征决定了饮食消费者的心理特征的差异性，影响着饮食消费者的行为。能力反映消费者的活动效率。

1．个性心理特征和个性倾向性

个性心理特征指一个人身上经常地、稳定地表现出来的心理特点的组合，主要包括：能力、气质、性格和生活方式、自我观念等。个性倾向性指人所具有的意识倾向，决定着人对现实的态度以及对认识活动对象的趋向和选择。主要包括需要、动机、兴趣、理想、价值观和世界观。个性倾向性渗透于各种个性心理特征中，个性特征本身也反映着人的个性倾向，二者从整体上合理地反映出一个人的完整个性。

2．消费者个性的基本特征

消费者个性的基本特征有六项。

整体性	指消费者主体的各种个性倾向、个性心理特征以及心理活动过程都是相互协调，有机联系在一起的
稳定性	指消费者主体经常表现出来的某种心理倾向和心理特征稳定不变的倾向
可塑性	指个性心理特征随着主体的经历而发生不同程度的变化，从而在每一阶段都呈现出不同的特征
独特性	指不同消费者主体所体现的个性心理的独特性，如独特的行为倾向和独特的精神风貌
社会性	指消费者主体在社会实践活动中，不可避免地受到社会的影响，具有人类的共性、民族的共性、地域或群体的共性
生物性	生物性是个性的生理基础，为个性的形成和发展提供了可能性

三、个性的形成和发展

个性的形成和发展过程，是人的社会化过程。所谓社会化是指在特定的社会文化环境中，个体形成适应于该社会与文化的个性，掌握该社会所公认的行为方式。通过社会化过程，个体从自然人转化为社会人，形成区别于其他人的综合性心理特征。一个人作为社会人具有两个属性，既是生物的实体，又是社会的实体。人的个性主要是作为社会实体来考虑的。人作为生物性个体，一来到世界上就被置身于复杂的社会环境之中，从幼年到老年，个性在社会化过程中持续地形成与发展。从综合、辨证的原则出发，认为个性的形成和发展以遗传素质为基础，以社会因素为重要条件，以社会生活实践为主要途径。

1．先天的遗传素质是个性形成和发展的基础

心理是人脑的机能，是外部世界的反映，个性是人的心理的重要组成部分。遗传素质对个性形成的基础性作用，在早期的心理学中，曾经被某些心理学家认为是决定性的，过分强调了遗传素质作用的观点。比如认为个性产生于人的自卑感，而自卑感的最早源泉在个体的器官缺陷、体弱多病、笨手笨脚等身体因素。或根据人的体型把个体个性分为瘦长型、肥胖型、斗士型等不同类型。虽然是错误的，但是它和现代生理心理学的研究却有某些一致之处。当然，生理心理对研究结果的解释，强调遗传素质是个性形成和发展的基础的同时，更重视社会文化和个体社会实践的重要性。

2．社会因素是个性形成和发展的重要条件

在所有对个性形成和发展起作用的社会因素中，家庭、学校和社会文化是最直接也是最重要的影响因素。心理学研究表明，父母本身的个性特征、教养方式、榜样作用等会强烈影响子女的个性，在相当程度上决定个体一生个性发展的趋向。学校教育是一个系统地对个体施加影响的过程，学校对未来的社会成员施加规范的影响，促使学生实现社会化，形成和发展适应所处社会环境的个性，个性的形成和发展更主要的影响因素是学校教育。社会文化是人类有意识活动所创造的一切。在人类社会生活中，文化无处不在，无时不有，社会文化时刻都在约束个体的言行，塑造着适应文化要求的个体个性。社会文化往往与个性有高度的一致性。

3．社会生活实践是个性形成和发展的主要途径

社会化过程持续人的一生，个体的个性形成主要取决于他们各自的社会生活实践过程。在社会生活实践中，个体扮演特定的社会角色，承担一定的社会责任，必须适应社会环境才能生活和发展，从而促使个体形成符合社会要求的态度体系、行为方式、工作与生活能力等，即形成和发展自己的个性。一个人能在社会生活中顺利地活动和充分发挥其功能，以及一个人有关自我价值的看法，都依赖于他处理问题的能力和他对自己成就的评价。而认知、智力、能力、自我评价、成就动机等个性因素，只有在社会生活实践中，才能形成和发展，并最终接受社会的检验，不断地得到修正和完善。

综上所述，个体个性形成和发展的影响因素是多方面的，各个因素之间相互依存，共同决定个体的个性。

四、饮食消费者行为心理特征表现

个性是心理学中内涵最丰富的概念，难以把握也难以进行操作应用。心理学家使用个性一词，大多是为了对人的个别差异作总的、本质的描述。饮食消费过程中，饮食消费者存在

着明显的个性特征与行为。消费者性格特点的差异通常表现在他们对消费的态度和购买方式等方面，饮食消费过程中，饮食消费者存在着明显的个性特征与行为。

1. 基于消费态度的表现特征

（1）节俭型消费者 勤俭节约、朴实无华、生活方式简单，考虑问题比较现实。消费时通常比较注重质量与实用性，不注重外观，不追求品牌与名气，不喜欢华而不实的商品，不易受外在包装和广告宣传的影响，对于推荐和介绍一般持较为客观的态度。

（2）保守型消费者 一般性格比较内向，消费态度严谨、固执，生活方式刻板，喜欢遵循传统的消费习惯，对于新产品持有一定的抵制态度。

（3）自由型消费者 消费态度比较随意，比较注重外观，受环境及广告宣传影响较大，没有长久、稳定的消费模式。在消费时经常根据实际需要和种类的情况而采取不同的选择标准，往往不能有意识地控制自己的情绪。

（4）顺应型消费者 态度随和、生活方式大众化，一般不消费标新立异的商品，但也不固守传统。消费行为受相关群体影响较大，同与自己相仿的消费群体保持比较一致的消费水平，对社会流行不积极也不反对，能够随着社会发展不断调节、改变自己的消费方式和习惯。

（5）怪癖型消费者 态度傲慢，往往具有某种特殊的生活方式与思维方式。自尊心强、过于敏感，消费情绪不稳定，在消费时往往不能接受别人的意见、建议，且有时会向服务人员提出一些令人不解的问题和难以满足的要求。

2. 基于消费行为的表现特征

（1）习惯型消费者 通常根据自己以往的消费、使用经验采取消费行为。他们一旦熟悉某种品牌后，便保持稳定的注意力，逐步形成习惯性的消费，不轻易改变自己的观念，受社会时尚和社会潮流的影响小。

（2）活跃型（感性型）消费者 在消费时言语、表情和动作反应外向，易受广告宣传、他人购买行为、服务员介绍的影响，热情活跃，消费行为带有浓厚感情色彩，喜欢与服务员进行信息交流，购物气氛活跃。

（3）冲动型消费者 对外部刺激的反应非常敏感，他们喜欢追求新产品和时尚商品，在消费时凭直观感觉较多，易受广告宣传和商品包装的影响，而对商品价格、性能考虑不多，常因一时冲动而实施消费行为。

（4）挑剔型消费者 一般都具有一定的消费经验和知识。他们在消费时主观性强，很少征询他人意见，善于观察别人不易观察到的细微之处，检查极为仔细，有时甚至达到苛刻程度。

（5）慎重型消费者 大多稳重，遇事冷静、客观，具有较强的自我控制能力。在消费时喜欢根据自己的实际需要并参照以往的消费经验作出决定，受外界影响小，不易冲动，在消费现场沉默少语、动作反应迟缓、内心活动丰富而不露声色，面部表情如一，不容易去参考别的意见或受别人的影响。

（6）被动型消费者 大多缺乏商品知识和购买经验，对商品没有固定的偏好，选购商品时缺乏自信和主见，希望得到别人的帮助。

（7）完善型消费者　在消费现场善于权衡各种利弊因素，注意力放在细节问题上，通过周密思考理智作出消费买与否的决定，追求获得完美的效果。

（8）能力型消费者　在现场消费目标明确，积极主动，按照自己的意图消费，不易受广告宣传的影响，购买决定果敢、迅速。

3. 基于心理机能的表现特征

（1）理智型消费者　用理智衡量一切和支配自己的言行，并且能够用理智控制自己的情绪。在饮食消费活动中经过周密思考，根据获得的信息进行冷静地分析，反复权衡各种利弊因素后才作出决定。对于各种促销活动有自己的理智分析，即使是十分热销的商品，也不盲目购买。在消费活动中按照自己的需要进行计划安排，而不受其他因素的干扰。

（2）情绪型消费者　言谈举止受情绪左右。作出饮食消费的决策时，对消费现场的气氛大多感受良好，愿意体验消费情绪变化。消费时间可长可短，但一般是在喜欢、赞赏等各种感情支配下进行的。消费行为同冲动型消费者相类似。但冲动型消费者往往是在短时间内激情涌起就立即行动，冷静下来之后，又后悔不迭。

（3）意志型消费者　行为受其意志支配。在饮食消费活动中有具体的目标，消费目的明确，积极主动，消费决策迅速果断，并且能够克服各种干预和困难，完成购买活动。

4. 基于心理活动倾向性的表现特征

（1）外向型消费者　心理活动倾向于外部，不掩饰自己的喜、怒、哀、乐，喜欢与人交往，消费时热情较高，喜欢提问题，征询意见，在饮食消费活动中，很容易与同伴或服务人员打成一片，很愿意发表意见，情绪也易受他人和环境的影响。能较快地适应各种环境并通过消费活动获得某种心理上的满足。这种类型的消费者虽然决策果断，但也有轻率的特点，不能自省。

（2）内向型消费者　稳重、谨慎，喜欢自己观察体验、分析判断，不轻易提问题、发表意见，也不轻信他人。喜欢安静的环境，在饮食消费活动中喜欢自己行动，不愿意发表自己的意见，愿意服从他人的安排。有较强的归属感，但将消费场所视为公共领地，将自己与他人隔离开来，尽管沟通与交流都不够，但他们往往有自己的见解和主张。

内向型与外向型消费者重要的差别是内向型的人判断事物是依靠自己的“内在”价值或标准，而外向型的人判断事物是依靠他人的标准。所以在消费新产品时，内向型的人可能成为新产品的消费带头人，而外向型的人只能是追随者。

5. 基于消费者个体独立性程度的表现特征

（1）顺从型消费者　在消费时缺乏个人主见，易受外界因素的影响。在饮食消费决策时往往犹豫不决，一般不发表自己的意见，很愿意倾听别人的意见。商家商号选择上缺乏独立性和主见，易受暗示。

（2）独立型消费者　善于思考，并且有个人信念，判断的坚定性和行动的果敢性都比较强，饮食消费有主见，处于主动地位，积极提出问题，思考问题，有较强的自信心，谨慎从事，不盲从，能够发现问题和自己解决问题，不易受外界因素的影响。但难免带有一定的主观性、片面性。在饮食消费决策活动中比较沉着、冷静。他们意志坚强，处理问题也比较果断。

综上所述，我们概括地分析了在消费活动中所体现出来的消费者性格类型。需要指出的是，由于性格形成的原因和性格改变的外界条件十分复杂，消费者性格不一定按原来的面貌表现出来。因此，在观察、判断、分析消费者性格特征时，必须充分考虑性格稳定性、整体性的特点，而不能凭一时性的购买态度和偶然性的购买行为来判断。另外，许多消费者性格特征介于某些类型中间，如理智—意志型、攻击—孤立型等，需要具体分析，灵活掌握。

知识延伸

关于个性的经典理论

1. 弗洛伊德的个性结构学说

作为精神分析理论的开创者，弗洛伊德为心理学开辟了前所未有的新领域。他一生坚持用本能，尤其是用性本能解释人的心理现象。所谓本能就是躯体内部的兴奋状态，主要有两种，即生的本能和死的本能。人的行为受本能支配，必须遵守两个原则，即快乐原则和现实原则。快乐原则指人的本性是顺从本能冲动，追求快乐，希望获得欲望的直接满足；现实原则指随年龄的增长，社会生活经验的增多，人意识到要克制自己的本能冲动以适应环境，否则不仅不能得到快乐，反而要遭受痛苦。在此基础上，他认为个体个性的结构包括三个部分。

本我	最原始的与生俱来的潜意识结构，由先天本能和基本欲望组成，按快乐原则操作
自我	意识的结构部分，处于本我和现实之间，根据现实世界的要求活动，主要是对本我进行压抑和控制
超我	自我的一部分，是理想化的自我，弗洛伊德称它为良心，主要功能是在现实原则基础上，建立人的自我调节、自我控制，弥补自我的不足之处，更好地顺应环境

2. 艾森克的个性类型学说

他提出个性主要有内向—外向、情绪性、神经质三个基本维度。

稳定外向型	善于交际、开朗、活泼、健谈、随和、无忧无虑、有领导能力
稳定内向型	谨慎、深思、镇静、被动、性情平和、值得信赖
不稳定外向型	冲动、多变、活泼、敏感、乐观、不安分、经常主动攻击他人
不稳定内向型	悲观、忧郁、刻板、严肃、沉默寡言、不善交际

3. 矢田部达郎和吉尔福特的Y-G个性量表特质类型学说

所谓特质是指个性基本结构的元素，是人在不同时间和情境中都保持的行为形成和一致性。

A 型	情绪性、社会适应性、个性倾向都处于平均水平，是一种不引人注意的平均类型，主导性弱，智力低时往往缺乏精力，表现平凡
B 型	外向，情绪不稳定，社会适应性差，在人际关系方面很容易出问题
C 型	内向，情绪稳定，社会适应性好，平稳而被动，缺乏人际吸引力
D 型	外向，情绪稳定，社会适应性比较好或一般，行动积极稳健，有良好的人际关系，属于领导者性格
E 型	内向，情绪不稳定，社会适应性比较差或一般，生活中他们退缩、消极、忧郁、孤独，但不少人有丰富的修养和高雅的情趣

4．阿尔波特的价值倾向个性类型学说

理论型	兴趣在于发现真理，好钻研，求知欲强，能自制，但他们往往忽视生活的其他方面
经济型	重视现实，务实进取，认为一切行动都要从实际的需要出发
艺术型	重视形象美和心灵的和谐，认为美的价值高于一切，用美的标准和艺术的观点评价一切事物
社会型	以爱护他人、关心他人为高尚的职责，为人随和、善良、宽宏大度，乐于在人际交往中帮助他人
政治型	重视权力，追求权力，为人有活力、有信心、自我肯定，律己待人都很严格，原则性强，有时会骄傲自负，轻视他人，利己而专横
宗教型	重视命运和超自然的力量，关怀终极价值，向往彼岸世界，信仰坚定，自愿克服一切低级冲动

第二节　饮食消费者能力心理

一、饮食消费者的能力心理特征

心理学研究指出，人在从事各种实际活动的过程中，必须具备相应的能力。而且任何某种单一能力都难以完全胜任实践活动。活动的内容、性质不同，对能力的构成要求也有所不同。要成功地完成一项活动，往往需要具备多种综合能力。

饮食消费是现代社会人们生活中的常态化活动，饮食消费活动的内容、目的等各不相同，饮食消费心理能力和饮食消费活动密切相关。一方面，饮食消费心理能力特性在消费活动中发展并表现在活动之中。另一方面，饮食消费活动必须以饮食消费心理能力特性为前提，直接受着饮食消费者独特的能力心理影响。

1．能力含义

能力通常是指人们为了达到预定的目的，处理各种事务，解决问题或者矛盾，克服困难实现目标的本领。心理学上，能力是指人能够顺利地完成某种活动并直接影响活动效率所必须具备的个性心理特征。能力是影响活动效果的基本因素，能力存在着个别差异，能力是直接影响活动效率，保证活动顺利完成所必备的个性心理特征。由此，在任一活动中，能力的综合构成应当与活动的要求相符，并具有相应水平，才能取得一定效果。

2．能力分类

人的能力是由多种具体能力构成的有机结构体。其中根据作用方式不同，可以分为一般能力和特殊能力。所谓一般能力是指顺利完成各种活动所必须具备的基本能力，如观察能力、记忆能力、思维能力、想象力等。具备一般能力，是从事各种活动的前提条件。特殊能力是指顺利完成某些特殊活动所必须具备的能力，如创造力、鉴赏力、组织领导能力等。这些能力是从事音乐、绘画、领导等特殊或专业活动所必不可少的。常见分类包括：

一是按照能力的倾向性，可分为一般能力与特殊能力；

二是按照能力的功能，可分为认知能力、操作能力和社交能力；

三是按照活动中能力的创造性大小及所参与活动的性质，可分为模仿能力和创造能力。

心理学中，为进行研究建立了能力测量方法，能力测量是使用经过检验证明具有一定信度、效度、稳定性的标准化的能力测量量表，来对一个人能力的发展水平及其倾向性加以鉴定，并用数值加以标志的一种科学方法和手段，有一般能力测量、特殊能力测量和创造力测量（表4–1）。

表 4–1　能力测量量表

能力	说明	测量
一般能力	是指大多数活动所共同需要的能力，如观察力、记忆、思维能力、想象力	一般能力测量也称智力测量，是用一定的智力测量量表来衡量人的智力发展水平高低的一种科学方法或手段。目前，国际上常用的智力测量量表有斯坦福—比奈智力测量、韦克斯勒智力测量和瑞文标准推理测验
特殊能力	是指完成某项专门活动所必须具备的能力，如数学能力、音乐能力、绘画能力	特殊能力测量也称专业能力测量，主要用来测定个体某方面特有的潜在能力。主要的特殊能力测量有音乐能力测量、美术能力测量、表演能力测量、数学能力测量、飞行能力测量及其他特殊能力的测量。特殊能力的测量主要用于职业定向指导、就业人员的筛选和安置及有特殊能力儿童的发现和培养
创造能力	是指产生新思想，发现和创造新事物的能力	测量的内容不强调对现成知识的记忆与理解，而强调思维的流畅性、变通性与超乎寻常的独特性

二、饮食消费者的能力构成

1．从事消费活动所必需的基本能力

饮食消费者的能力是在饮食消费行为活动中，完成的饮食消费行为所具备的注意能力、记忆能力、思维能力、比较能力、决策能力等常人普遍的能力（图4–1）。

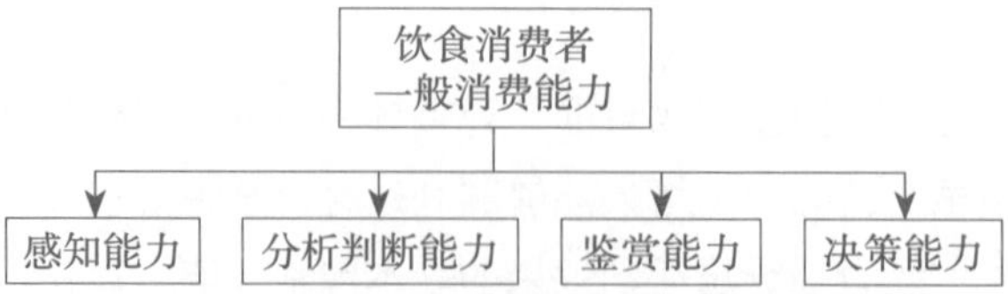

图4–1　饮食消费者应具备的能力

基本能力说明如下：

感知能力	是消费者对商品的外部特征和外部联系加以直接反映的能力
分析评价能力	是指消费者对所接收到的各种商品信息进行整理加工、分析综合和比较评价，进而对商品的优势、好坏作出准确判断的能力
选择决策能力	是指消费者在充分选择和比较商品的基础上，及时、果断地作出购买决定的能力
记忆力和想象力	记忆力是把过去消费实践中感知过的商品、体验过的情感、积累的经验在头脑中回忆并再现出来。想象力是消费者以原有表象为基础创造新形象的能力

2．从事饮食消费活动所需要的特殊能力

特殊能力首先是指消费者购买和使用某些专业性较强的商品所具有的能力，通常表现为以专业知识为基础的消费技能；特殊能力还包括某些一般能力高度发展而形成的优势能力，如创造能力和审美能力等。在饮食消费活动中，如红酒品鉴就需要独有鉴别能力，在食用河豚等某些特殊饮食消费时需要安全专业技术性强的检验能力等。

3．消费者对自身权益的保护能力

保护自身权益是现代消费者必须具备的又一重要能力。维护自己的正当权益，自我保护能力也是消费者能力的一个具体体现。饮食消费是人们日常消费的大概率活动，从事饮食服务供应的企业千差万别，每一次饮食消费都是独立的产品服务体验。在高频率的消费活动中，产品服务出品问题发生率也就普遍存在，饮食消费者投诉维权也在生活中时有发生。消费者作为居于支配地位的买方主体，享有多方面的天然权力和利益。这些权力和利益经法律认定，成为消费者的合法权益。合法权益是消费者从事正常消费活动、获取合理效用的基本保证。为保证消费者的权益不受侵害，除依靠政策法令、社会舆论、消费者组织的约束监督外，客观上也要求消费者自身不断提高自我保护能力。

依照我国2014年3月15日起实施的《中华人民共和国消费者权益保护法》规定，消费者享有九项基本权利，即享有人身、财产安全不受损害的权利；享有知悉其购买、使用的商品或者接受的服务的真实情况的权利；享有自主选择商品或者服务的权利；享有公平交易的权利；享有依法获得赔偿的权利；享有依法成立维护自身合法权益的社会组织的权利；享有获得有关消费和消费者权益保护方面的知识的权利；享有人格尊严、民族风俗习惯得到尊重的权利，享有个人信息依法得到保护的权利；享有对商品和服务以及保护消费者权益工作进行监督的权利。

三、饮食消费者能力的个体差异特征

1．消费者的能力差异表现

能力类型的差异	它主要表现在认知过程中那些稳定的心理品质上。是指人与人之间具有不同的优势能力。例如，有的人善于抽象思维，有的人善于形象思维；有的人善于模仿，有的人善于创造。消费者能力类型的差异使消费活动的效率与效果明显不同
能力水平的差异	这是指个体能力发展程度的差异，也是个体能力发展过程中量的变化。在同种能力水平上，水平的高低又集中体现在人的智商水平的差异上。心理学研究表明，95%人口的智商是在正常范围内，即70～130分。消费者作为与全人口等同的最大人群，同样存在上述情况

续表

能力表现时间的差异	这是指个体能力发展在年龄上的差异，是主客观因素综合作用的结果。在表现时间的早晚上也有明显不同。消费者能力表现的早晚，主要与后天消费实践的多少及专门训练的程度有关
能力的性别差异	女性在语言表达能力上要优于男性，男性在空间知觉能力方面优于女性；男性多倾向于逻辑思维，女性多倾向于直觉与形象思维

2．消费者能力差异在消费行为中的表现

消费者的能力差异必然使他们在消费活动中表现出不同的行为特点。从消费者对商品的认识程度来看，其消费行为可以分为以下三种。

自主型消费行为	通常具有比较明确的购买目标，并已掌握了有关商品的信息与购买经验，能够正确辨别商品的优劣，能够很熟练地在同类或同种商品中选出自己需要的商品。他们在整个购买过程中往往表现出充分的自信，受外界环境影响较小
缺乏自信型消费行为	通常购买目标比较模糊，对于商品的具体要求不够明确，对商品的信息了解较少，很难对商品内在质量、性能等方面提出具体要求。在选购过程中，他们希望从服务者或其他消费者那里了解更多的消费信息，易因外界环境的影响而动摇自己的看法
盲目型消费行为	往往没有明确的购买目标，习惯在随意浏览和观看中发现目标，他们通常对某些商品是毫无认识的，更没有购买、使用经验，对商品的了解仅仅建立在表面的认识上，因此，他们在选购商品时容易不得要领或带有很大的盲目性，常常出现因决策失误而后悔的情况

3．饮食消费者能力差异与饮食消费行为

饮食消费者能力差异是普遍存在的，在饮食消费活动当中所表现出的能力有着明显的差别。实践中发现，饮食消费者的能力差异表现在以下四个方面。

（1）对食物感知辨别能力的差异　饮食消费活动的一个重要过程就是饮食消费者要亲自去看、听、嗅、触、尝等。但在感知的过程中每一个人所表现出来的结果是不一样的。有的人分辨细致、准确、迅速，能够发现别人看不到的东西；有的人看完以后只能说出："挺好""不错"。这就是在分辨能力上人们之间存在的差异。

（2）对食物分析评价能力的差异　人们对所要购买的食物要作全面的分析和评价，如原料、卫生、营养、品质真假、制作工艺、造型包装，以及消费环境、服务员的服务表现如何等。不同的人总会给出不同的评价意见，有的人认同，有的人不满，有的人只能是一种模糊的感觉。对消费的菜肴服务好在哪儿，差在哪儿评价不一致。评定一道菜要从营养、卫生、色、香、味、形、质和器皿等不同角度分析，饮食消费者之间分析评价能力由于个人的基础能力因素，普遍存在着一定的差异。

（3）对食物购买决策能力的差异　饮食消费者中，有的人对于是否购买某一食物能够准确、迅速地作出决策，而有的人则犹豫不决，不知所措，要听别人的指点或听服务员的宣导。

（4）在与他人接触时交际能力的差异　在饮食消费群体就餐活动中，有的人很快就能与他人互动交流，相谈甚欢，甚至在很短的时间内就能和服务员交上朋友；而有的人则显得孤单、不合群。

第三节　饮食消费者气质与自我特征

一、饮食消费者气质

气质是一个古老的概念，一般人讲的“性情”“脾气”，这是气质的通俗说法。每个人生来就具有一种气质，有的典型，有的是混合型。有某种气质类型的人，常常在内容很不相同的活动中都会显示出同样性质的动力特点。如一个具有活泼、好动的气质特征的饮食消费者，在饭店就餐过程中会表现出来。气质反映消费者的活动方式。

1．气质的含义

气质是一个人典型的稳定的心理特征，是指决定一个人心理活动的全部动力，并为个体所独有的心理特点。气质是表现在心理活动的强度、速度、灵活性、稳定性、指向性等方面的动力特征，使人的全部心理活动染上独特的个人色彩。气质的生理基础是高级神经活动的基本类型，主要体现高级神经活动基本过程的三种特性：一是大脑神经细胞承受强刺激或持续工作的能力。二是兴奋和抑制过程强度的平衡。三是兴奋与抑制过程的转换速度灵活性。

气质主要表现出人的心理过程两方面的特点：一方面是心理过程的动力特点，心理过程的动力主要包括两个侧面，一是心理过程的速度和稳定性，例如，知觉的速度、思维的灵活程度、注意集中的长短；二是心理过程的强度，例如，情绪的强弱、意志努力程度。另一方面是心理过程的典型的、稳定的指向性特点。心理过程的指向性是指有人内向，有人外向。由于气质特性的不同组合，就构成了不同的气质类型。

研究饮食消费者气质心理特征的意义在于，有利于正确认识气质的本质的自然属性，一个人心理活动的动力特征，不涉及心理活动的方向和内容，没有好坏之分，减少对消费者气质类型的偏见。无论属于哪一种气质类型，都可以通过发扬积极因素，克服消极因素，为社会作出一定的贡献。有利于科学地认识气质的职业适应性，为饮食消费服务职业选择和人才选拔提供一定的理论依据。

2．气质类型

根据心理学研究，根据人体内血液、黄胆汁、黏液、黑胆汁四种体液所占的比例是不相等的，将人划分为多血质、胆汁质、黏液质和抑郁质四种气质类型。这四种气质类型的饮食消费者的消费行为有自己的独特体现。

活泼型饮食消费者	多血质的气质特征。兴趣情感易于转换、反应机智灵敏、热情活泼好动、适应性强、注意力易转移、沟通迅速、言谈举止快捷，在饮食消费时能独立、果断地作出选择。喜欢与服务人员接触、交谈；感情丰富，兴趣广泛，但保持时间不长，希望饮食消费品种花样翻新
急躁型饮食消费者	胆汁质的气质特征。情绪变化激烈、易于冲动、性情暴躁、面部表情丰富、直率、强烈的热情、精力旺盛、感情用事、攻击性强。消费时独立地、果断地作出选择，较少表现出优柔寡断，不过多挑选，有时粗心，遗失东西，不拘小节。在饮食消费活动中常显得心急火燎，如果服务动作不熟练或稍慢一点儿，他们会显得很不耐烦。易与售货人员冲突

续表

稳定型饮食消费者	黏液质的气质特征。情感变化缓慢、安静稳重踏实、固执、反应从容缓慢、言行拘谨自制，善于忍耐、情绪不易外露、注意稳定但难转移、刻板、有惰性、内向，不愿与他人交流，购物气氛沉闷。很少主动与服务员交往，对新的环境不易适应，如到了餐厅，很长时间显得心神不安。饮食消费时考虑认真、挑选仔细，表现谨慎，在没有对所有问题具有充分把握之前，不会贸然下决心，饮食消费决策花费的时间相对较多
忧郁型饮食消费者	抑郁质的特征。心绪消沉于内、反应迟钝犹豫，言行缓慢腼腆，冷漠孤僻寡欢，善于观察、敏感易受伤害，不喜与人交往、耐受力差、多愁善感、内向。不愿意到热闹的场合去，情感体验深刻、自尊心强、好猜疑，一件小事也能引起他长时间的情绪变化。吃饭点菜时犹豫不决，难以下决心，常观望别人，受别人选择的影响

3．气质与性格的关系

（1）气质与性格相互联系　气质和性格存在着互相渗透、互相作用的联系，二者都以高级神经活动类型为生理学基础。

（2）气质与性格的区别　二者存在的客观基础条件不同。气质与神经系统密切联系，主要受先天因素影响，性格则更多地受到社会生活环境的影响和制约；气质是先天形成的，在很大程度上受人的生理特点的制约；而性格则主要是后天形成的，主要受外界条件制约，具有明显的社会性。

气质表现的范围比较狭窄，稳定性时间长短不同。它局限于心理活动的速度、强度、稳定性和倾向性等几个方面；而性格表现的范围十分广泛，它包括了人的全部心理活动的稳定特征。气质的稳定性在相当长的时间内，甚至人的一生中都不改变，性格也有相对的稳定性，但可能由于生活中的突发事件、重大挫折而变化。

气质无所谓好坏，而性格则明显地带有倾向性。互相影响的侧重面不同。气质对性格的情绪性和表现速度，对性格的形成和发展的速度、动态有一定的影响；性格则在一定程度上掩盖和改造气质，使它服从实践所要求的行为方式。

气质的可塑性极小，变化缓慢，因此，培养的效果不显著，而性格可塑性较大，较容易培养和改变。

（3）气质与性格之间相互影响　具有不同气质的人可以形成相同的性格特征，具有同一气质的人可以形成不同的性格特征。气质是建立在高级神经活动系统上的，是性格形成的基础，性格必然带有气质特性的烙印，使性格具有各自的特色。但由于性格的形成主要受社会环境的影响，因此，它可以掩盖甚至改变气质的某些特性，使之符合人的社会实践需要。

二、饮食消费者的自我心理特征

自我也可称为自我观念，指个体对自己的认识和态度，是个体以自己为对象时的所有思想和情感的总和。

1．自我概念的含义和构成

自我概念也称自我形象，是指个人对自己的能力、气质、性格等个性特征的感知、态度和自我评价。换言之，即自己如何看待自己。在现实中，每个人的内心深处都持有关于自我形象的概念，这一概念以潜在的、稳定的形式参与到行为活动中，对人们的行为产生极为深刻的影响。同样的，自我概念也渗入消费者的消费活动中。对消费者的自我概念进行探讨，有助于从更深层次上研究个性对消费者行为的影响。

自我概念是个人在社会化过程中，通过与他人交往以及与环境发生联系，对自己的行为进行反观自照形成的。自我概念主要受到四个方面因素的影响。

（1）自我评价　通过自我评价来判断自己的行为是否符合社会所接受的标准，并以此形成自我概念。如把有的行为归入社会可接受的范畴，把有的行为归入社会不可接受的范畴。人们对自己的行为进行反复不断的观察、归类和验证，就形成了有关的自我概念。

（2）他人评价　通过他人对自己的评价来进行自我反应评价，从而形成自我概念。他人评价对自我评价的影响程度取决于评价者自身的特点和评价的内容。通常评价者的权威性越大，与自我评价的一致性越高，对自我概念形成的影响程度也就越大。

（3）与他人比较　通过与他人的比较观察而形成和改变自我概念。人们对自己的自我评价还受到与他人比较的影响，比较的结果相同或不同，超过或逊于他人，都会在一定程度上改变人们的自我评价，并驱动他们采取措施修正自我形象。

（4）外界信息　通过从外界环境获取有利信息，来促进和发展自我概念。人们受趋利避害的心理驱使，往往希望从外界环境中寻找符合自己意愿的信息，而不顾及与自己意愿相反的信息，以此证明自己的自我评价是合理、正确的，这一现象证明了人们经常从自己喜欢的方面来看待评价自己。

2. 现实与理想的自我

现实自我是消费者从自己的立场出发对现实的自我的看法，它是消费者对自己的现实观感。自我概念实际上是在综合自己、他人或社会评价的基础上形成和发展起来的。这其中包含四个基本组成部分或要素：

实际的自我	即目前我是如何现实地看待自己
理想的自我	即我希望如何看待自己
他人实际的自我	即我是如何现实地被他人所看待
他人理想的自我	即我希望如何被他人看待

一般而言，人们都具有从实际的自我概念向理想的自我概念转化的意愿和内在冲动，这种冲动成为人们不断修正自身行为，以求自我完善的基本动力。不仅如此，人们还力求使自己的形象符合他人或社会的理想要求，并为此而努力按照社会的理想标准从事行为活动。

三、饮食消费者的自我概念与行为特征

1. 饮食消费中的自我观念

自我概念作为影响个人行为的深层个性因素，同样存在于饮食消费者的心理活动中，并

对其消费行为有着深刻的影响作用。这是由于消费者在长期的消费实践中，通过与他人及社会的交往逐步形成了关于个人形象的自我概念。这一概念涉及个人的理想追求和社会存在价值，因而每个消费者都力求不断促进和增强它。而饮食产品和服务作为人类物质文明的产物，除具有使用价值外，还具有某些社会象征意义。通过对这些饮食产品服务的消费，可以显示出消费者与众不同的个性特征，突出个人的自我形象，从而帮助消费者有效地表达自我概念，并促进实现实际的自我向理想的自我转化。

2. 饮食消费者自我概念行为特征

一个人要借助某种实践角色形成个人自我观念，实践角色或实物可以作为保护个人角色身份的安全罩，特别是在不熟悉的环境中。这一过程还可以防止在特别环境下自我观念被淡化。比如，在餐厅消费的人们，一个人从事的社会职业、年龄、性别等各不相同，但此时此刻，都是餐厅服务产品的购买者，饮食消费的主动方。饮食消费服务人员的任务就是了解饮食消费者不同的自我观念，需要哪种服务产品与之相匹配，包括用餐环境及座位的安排、菜肴产品类型与价位、餐饮消费结算方式等，都是饮食消费心理自我意识决定下的生活方式。

生活方式就是人们如何生活。它是由一个人过去的经历、已经形成的个性特征及当前的情境所决定的。生活方式也体现着一个人选择的个人收入分配的方式。在现实生活当中，居住地、消费者的文化观念对人们生活方式有着显著影响，当然，人们的生活方式也不是一成不变的。生活方式影响着人们的需要、态度和购买行为，需要、态度和购买行为反过来又强化了生活方式。生活方式是影响饮食消费者购买决策过程的核心。

在一定程度上，有些消费者用以生活方式完成自我社会角色定位的道具和设置已经成为自我角色的一部分。延伸的自我是由这些我们认为已经构成自我部分的外部物体所构成的。比如选择高档环境的饮食消费场所，选择高价位的餐饮服务项目（包括菜肴、服务形式）等，用来体现个人是特定社会阶层情结的自我认知。例如，有的消费者偏爱某家饭店，即使该店地理位置偏远，消费价格明显高于其他饭店，他也乐此不疲，常常光顾。从表面看，消费者的这一行为似乎是不合理和不可理解的，实际上，可能由于该饭店的环境舒适优雅，服务完善周到，或者店名及品牌具有独特性，能够显示出特定消费阶层的身份地位，与消费者的自我概念相吻合，因而受到消费者的青睐。

对消费者的自我概念作深层研究，可以进一步得出结论，有的消费者的饮食消费不仅是为了满足特定的色香味形或服务形式需要，同时还出于维护和增强自我概念的意愿。在这一意义上，饮食成为加强自我概念的手段，自我概念则成为控制购买行为的中心要素。如坚持选择高档餐饮品牌消费，形成高消费群体社会形象。

就饮食消费服务单位而言，关于消费者自我概念的研究，对于产品设计和销售具有重要的指导作用。饮食新产品设计的主要依据，应当是符合消费者某种特定的自我概念。在销售中了解消费者的自我概念，告诉他们哪些消费与其自我形象一致，哪些不一致，向消费者推荐最能反映其形象特征的产品服务，可以有效地影响和引导消费者的购买行为，因而是饮食营销的重要方式和成功要诀。

本章复习与思考

1．简述消费者个性特征。

2．饮食消费活动中一般能力如何运用?

3．简述能力差异对饮食消费行为的影响。

4．简述气质在饮食消费行为中的体现。

5．结合自身情况，分析在饮食消费过程中自我概念的行为特征。

6．简述性格与气质有何不同。

7．个性是怎样形成并发展的?

8．试述不同消费行为中的性格表现。

9．你是理智型、情绪型还是意志型消费者？在他人眼中是哪种类型?

10．什么是自主型消费行为?

第五章 饮食消费动机和行为决策

学习引导

内容提要

本章主要介绍了饮食消费者的需要心理、需要的基本理论、饮食消费者需求与购买行为等基本概念和基础理论，介绍了动机的本质及特征、动机的分类、动机理论、饮食消费者购买动机分析等内容，介绍了价格因素、命名因素、广告因素、场景因素、服务因素等饮食消费行为决策心理内容。

学习目标

通过以下目标，建构以“饮食消费动机和行为决策”为阶段性知识内容的“传承型学习”成果。

学习和把握饮食消费者的需要心理的相关概念、需要的基本理论等陈述性知识；了解饮食消费者需求与购买行为等内容。用其指导“本章复习与思考”相关作业题；体验“饮食消费动机和行为决策”中“饮食消费需要心理特征”的“传承型学习”及其迁移。

学习和把握动机的本质及特征、动机的分类、动机理论等陈述性知识；了解饮食消费者购买动机分析知识。用其指导“本章复习与思考”相关作业题；体验“饮食消费动机和行为决策”中“饮食消费者的动机心理特征”的“传承型学习”及其迁移。

学习和把握价格、命名、广告、场景、服务因素等陈述性知识；用其指导“本章复习与思考”相关作业题；体验“饮食消费动机和行为决策”中“饮食消费行为决策心理”的“传承型学习”及其迁移。

内容结构图

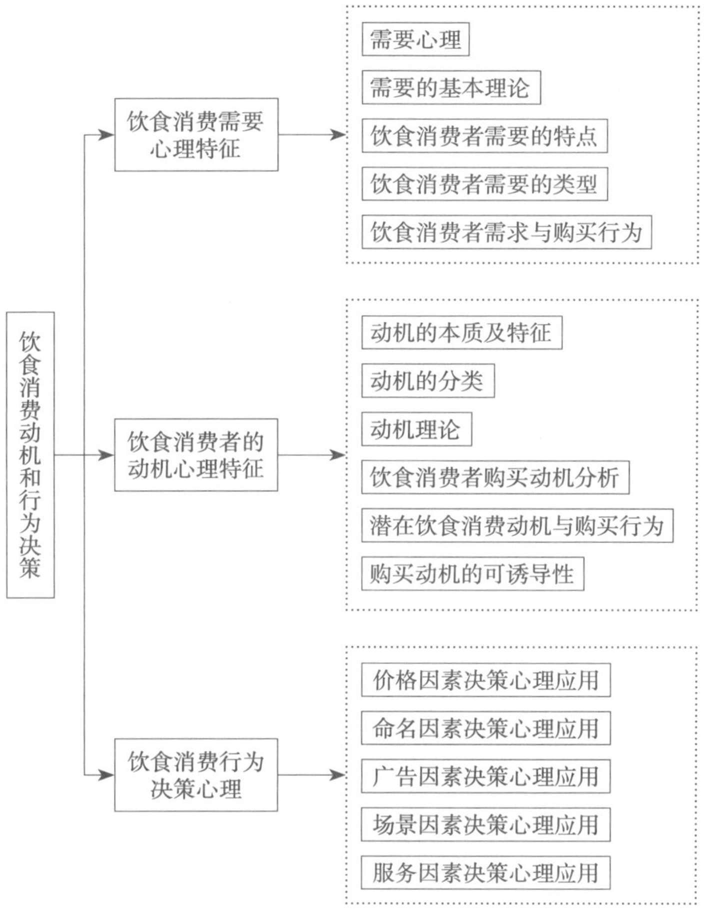

第一节　饮食消费需要心理特征

一、需要心理

1. 需要的概念和类别

需要是个体由于缺乏某种生理或心理因素而产生的内心紧张，从而形成与周围环境之间的某种不平衡的状态。需要的实质是个体为延续和发展生命，并以一定的方式适应环境所必需的客观事物的需求反映，这种反映通常以欲望、渴求、意愿的形式表现出来。

饮食消费者需要包含在人类的一般需要之中，它反映了消费者饮食生理体验的缺乏状态，并直接表现为消费者对获取以饮食产品和服务的消费对象的要求和欲望。作为生物，人体必须不断补充一定的能量才能生存，如食物、水、空气、睡眠和一定的热量等。所以，自然需要是人类的最基本需要，以饮食调节为例，人的生理调节机制，时刻检测着食物需求的数量、时间与界度。当达到某种临界值时，便产生某种生理反应，人就受到激发，从而产生饮食消费行为，在饮食消费时，生理需要逐步缓解，并逐步改变行为。尽管随着人类社会进步，人的饮食消费行为方式不断变化，但都脱离不了这种生理机制。作为社会成员，人还有求美、求知、交往、尊重、成就等社会性需要，这是心理需要，是人类所特有的需要。尽管我们把生理与心理细分开进行研究，但它们是一个关联的整体，是心理的基础，心理与生理密不可分。从生理与心理的非平衡状态的结果来看，需要是行为的动力来源，是人体积极性的源泉。

2. 需要的属性

（1）指向性　需要总是指向某种目标，即人们所期望的通过行动所获得的结果。它一旦实现，总能给人们带来生理或心理上的满足。离开了目标和对象，就无从观察和研究人是否具有某种需要。人们到饭店去消费，指向性是明确的，要么为了充饥，要么为了享受，要么为了社交等。

（2）紧张性　需要是个体在生活中感到某种欠缺而形成的一种心理状态。当某种需要产生后，便形成一种紧张感或烦躁感等，从而在人脑中形成某种要求。像人有了饥饿感，生理上的反应会导致心理上的紧张与烦躁。

（3）驱动性　人为消除生理或心理上的紧张，去寻求满足需要的力量，推动着人们去行动，以求得生理与心理上的平衡。正如人的饥饿感，引起人的心理紧张与烦躁，产生饮食消费需要，迫使其进行各种各样的觅食行为。

（4）相关性　人的需要多种多样，不同的需要之间并非彼此脱离，而是相互关联，形成复杂的需要体系。比如，人既有充饥的需要，又有省时省力的需要，还有自尊、名誉的需要，甚至还有审美、文化、社交的需要，这些需要形成某人某时某地饮食消费需要的复杂体系，这就决定了饮食消费者选择饭店、餐厅、菜肴的指向。

（5）竞争性　人的多种需要彼此关联，又相互竞争，在某一时刻，只有最强烈、最迫切的需要对人的行为起支配作用。人的需要复杂，几种需要之间相互竞争，若充饥为主导需要，随便在家做点饭菜，或在街上买些食物，或随便找个小吃店充饥就行。如果社交、自尊需要占主导地位，则会找一个上档次的饭店，选个好的包厢，点一桌好的菜肴。

（6）发展性　人的需要随着社会生产力的发展和物质文化生活水平的提高而发展。这不仅体现在需要的标准不断提高上，而且体现在需要的种类日益复杂多样上。就饮食消费而言，早期人类进餐是为了维持生命延续，而今天人们的饮食消费需要不仅为了充饥，满足生理需要，而且有审美、社交和娱乐的作用。

二、需要的基本理论

1. 马斯洛需求理论要义

生理需要	在现实生活中，人们的基本需要主要是由生理需要构成的，包括食物、氧气、水、睡眠等
安全需要	包括安全感、稳定感、秩序和在自己环境中的人身安全等

续表

归属和爱的需要	包括与别人交往的社会需要，如感情、交际、得到别人的友爱等。在前两种需求都得到满足的基础上产生的需要，并成为人们行动的直接动力
尊重的需要	包括自尊、自重、威信和成功。分为两类：一类是在现实中希望自己有能力，有成就，能胜任工作，以及要求独立和自由；另一类要求名誉或威望，希望得到他人的赏识、关心和高度评价
自我实现的需要	主要是指实现自己的潜能，最大限度地发挥每个人的能力

马斯洛认为，这五种需要是按上述次序依次满足的。只有在较低层次的需要得到满足后，才能形成较高层次的需要。因此，也将它称作需要层次论或需要金字塔。需要层次发展阶段如图5-1所示。

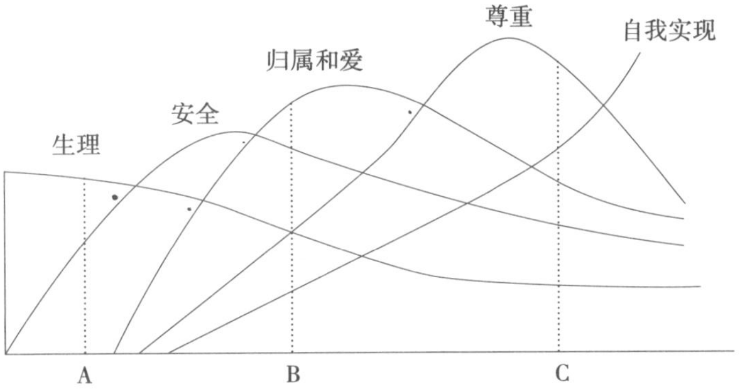

图 5-1　需要层次发展阶段图

2．戴维·麦克里（David Mclelland）三重需要理论要义

成就需要	追求优越感的驱动力，或者在某种标准下追求成就感、寻求成功的欲望	不同的人成就需要不同，其行为处世的方式就会不同。成就需要的高低与工作绩效之间有很大的关系。成就需要强的人选择适度的风险。另一个特点是有较强的责任感。成就需要高的人喜欢能够及时得到反馈
权力需要	促使别人顺从自己意志的欲望	权力需要较高的人喜欢支配、影响别人，喜欢对人“发号施令”，对争取地位与影响力十分重视，此外这些人也喜欢具有竞争性和体现较高地位的场合或情境。这样的人可能会追求出色的成绩，因为这样才能与他们所具有的或所渴望的地位或权力相称
亲和需要	寻求与别人建立友善且亲近的人际关系的欲望	这种需要较强烈的人往往重视来自别人的接受、喜欢，追求友谊、合作。这样的人在组织中容易形成良好的人际关系，容易对其施加影响，因而往往在组织中充当被管理的角色

三、饮食消费者需要的特点

一般来说，饮食消费者的需要由于受各种因素的影响而千变万化，但都具有如下共同的特点。

1．对象性

人的任何饮食消费需要总是有具体的对象，并按一定的指向和要求去满足它。如在现实中，饮食消费者为了生存，需要衣、食、住、行等。这种具体的事物和具体的对象是随着饮

食消费者认知的加深而由一般刺激转化为具体的消费行为目标。

2．多样性

由于饮食消费者的需要受多种因素的影响，如民族传统、宗教信仰、生活方式、文化水平、经济收入、兴趣爱好、情感意志等，所以对消费需要存在不同程度的差异，饮食消费者需要的对象与满足的方式也是千差万别的。在饮食方面，饮食消费者对食物和服务的要求多种多样。

3．可变性

内外部各种因素的影响对饮食消费者的需要产生和发展起着极其重大的作用。对自己的消费需要或者去满足、实现，或者抑制、减弱。饮食消费者的需要既可以通过引导而形成，也可以因外界的干扰而受到削弱或变换。例如，在某种食物缺乏时，或受外在刺激（广告等）的影响时会产生相应的需要；当某种食物的价格偏高时，饮食消费者货币支付能力有限，会抑制对这种食物的需要，而找其他的价低的食物代用。

4．选择性

这是指饮食消费者对所需对象和内容的选择，包括对同类食物或不同类食物的选择，这种选择随饮食消费者的自身需要特点而决定。

5．发展性

饮食消费者的需要都是随着社会的进步、科学技术和文化水平的提高而发展，随着需要对象范围和满足方式的变化而变化。这也称“需要上升规律”，即把人的饮食消费需要视为一个永无止境的连续系统。

6．周期性

饮食消费者的需要并不因为满足而终止，有一些需要是周期性重复产生的。这种需要的周期性与有机体和周围环境变化的周期性有一定的联系。人对食物的周期性需要非常典型。

7．制约性

饮食消费者的需要是受制约的，它来自生活条件、人们的思想意识观念、伦理道德的制约。人类在满足自己饮食消费需要的时候，总是要考虑到满足饮食消费需要的方式、方法和实际的可能性。如出于保护野生动物的考虑，人们正在努力改变将某些野生动物作为自己美味佳肴的行为。

四、饮食消费者需要的类型

饮食消费者的需要必然推动其具体的购买行为，为了更好地认识和分析消费需要，可以从不同角度对其进行分类，主要有以下几种类型。

1．习俗性需要

习俗性需要又称习惯性需要。饮食消费者由于地理、民族、宗教、历史、文化和日常生活方式的不同，会引起饮食消费者各不相同的习俗心理。每个饮食消费者都有自己的饮食习俗，他们希望在餐厅就餐时，餐厅能提供符合自己口味的食物。如俄罗斯人喜欢饮烈性酒，美国人喜欢葡萄酒、啤酒；蒙古族人以牛肉、羊肉、乳品为主食，汉族人则以米、面为主食。在中国，饮食消费习俗是构成菜系结构的重要因素，也是饮食文化的重要组成部分。饮食习俗制约着烹饪技术和菜肴或面点风味的形成。

2．求廉性需要

多数饮食消费者对食物的价格大都极为敏感，都希望以较少的货币换取较大的物质利益，产生对物美价廉、经济实惠的食物的追求，表现在饮食消费者对食物原料、半成品、成品的选择上。

3．便利需要

来到餐厅的客人无论时间是否充裕，他们都希望得到快捷的服务。一到餐厅就能有服务员热情迎接，很快品尝到所定食物，服务员能提供准确的服务。

4．卫生需要

这也是饮食消费者对自己健康关心的需要。希望能吃到新鲜、干净的食物；餐具经过严格消毒；餐厅的环境是干净、舒适的；服务员要符合饮食业卫生健康的要求，服装干净整洁，服务时干净利索。

5．新奇需要

开拓、创新和发展是人类的重要心理特征。在饮食消费领域，饮食消费者对新颖、奇特的食物自然会产生一种享用的需要。如经常光顾某一餐厅的顾客，希望每一次都能吃到不同的食物，因为即使是山珍海味，常吃也会感到腻；就是第一次光顾的客人也希望能吃上与其他地方不同风味的食物。这也是人们为什么到北京要吃“北京烤鸭”，到广州要吃粤菜的原因。

6．求美需要

饮食消费者普遍有追求食物颜色、外形等综合表现出来的美感的需要。人们吃食物，在满足人体生理需要的同时，也重视对人们精神的陶冶作用。餐厅的环境、服务员的仪容仪表都会影响就餐者的情绪。

7．优越性需要

这是由饮食消费者较高需求层次的心理决定的。在饮食消费过程中，人们将希望别人尊重、赞赏自己，或出于某种个人目的的心理，追求高档次的食物和服务，以显示他们的社会地位、经济地位、个性和要表达的心情。

五、饮食消费者需求与购买行为

1．饮食消费需要的购买

（1）消费需求是购买行为的基础　饮食消费需求引发购买行为，使企业由满足需求发展成为千方百计地创造需求，成为行业发展的趋势。

过程：消费需求—购买动机—购买行为—需求满足—新的需求……

（2）消费需求的强度决定购买行为的实现程度　饮食消费需求与购买行为的关系还表现为需求强度不同，决定了购买行为实现的程度不同。一般情况下，需求越迫切、越强烈，则购买行为实现的可能性就越大；反之，饮食消费需求不迫切、不强烈，饮食消费者消费购买行为就可能推迟，甚至不发生。

（3）消费需求水平不同与购买行为差异　饮食消费水平存在差异将直接影响消费者的需求水平，从而影响其购买行为。根据恩格尔定律（食品支出占整个消费支出的比重，15%以下为富裕国家，30%左右为中等富裕国家，50%以上为贫穷国家），不同国家和地区的居民可支配收入水平的差异，直接影响着他们饮食消费行为。

2．饮食消费需要的满足

饮食消费需要，就是饮食消费者对获得食物和服务的愿望和需求。在实际中，饮食消费者的需要表现十分复杂，它受各种消费者内部自身因素的影响，又受各种外界因素的影响。因此，研究饮食消费者的需要对了解和掌握其饮食消费行为的发生发展规律有着重要意义。

饮食消费者需要的内容和满足方式要受到社会和个人条件的影响。饮食消费者具体需要什么食物以及如何满足，并不是随心所欲的，而要受到地理位置、民族习惯、经济和文化发展水平、饮食消费者在社会关系中所处的地位等因素的制约。因此，饮食消费者的饮食需要看起来是纯属个人的事，实际上往往反映了饮食消费者所属的社会群体的需要和社会生产力的发展水平。

饮食需要是人类从事一切活动的基本动力，是饮食消费者产生购买动机、采取购买行为的直接原因。当机体由于来自外部或内部的刺激形成某种饮食需要而不能满足时，就会产生一种不安和紧张的心理状态，成为内在的驱动力，推动人们朝着一定的方向，追求一定的对象，以满足自身的饮食需要。饮食需要越强烈、越迫切，由它引起的活动就越强烈。当饮食的需要必须通过某种购买或服务才能满足时，就会产生购买动机，这种购买动机驱使饮食消费者寻找或选择目标，当能满足饮食需要的目标出现后，就会采取购买行为，进行满足需要的活动。饮食消费需要满足后，心中的不安和紧张状态就会解除，然后又有新的饮食需要产生，新的饮食消费需要又会引起新的购买动机和购买行为，如此循环往复。即饮食消费需要—购买动机—购买行为—需要满足—新的需要产生。

饮食消费需要是引起饮食消费者购买行为的根本原因。饮食消费者购买食物的根本目的是满足生理需要，在某种情境下，也要满足精神需要。任何一种食物要想引起饮食消费者的注意和兴趣，吸引他们饮食消费首先必须能够满足他们的饮食需要。研究饮食消费者的需要，掌握饮食消费者需要的发展趋势和变化规律，是饮食行业生产和经营的前提条件，也是饮食业参与市场竞争和力求发展的重要条件。

第二节　饮食消费者的动机心理特征

一、动机的本质及特征

1．动机的本质

动机是指引起维持个体的活动，并使活动朝向某一目标的心理过程或内部动力。所谓购买动机就是为了满足一定的需要，引起人们购买某种商品或劳务的愿望或意念。饮食消费者主观的需求是动机形成的内因，而饮食消费活动的对象或外界事物是动机形成的外因。动机的产生有三个必不可少的因素，即需要、刺激条件、满足需要的对象和条件。

2．动机的特征

（1）原发性　动机是消费者受外界条件刺激或影响以及个体客观需要所形成的心理倾

向。动机一旦形成，主体就将围绕实现动机而进行活动。

（2）内隐性 由于主体意识的作用，往往使动机形成内隐层、过渡层、表露层等多层次结构。而较复杂的活动或是外界的影响，常常使真正的动机隐蔽起来。

（3）实践性 动机不是意向，它已经与一定的作用对象建立了心理上的联系，所以，动机一旦形成，必将导致行为。

（4）多重性 多重动机的共同作用下，最终产生某种行为。

（5）变化性 个体的动机不是固定不变的。当内在需要和外部环境这两大因素发生变化时，个体的动机会相应地发生变化。

3. 动机与需要的关系

（1）需要本身不一定引起个体的行动，需要只有处于唤醒状态才能驱使个体采取行动，而需要的唤醒既可来源于外部刺激，也可来源于内部刺激。

（2）需要仅仅为行为指明总的目标或任务，但是并不规定实现目标的方法或途径。

（3）在有些情况下，需要仅仅引起人体自动调节机制发挥作用，而不一定驱使人们采取行动去满足需要。

（4）内在需要只是驱使人们采取行动的因素之一，而不是唯一因素，外在刺激也能引起动机和驱动行为。

4. 动机与行为的关系

（1）动机的满足 动机是在需要的基础上产生的。一旦需求得到满足，它就不再是行为的动力。这时候，次要的动机上升为主要的动机，成为优势动机，支配消费者的行动。

（2）动机受阻 动机形成促发消费者的活动，但没有达到目的，这称为动机受阻。动机受阻，其强度可能上升，也可能减弱。这时动机对行为的推动作用往往和需求结合起来，需求迫切，动机强度上升，反而会加强消费者的行为动力，反之，动机强度减弱，消费者会放弃购买活动。

（3）动机更替 当某一动机在激励消费者进行活动时，一种强度更高的动机出现了，这会出现消费者为满足后一种动机而放弃前一种动机的情况。

（4）动机冲突 在实践活动中消费者常常会出现两个动机无法取舍或两个动机无法同时满足的情况（它们相互对立、相互排斥），使消费者难以决策，或称两难选择。

二、动机的分类

一个人复杂多样的动机往往以其特定的相互联系构成动机系统。根据不同的标准，对动机可做如下分类。

1. 根据动机的性质划分

从动机的性质的角度出发，可将动机分成两类：第一类与身体的生理需要有关。这些动机是与生俱来的，可称为原始性动机（或生物性动机、生理性动机），包括饥饿、渴、性、睡眠、温冷、解除痛苦等。第二类与心理和社会需要有关。这一些动机是经过学习获得的，可称为继发性动机（或社会性动机、心理性动机），包括友谊、爱情、亲和、归属、认可、独立、成就、赞许等。这种分类只具有相对意义，是一种传统意义上的划分。

2．根据动机在行为中的作用划分

根据动机在行为中所起的作用，可将动机分为主导动机和辅助动机。在引起复杂活动的各种不同动机中，有的动机强烈而稳定，在活动中起主导和支配作用，有的动机则起辅助性的作用，只是对主导性动机的一种补充。一般而言，一个人的行为是由其全部动机体系中强度最高的主导性动机决定的。

3．根据消费者具体的购买动机划分

求实购买动机	追求商品的使用价值
求新购买动机	追求时尚和新颖
求美购买动机	追求商品的欣赏价值和艺术价值
求利购买动机	追求商品价格低廉并以此获得更多的利益
求名购买动机	追求商品名牌、档次，借以显示或提高自己身份、地位
模仿购买动机	也称从众购买动机，是指仿效他人的购买行为
好癖购买动机	消费者受个人癖好所支配
求速购买动机	在购买商品时，希望得到快速方便的服务
好奇购买动机	为满足自己的好奇心而产生的购买动机

4．根据亚文化特征的消费者购买差异划分

男性消费者的购买动机	一是动机形成迅速果断，具有较强的自信性 二是动机具有被动性 三是动机感情色彩比较淡薄
女性消费者的购买动机	一是动机具有较强的主动性、灵活性 二是动机具有强烈的感情色彩 三是动机易受外界因素的影响，波动性较大
青年消费者的购买动机	一是动机时代感较强 二是购买范围广泛，购买能力强 三是动机具有明显的冲动性 四是购买动机易受社会因素的影响
老年消费者的购买动机	一是购买动机是在追求舒适与方便的心态下形成的 二是动机具有较强的理智性与稳定性 三是动机形成的经济基础比较雄厚，具有一定的权威性

5．根据饮食消费动机的性质划分

饮食消费动机可以分成生理性饮食消费动机和心理性饮食消费动机两大类。

生理性饮食消费动机	饮食消费者为满足、维持、保护、延续和发展自身生命等生存需要而产生的饮食消费动机。主要表现在人们对日常生活食物的购买，其特点是：个体之间差异小、明显、简单、重复，较容易实现
心理性饮食消费动机	由饮食消费者的心理活动及精神或社会饮食需要引起的消费动机。是饮食消费者除本能外，为满足、维持社会生活，进行社会生产和社会交际，在社会实践中实现自身价值等需要而产生的各种购买动机，其特点是：个体之间在实现的途径、达到满足程度上有较大差异

6．根据饮食消费动机的内容划分

饮食消费动机可以分成下列8种类型。

（1）生存型　生存饮食消费动机就是饮食消费者为了满足自己的生理需要，补充必要的营养素和能量，产生本能的为了生存的饮食消费动机。

（2）感情型　感情饮食消费动机分为两种：一种是情绪饮食消费动机，是由人的基本情绪，即喜、怒、哀、乐、爱、恶、欲等情绪引起的饮食消费动机。如儿童进到商店，对某种食物产生喜欢的情绪，就央求父母购买。其特点是冲动性、不稳定性和情景性。另一种是情感饮食消费动机。主要和人的高级情感相联系，主要是道德感、美感、理智感、群体感等。如因同情受灾地区的人民，产生购买食物赠送的动机。其特点是较大的稳定性和深刻性。

（3）惠顾型　这是一种以表示信任而购买食物为主要倾向的消费动机。饮食消费者从经验或印象出发，对某种食物、某个饭店、某家商店、某个售货员和服务员等产生特殊的好感，信任备至，在购买中非此不可。不仅如此，他们还会在其他饮食消费中进行宣传，以期影响他人的饮食消费行为，激发他人的饮食消费动机。因此，拥有这样的饮食消费者对提高饭店的信誉、扩大销售十分有益。

（4）储备型　这是以占有一定量的紧俏食物为主要目的的消费动机。当市场上某种食物供不应求，出现脱销或者限量购买时，他们便尽可能地多买、多储存以备将来饮食消费需要。食物价格变化，也会促使饮食消费者产生这一动机。

（5）求廉型　这是以注重食物价格低廉，希望付出较少的货币而获得较多物质利益为主要特征的饮食消费动机。这类饮食消费者对价格特别重视，对价格的变化反应格外敏感。具有这种购买动机的人，以经济收入较低的人为多。这与饮食消费者本身的经济条件和购买力有关，但也不是绝对的。

（6）品尝型　这是以注重食物的时令、新鲜、奇特、风味为主要目的的饮食消费动机。购买食物以品尝为主要目的，其特点是购买量与机会都较少，对价格要求不严。如品尝初春的野菜、山珍海味等。

（7）癖好型　这是一种以满足个人特殊癖好为主导倾向的饮食消费动机。具有这种动机的饮食消费者大多出于生活习惯和个人的特殊情况而购买某一种或一类食物。其特点是经常性和持续性，不受外界环境的影响。

（8）表现型　这是一种以显示自己的地位、威望、富贵和表达某种心情为主导倾向的饮食消费动机。具有这种动机的饮食消费者喜欢购买一些高档的超出一般消费水准的食物，以显示其经济的富裕、地位的特殊、能力的出众，通过选择高星级饭店和高规格的菜肴、名点来表达自己相应的心情。

三、动机理论

1．内驱力理论

内驱力理论主要是把动机作用看作是过去的满意感（习惯）的函数。这种理论认为：关于现在行为的决策，大部分是根据过去行为结果或报酬考虑的。过去的行为如果导致好的结果，人们就有反复进行这种行为的趋向。如果说过去的行为导致不好的结果，人们就有回避这种行为的趋向。最初提出这种理论的是心理学家桑代克发现并提出了“效果律”，根据“效果律”，认为奖赏会强化刺激与反应的联结；惩罚则减弱刺激与反应的联结。然而根据其后的实验表明，奖赏与惩罚都会强化刺激与反应的联结。

赫尔的内驱力理论认为动机的内驱力主要有两种：原始性内驱力和继发性内驱力。原始性内驱力同生物性需要状态相伴随，并与有机体的生存有密切的联系。这些内驱力产生于机体组织的需要状态，如饥、渴、空气、体温调节、大小便、睡眠、活动、回避痛苦等。继发性内驱力是指就情境（或环境中的其他刺激）而言，这种情境伴随着原始性内驱力的降低，结果就成了一种内驱力。也就是说，以前的中性刺激由于能够引起类似于由原始性内驱力所引起的反应，而具有内驱力的性质。

在内驱力理论方面进行综合实验研究的是赫尔，在赫尔研究的基础上，希尔加德和鲍威尔进一步提出了内驱力理论公式：

$$SER=SHR\times D\times V\times K$$

式中　SER——反应潜力或行为；

SHR——习惯强度；

D——内驱力；

V——刺激强度的精神动力；

K——诱因动机

2．麦古尼的心理动机理论

麦古尼提出了一套更为详细的动机分类系统：追求一致性的需要；归因的需要；归类的需要；对线索的需要；追求独立的需要；求新和猎奇的需要；自我表现的需要；自我防御的需要；出风头的需要；强化的需要；对亲密和谐的人际关系的需要；模仿的需要。

四、饮食消费者购买动机分析

饮食消费动机是饮食消费者为了满足一定的需要，产生购买某种食物或服务的心理倾向和驱动力。

1．饮食消费动机的作用

饮食消费者动机是饮食消费心理学研究的一个重要领域。饮食消费者是在发生购买动机之后，在动机的驱使下，进入购买阶段。

（1）维持作用　动机的实现往往要有一定的时间过程。在这个过程中，动机可以贯穿于某种行为的始终，直至行为的完成，目标的实现。

（2）强化作用　指由某种动机引发的行动结果对该行为的再生具有加强或减弱作用。满足动机的结果能够保持和巩固行为，称为正强化；动机也会因不良的结果，使行为减弱或消失，称为负强化。如在饮食业经营中，良好的饭店信誉、优质的服务、优美的环境、名特菜肴和面点、合理的价格等，会强化饮食消费者的购买行为。反之，会导致饮食消费者的不满，从而拒绝光顾和购买。

2．影响饮食消费者的购买动机因素

（1）一般因素。

①饮食消费产品服务本身的因素：不同特点的消费产品和服务与一定的购买动机是具有

内在联系的，产品的功能直接决定消费者的购买动机。如需要解决一顿温饱的工作午餐通常选择外卖快餐，不会对酒菜宴席产品消费。而隆重节日宴请亲朋好友会举办宴会，而不会叫外卖盒饭。

②影响消费者购买动机的社会因素包括：一个国家或地区的消费水平同这个国家或地区的经济水平成正比；文化因素可以影响消费者的购买，社会风气也能影响人们的消费动机。特别是旅游者，在旅游目的地喜欢消费当地的美食，体验不一样的饮食风俗。

③自然因素：时间季节的变化，饮食物产不同，人们消费时令蔬菜与饮食产品的动机普遍而自然。

（2）其他因素。

①消费流行趋势：流行影响人们的消费行为，流行影响人们的审美观和价值观，流行使人们充满活力。特别是饮品果汁、风味小吃的变化受流行影响显著。

②消费者对外界刺激不同的心理反应：心理学研究表明，购买动机的形成，是在刺激物的作用下所产生的需求欲望，然后上升为购买动机，最终导致行为活动。刺激可能来自各个方面，或是来自身体内部，如饥、渴、寒、暖等；或是来自外部环境，服务人员的服务态度、服务方式、技巧都会对消费心理产生直接和间接的影响，如店面陈设的各种美食，周到服务，电视中的广告宣传。对于这些外部刺激，由于消费者的个性特征不同，引起的反应也不同。因此，能否形成动机或动机的强度会有很大差别。如麦当劳、肯德基等快餐消费产品，广告宣传是重要经营手段。

③消费者个人价值观：价值观是指消费者对客观事物是非、善恶、好坏重要性的评价。对同一事物，由于人们的价值观念不同，看法不同，会产生各种不同的行为。比如民族或宗教食品，常常具有自身的价值观认同因素。

④期望水平：期望水平是指消费者从事某种活动所要达到某一标准的心理欲望。消费者在动机形成尚未采取行动之前，往往预先估计行动所要达到的成就目标。达到预期目的的成功率低即相对期望。这种相对固定期望值对动机的形成与改变有直接的影响。一般来讲，期望值大，所达到的目标对个人越重要，则动机形成越迅速、越坚定，对人行为活动的激励作用越大。

五、潜在饮食消费动机与购买行为

1. 潜在饮食消费动机对购买行为的影响

在饮食消费者的动机体系中，除了显现饮食消费动机外，还存在潜在饮食消费动机，即饮食消费者一时未能实现或暂时不能付诸实施的饮食消费动机，它具有潜在性和等待性的特点。

案例学习

20世纪50年代，美国速溶咖啡的销售研究，不仅在研究方法引入了投射技术，而且深刻地揭示了饮食消费者的潜在动机对购买行为的重大影响，从而引起广大学者及各行各业关注饮食消费者的潜在消费动机。同样，饮食业和食品加工业也十分关注饮食消费者潜在的饮食消费动机。

20世纪40年代，当速溶咖啡这个新产品刚刚投放市场时，厂家自信它会很快取代传统的豆制咖啡而获得成功。因为它的味道和营养成分与豆制咖啡相同而饮用方便，不必再花长时间去煮，也不要再为刷洗煮咖啡的器具而费很大的力气。厂家为了推销速溶咖啡，就在广告上着力宣传它的这些优点。出乎意料的是，购买者寥寥无几。心理学家们对消费者进行了问卷调查，请被试者回答不喜欢速溶咖啡的原因和理由。很多人一致回答是因为不喜欢它的味道，这显然不是真正的原因。为了深入了解消费者拒绝使用速溶咖啡的潜在动机，心理学家们改用了间接的方法对消费者真实的动机进行了调查和研究。他们编制了两种购物单（表5-1），这两种购物单上的项目，除一张上写的是速溶咖啡，另一张上写的是新鲜咖啡这一项不同之外，其他各项均相同。把两种购物单分别发给两组妇女，请她们描写按购物单买东西的家庭主妇是什么样的妇女。结果表明，两组妇女所描写的想象中的两个家庭主妇的形象是截然不同的。看速溶咖啡购物单的那组妇女几乎有一半人说，按这张购物单购物的家庭主妇是个懒惰的、邋遢的、生活没有计划的女人；有12%的人把她说成是个挥霍浪费的女人；还有10%的人说她不是一位好妻子。另一组妇女则把按新鲜咖啡购物的妇女，描写成勤俭的、讲究生活的、有经验的和喜欢烹调的主妇。这说明，当时的美国妇女有一种带有偏见的自我意识：作为家庭主妇，担负繁重的家务劳动乃是一种天职，而逃避这种劳动则是偷懒的、值得谴责的行为。速溶咖啡的广告强调的正是速溶咖啡省时、省力的特点，因而并没有给人以好的印象，反而被理解为它帮助了懒人。

表5-1　心理学家为研究饮食消费者动机而设计的购物单

购物单1	购物单2
1听发酵粉	1听发酵粉
2块面包，一串胡萝卜	2块面包，一串胡萝卜
1磅雀巢速溶咖啡	1磅新鲜咖啡
5磅碎牛肉	5磅碎牛肉
2听桃子	2听桃子
5磅土豆	5磅土豆

注：①1磅≈454克。

由此可见，速溶咖啡开始时被人们拒绝，并不是由于它的本身，而是由于人们的动机，即都希望做一名勤劳的、称职的家庭主妇，而不愿做被人和自己所谴责的懒惰、失职的主妇。这就是当时人们的一种潜在的购买动机，这也正是速溶咖啡被拒绝的真正原因。谜底揭开之后，厂家对产品的包装作了相应的修改，除去了使人产生消极心理的因素。广告不再宣传又快又方便的特点，而是宣传它具有新鲜咖啡所具有的美味、芳香和质地醇厚等特点；在包装上，使产品密封十分牢固，开启时十分费力，这就在一定程度上打消顾客因用新产品省力而造成的心理压力。结果，速溶咖啡的销路大增，很快成了西方世界最受欢迎的咖啡。

这一典型事例充分说明潜在消费动机对饮食消费者购买行为的影响和作用，因此，对饮食消费者潜在动机的了解和掌握十分重要。

2．潜在饮食消费动机形成的原因

潜在饮食消费动机的形成既有主观因素，也有客观因素。这主要是由于饮食消费者的模糊知觉、内隐性注意和创造想象等心理变量的影响。

模糊知觉是由于主观原因而引起模糊反映的结果，这是形成潜在饮食消费动机的一个重要因素。当饮食消费者局限于这种知觉时，仅知道所购买食物或服务的“大致轮廓”，至于能否施之以行为，还有待于类比、挑选或等待他所要选购的消费目标的出现。

内隐性注意是显性注意的反向形式，是对几个可能的感觉刺激中的一个产生知觉集中的行为。内隐性注意被认为是一个对感觉全景的特定部分的信号进行增强的神经过程。饮食消费者在消费活动中，对期待消费的各部分特征及发展予以推断，预计会出现新的食物。这种新食物就是饮食消费者所期待的尚未出现的潜在消费目标。一旦这种潜在目标成为“显现目标”，潜在的饮食消费动机会立即转化为显现动机。

创造想象是人们对已有表象进行选择、加工、改造、形成新形象的过程。这种新形象的创造是以过去积累的知觉材料为基础。

潜在饮食消费动机的形成客观因素，主要是受饮食消费者的经济收入、食物质量、食物外形等的影响。现阶段国内各类城市的饮食消费者人均收入、购买力差异明显。相当一部分人由于购买力的限制，有些购买欲望还只能潜藏在心里，暂时难以实现，由此形成潜在动机。但当其经济收入达到他能购买的水平时，就会迅速付诸行动。另外，饮食消费者有时虽然具有较好的经济条件，但对市场上的现有食物质量、卫生、工艺、包装等某一方面不满意，或因其他因素的制约而暂时不能付诸消费行动，在此情况下就形成了潜在的饮食消费动机。一旦有令饮食消费者满意的食物出现，其饮食消费动机便由潜在变为显现。

六、购买动机的可诱导性

诱导是指经营服务者针对饮食消费者的购买主导动机，运用各种手段和方法，引导饮食消费者进一步认识食物，加强购买动机，进而采取购买行为的过程。动机可诱导性表现在两个方面。

1. 购买动机冲突下的可诱导性

在现实生活中，由单一动机引起饮食消费者购买行为的情况为数不多，饮食消费者常常受多种动机的驱使，其中存在动机冲突情况。当倾向购买与阻碍购买的力相互作用达到均衡点时，如果有外力或外因加入，就会强化某方向的力量，对购买行为通常会产生决定性的影响。如在饭店里经常会出现顾客对某种菜肴的食用犹豫不决的情况，这表明饮食消费者此时的购买动机正处于冲突状态，需要一种力量的介入来打破现存力量的均衡或动机抵触的情况。因此，服务员的表情、手势、暗示性语言都会使顾客下决心购买。当然，如果做法不当也会吓跑顾客。这就要求服务人员必须掌握饮食消费者的心理规律及个性特点，恰当而合理地使用一些方法和手段，在关键时刻给顾客加上倾向购买的外力，使饮食消费行为发生。这就是饮食消费者购买动机冲突的可诱导性。

2. 潜在购买动机的可诱导性

在现实生活里，饮食消费者的购买行为中有72%是受朦胧的欲望支配的。饮食消费者在食物店或饭店里完成由潜在欲望到意识欲望的转化，是扩大销售、提高效益的关键。除了店堂环境、灯光装饰、食物陈列、食物适销度、菜肴造型等因素外，服务员的仪表、表情、语言、举止等诱导因素更为重要，因为它们是使饮食消费者倾向购买的主导性因素。因此，饭店要吸引更多的顾客提高经济效益和社会牧益，就应该努力在诱导顾客潜在动机上多动些脑筋，多做些切实有效的工作，如对顾客的调查分析、员工的培训教育等。

第三节　饮食消费行为决策心理

饮食消费行为决策心理是直接影响消费购买行为的实施，研究对饮食消费行为决策心理具有直接影响的客观因素，是饮食消费心理研究的重要内容。实践证明，饮食消费对象的价格、品牌、广告、场景、服务等因素对饮食消费行为有着重要影响。

一、价格因素决策心理应用

1. 食物定价的心理策略

饮食业的食物定价，直接影响到自身的市场竞争占有份额，也直接影响企业的经济效益。饮食业定价虽然是企业自主的主观决定形式，但决策依据必须考虑客观的各个方面对定价的影响，尤其要考虑是否符合消费者的心理接受标准。

（1）新食物定价的心理策略　新食物产品可以理解为两大类：一类是食品工业企业开发的食品新品种；另一类是餐饮企业开发的新的菜肴、面点、饮品的品种。

知识拓展

策略1：撇取（或脂）定价

这种策略是饭店、餐饮企业在新菜点进入市场的初期，利用消费者“求新”“猎奇”的心理，将这类刚投入市场的新菜点价格定得高一些，以便获取较高的利润，以后，再根据该菜点的市场销售变化，逐步地降低价格。例如，配套宴席（指按照宴席主题设计的餐厅装饰、台面布置、服务程序、烟、酒、糖、菜、茶、点、汤、水果等，用于烘托宴席主题的手段和食物）、挖掘的复古传统名菜、传统名宴（红楼宴、仿唐宴、孔府宴、满汉全席、王府宴等）、全席（猪、羊、鸡、鱼、菌、藕、面等）或新的服务方式（如仿唐宴服务员穿唐代服饰、上叫花鸡的服务员装扮成叫花子）等刚刚进入市场时期，在暂无竞争对手的情况下，饭店可采用高位定价，以获取高额利润可以尽快收回研制、开发新菜肴、新宴席、新服务方式所花费的投资。这种策略正如人们从鲜牛奶中撇取奶脂、奶酪，先提取牛奶的精华，再提取牛奶，所以也称“撇脂定价法”。

它的优点是：抓住新食品或菜肴新上市时需求弹性小，竞争者尚未及时进入市场的有利时机，充分利用饮食消费者的求新、求异心理，以偏高价格刺激饮食者，从而提高了新食品或菜肴的身价，美化了其形象，有利于开拓市场。定价高能获取较高的销售利润，可以尽快收回投资成本。用此法定价策略还可以使新食物有较宽的调整余地，倘若发现价格已不利于扩大销售时，还可主动地降低价格，对不同购买力水平的地区，也有条件进行市场细分，实行地区差价。

这种定价策略的缺点是：因为定出的价格高于其价值，有损于饮食消费者利益；在新产品尚未在饮食消费者心目中树立较高声誉时，有可能因价格过高无人问津，还会因此种新食物利润丰厚，诱发竞争，导致价格暴跌，好景难以维持。

策略2：渗透定价

这种定价策略与撇取定价策略正好相反，它是利用新食物进入市场初期，饮食消费者有求实惠心理，将新食物价格确定在低于预期价格的水平进行销售。它对于撇取定价策略来说具有更积极的竞争性，特别适用于需求弹性较高的食物。

它的主要优点是：能争取到较大的销路，生产和销售成本可以从大批量中得到补偿。这种定价策略具有较强的竞争能力，保持自己的市场占有份额。能够争取到较多的购买者，给顾客以物美价廉的感觉，使这种新产品一进入市场后就能在消费者心目中树立起良好的价格形象。

这种定价策略的局限性：它要求新食物必须具备较高的品质，能够一投入市场就迅速建立起良好的声誉，吸引大量的饮食消费者，为今后逐步提高价格打下基础。但采用渗透定价要预防两个倾向：一是可能会因为价格提高失去许多顾客；二是价格提高以后会吸引其他饭店参加竞争。因此，采用渗透定价不宜经常变更价格，尽量保持价格的稳定性。

策略3：满意定价

这种定价策略介于撇取定价策略与渗透定价策略之间。它既不像撇取定价策略那样，一开始就把新食物价格定得那样高，也不像渗透定价策略那样，一开始就把新食物价格定得那样低。而是根据消费者对该种新食物所期望的支付价格来确定。

它的优点主要是考虑了饮食消费者的购买能力和购买心理，比较容易建立稳定的商业信誉，能较大程度地适应饮食消费者的需要，增强饮食消费者的购买信心，使饮食消费者比较满意此种价格标准。因此，饮食业对新食物的定价采用这种策略者较多。

策略4：反向定价

反向定价是指根据消费产品的市场需求状况和消费者能够接受的最终销售价格，通过价格预测和评估，先确定消费者可以接受和理解的零售价格，然后倒推出产品销售价格的定价方法。因其定价程序与一般成本定价法相反，故称反向定价。这种定价依据是市场的需求，力求使产品价格为消费者所接受。对新产品的价格设计，先通过市场调查或征询分销商的意见，拟定出顾客可接受的价格，然后再确定价格，推算出产品成本。这种价格是需求导向定价法的一种。饮食消费购买者、餐饮企业都愿意接受，故又称满意价格。

（2）市场销售过程中的定价心理策略　经营者对那些已经进入市场的处于增长期、成熟期和衰退期的食物，也要考虑它们的价格在饮食消费者心目中的心理状况，运用适当的食物定价心理策略，来组织这些食物的消费活动。

知识拓展

策略1：尾数定价

这是指在确定零售价格时，以零头数结尾，或是按照风俗习惯的要求，价格尾数取吉利数字，以扩大销售。其具体做法是给待售食物定一个带有零头数结尾的非整数价格，使用户在心理上有一种便宜的感觉，是运用饮食消费者对价格的感觉、知觉的不同，刺激他们消费欲望的策略。

在餐饮大众消费市场应用普遍，包括快餐、社区小吃店或地方经济型餐饮店菜品，以凸显实惠、亲民的心理印象，增加消费吸引和忠诚度。“九毛九”餐饮企业就是典型成功案例，“九毛九”品牌直观的印象充分体现尾数定价策略的特效：便宜（九毛九还不到“1元”，使消费者认为商品价格低、便宜，更令人易于接受）、精确（带有尾数的价格会使消费者认为企业定价是非常认真、精确的，连零头都算得清清楚楚，进而会对商家和产品产生一种信任感）、中意（由于民族习惯、社会风俗、文化传统和价值观念的影响，某些特殊数字常常会被赋予一些独特的含义，企业在定价时如果能加以巧用，其产品就会因之而得到消费者的偏爱。“九”字在中国传统文化中代表着尊贵、至上、吉祥等寓意，采用此方法引起消费者文化认同好感）。

非整数定价策略有以下三个心理特点：①可以使饮食消费者产生所定价格是认真负责的、合理的感觉，增强饮食消费者的信任感，促其积极购买。当销售价格尾数是50、100、200时，饮食消费者心理上往往会认为这类食物的价格不可能刚好是整数，这种定价一定是不准确的。②可以使饮食消费者产生价格偏低的心理感觉，认为49.50元是40多元的开支，而51元则是半百元以上的支出。③容易使饮食消费者产生价格下降的心理错觉。因为当一种食物价格靠近整数以下时，会使饮食消费者产生价格下降的印象，而当食物价格在整数以上时，会给饮食消费者造成食物可能提价的印象，抑制他们的消费欲望。

策略2：习惯价格与方便价格

习惯价格策略是根据饮食消费者的价格习惯心理而制订出符合饮食消费者习惯的一种定价策略。由于某些食物在长期市场流通中已经形成了饮食消费者所习惯的价格，经营者确定食物价格要尽量去适应这些习惯，一般不应轻易改变。即使这类食物的生产成本提高或降低，也不要轻易调整，否则就会引起饮食消费者对该类食物品质的怀疑，产生强烈的心理反应，影响该类食物的销售。如早餐类、大众快餐类食品，比如烧饼、油条、馄饨、面条、汉堡、包子类食品。

方便价格策略也称为整数价格策略，一般是用于特别高价或特别低价的食物。对于那些新颖、风格独特、价格较高的食物，采取整数方便价格，能给予该类食物以高贵的形象，从而提高此类食物的地位。对于一些小包装的低价食物，采用整数方便价格，能够便于饮食消费者记忆，也同样能起到加强食物形象的心理作用。

策略3：折让价格

这个策略包括食物销售过程中的折价和让价，这是食物销售者在一定条件下，用低于原定价格的优惠价格来争取饮食消费者的一种定价策略。其心理功能是利用饮食消费者追求“实惠”，抓住“机会”的心理，利用优惠价格来刺激和鼓励消费者大量购买和重复购买。折让价格心理策略在实际运用时，通常分为数量折让价格策略、季节折让价格策略和新产品推广折让价格策略。

策略4：声望定价

这是食物销售者利用饮食消费者追逐名店、名菜、名肴的心理，利用自己在饮食消费者心目中经过长期经营与服务树立的声望，通过制订较高的食物价格来满足饮食消费者崇尚名贵食物、老字号饭店、高等级餐厅的心理而采取的一种定价策略，因为饮食消费者在消费的同时，心理上感到自己的声望也随之得到提高。像星级饭店的菜肴、宴席的价格比普通饭店就高，一些消费者就喜欢吃时新食物，有时并不是这些食物本身有多么高的价值，只是说明饮食消费者一种自我需要的满足。需要特别注意的是采取此种定价心理策略要格外慎重，如果滥用到一般食物、一般饭店，就会造成饮食消费者的反感，消费时提心吊胆，怕吃亏上当，反而影响饭店的经营。

策略5：分档定价

分档定价也称分级定价策略。这种策略是把某一类食物按不同规格、不同烹制方法划分成若干个档次，对每一个档次的食物制订一个价格，而不是一物一价。这种定价多用于自选餐厅和超级商场，既便于饮食消费者挑选，也便于简化交易手续，通过制订不同档次的食物价格来反映不同食物的品质水平，从而满足不同饮食消费者的消费水平与消费习惯。实际运用时，要注意避免各个档次食物、菜肴的标价过于接近，以防止饮食消费者对分档产生疑问，影响购买。

策略6：赠予价格

赠予并不是说销售食物不收价款，而是指饮食消费者购买食物后，饭店为方便就餐，免费向饮食消费者提供一些必要的作料或调味原料。如免费提供菜汤、茶水、调味品（酱油、食盐、食醋、胡椒粉、辣椒酱）；吃水饺免费提供蒜瓣；喝羊肉汤免费提供香菜末；到店消费免费提供玉米面粥或豆浆等。这些免费提供的作料和调味料价格低廉，用量很小，对食物成本无大的影响，而对于饮食消费者又是需要的，会使他们感受到超值服务的获得感受。有些饭店对饮食消费者赠送特制的印有饭店店名、店徽、电话号码的纸巾、筷子、汤匙、一次性打火机等，还能起到广告宣传的作用。赠予价格策略在饮食业已形成习惯。

策略7：招徕定价

招徕定价是利用消费者对低价商品的兴趣，将少数几种商品的价格降到市价以下、甚至低于成本，以招徕顾客，增加对其他商品的连带性购买，以达到扩大销售的目的。采用招徕定价策略应注意：用来招徕顾客的“特价品”必须是大多数顾客都接受的，而且市场价格被大多数顾客熟悉，这样才能使消费者知道这种商品价格确实低于一般市价，从而招徕到更多的顾客。如餐厅啤酒1元/瓶，低于超市零售价，使消费者即可形成餐厅消费比较实惠的心理印象。

招徕定价策略是一种有意将商品按低于市场平均价格的价格出售来招揽吸引消费者的定价策略。如餐饮企业的餐饮饮品等消费折扣、限时特价等，由于价格明显低于市场上其他同类商品，因而顾客盈门。这种策略一般是对部分卖品降价，从而带动其他商品的销售。比如某烤鸭店针对顾客消费推出点菜消费满240元即赠送烤鸭一只（限下次用餐超过240元点单额度时使用），作为宣传来吸引消费者。此种策略在现实中被普遍采用。

2．食物调价的心理策略

（1）食物降价的心理策略　饮食消费经营者在组织食物销售的过程中，由于外部或内部的原因会经常采取降价策略。如当某些食物、菜肴的原料供大于求时，或者出现强有力的竞争者，或者由于对市场预测不准、市场行情不明而造成盲目进货，或者错过销售时机造成食物积压、临近保质期等，这些都迫使饭店餐饮企业不得不降低食物的销售价格。饭店在采取食物降价措施时，要注意饮食消费者对降价的心理反应，运用合适的降价策略。

①降价的幅度一定要适宜：如果降价幅度过小，不能引起饮食消费者的注意和兴趣，则起不到降价的效果；降价幅度过大，会引起饮食消费者对食物质量的疑虑，也同样达不到降价的目的。根据实践经验，当食物价格降低10%～30%时，饮食消费者会感到这些食物还有实用价值，不会冒很大的购买风险。如果降价幅度超过50%，饮食消费者则会增大对食物品质、安全卫生等方面的疑虑，丧失购买信心。此外，为了避免由于食物价格降低幅度把握不准，造成多次降价，使饮食消费者产生不信任的心理效应，必须保持降低食物价格的相对稳定。

②要准确地选择降价时机：降价时机选择得好，会大大刺激饮食消费者的购买欲望；选择得不好，即使食物降了价，也会失去降价的吸引力。我们知道，食物销售受季节的影响。这是因为食物原料的生产中受季节变化影响，选料时受时空因素制约，同一种食物原料有旺季和淡季之分，则加工食物时选料也相应产生季节和地域之别。正如清代袁枚在《随园食单》中所说："当三伏大而得冬腌菜，贱物也，而竟成至宾矣。当秋凉时而得行鞭笋，亦贱物也，而视若珍馐矣。"所以食物加工在旺季涨价、淡季降价是合情合理的，关键在于涨降时机的选择。

（2）食物提价的心理策略　食物涨价会造成饮食消费付出增加，饮食消费者心理上自然对食物提价有一种不愉快的反应。然而，在现实生活中，由于多种因素的影响，迫使经营者不得不提高食物的销售价格。

从经营者的外部影响因素来说，有市场食物供不应求的状况，原材料涨价迫使经营者提高食物价格；有国家出于对动物资源合理利用以及发展经济方面的考虑而有意识地提高消费税费的情况，这也必然导致饮食业销售食物价格上涨。

从内部的影响因素来说，有的由于食物进货环节多、渠道复杂，使本企业销售的食物比其他企业销售的食物价格高；有因为各种原因，使食物的内在价值发生变化的情况，如生产成本、销售成本的变化，也会迫使经营者不得不提高该类食物的价格；还有的力图谋求较高的利润，则利用一些销售机会，通过提高该类食物的销售价格以取得较高的商业利润等。

经营者食物提价策略：

①对那些因食物成本费用增加而造成的食物提价。经营者要尽量降低提价的幅度，同时要努力改善经营管理，有效控制成本。

②属于因食物原材料紧缺、供不应求而造成的食物提价。经营者要在遵守国家政策的前提下从维护消费者利益出发，积极发掘食物货源，努力减轻消费者负担，在充分考虑到消费者心理承受能力的前提下，适当提高食物价格。切忌利用供求紧张的机会，大幅度提价，引起消费者的抱怨。

③属于国家政策需要，如税费提高等而提高食物价格。经营者要多做宣传解释工作，尽快消除消费者的不满情绪，同时积极做好替代食物的经营，更好地满足消费者的需要。

④属于经营者为获利而提高销售价格。这种行为应搞好销售服务，努力改善售货环境，增加服务项目，应使饮食消费者切实感到在此店既买食物，又享受服务，优质优价。

二、命名因素决策心理应用

饭店和菜肴的名称是饮食消费者认识、理解、记忆其饭店和菜肴的一个主要标志，也是建立饭店和菜肴品牌信誉的基础载体。饭店和菜肴名称直接影响饮食者的消费欲望。因此，通过饭店和菜肴取名提高其吸引力和感染力，这是饮食消费心理学的一个重要问题。

饭店和菜肴的命名，就是借助于语言文字符号确定能概括饭店及菜品对象主要特性的名号。它不仅是饮食消费者识别饭店和菜肴的一个主要标志，而且也是饮食消费者产生心理活动的特殊刺激。它具有刺激饮食消费者的知觉和条件反射系统，产生认知和记忆等心理功能。

1. 命名的名实合一思维、便于记忆的心理功能

饭店和菜肴的名称与实体的特性和功能相一致，比如“糖醋簸鱼”“清炖蟹肉狮子头”等，饮食消费者无须看到实体，只要看到菜单，就知道这道菜的原料、制法和形状；再比如“全聚德烤鸭店”“肯德基”“饺子馆”等，饮食消费者无须进饭店，就知道该饭店的特色、形式。这样认知合一，推动了饮食消费者心理认知活动的发生和发展。

命名不仅能名实合一，给人以形象，而且能启发人的思维，加深人的记忆。而且记忆的牢固程度又与命名的字义有密切关系，取名形象而富有习惯性，就容易记忆。所以，要求饭店和菜肴命名要定义准确，通俗易懂，字数适宜，念来顺口，避免字义费解、字数冗长、印象模糊。字数最长不宜超过五个字，再长就不利于记忆，更不利于饮食消费者的抽象思维。

2. 命名的诱发情感、启发联想的心理功能

饭店和菜肴的命名除了要反映实体的基本特性和用途外，还要遵循社会风俗和社会习惯，尤其针对饮食消费者的个性心理，给饭店和菜肴冠以富有感情色彩与风格的独特称号，或给以典雅别致、朴实无华，或形象逼真、素净大方的名称，这样有利于发挥命名的心理功能，诱发饮食消费者的联想和想象。如“川妹子菜馆”“菜根香”“楼外楼”等店名和“芙蓉鸡”“麻婆豆腐”“叫花鸡”等菜名。当然，要发挥命名的心理功能，饭店和菜肴的名称还应具有新颖性、知识性、趣味性，寓意隽永，含义良善，富有艺术感染力。另外，命名要能诱发人的情感，产生美感、愉快感、幸福感、自豪感，使人产生喜爱、高兴、兴奋、愉悦、温暖、向往、追求、偏爱、羡慕等种种思想。

知识拓展

饭店店名（招牌）命名的心理策略和方法

以地理方位命名：这种命名方法通常以地理方位，省、市、区、县、镇（街道）名命名，直接反映出饭店所在地方，使饮食消费者从店名就能大体了解其经营风格，便于

查找和记忆，以满足饮食消费者的求实尝新心理。如扬州饭店、北京饭店、京都假日饭店、金陵饭店、广州中国大酒店、广州花园酒店、无锡饭店、镇江国际酒店、南方酒店、东亚饭店等。另外，还有一种常以车站、码头、机场命名的饭店，如机场酒店、站前旅社等。

以古地名或历史文化名城命名：这种命名方法易引发饮食消费者回忆历史文化、思乡怀古的心理。通常挖掘饭店所在地的历史名称，如广陵菜馆、淮扬饭店、齐鲁饭店、姑苏饭店、彭城饭店、东吴饭店、燕京饭店等。

以宗教和民间传说命名：这种命名方法通常给人一种神秘感，满足饮食消费者的好奇心理。如平山堂斋馆、禅城饭店、瑶池饭店、舜耕山庄等。

以花草鸟兽命名：这种命名方法通常给人一种花香、清幽、鸟灵、俊丽或雄劲之感，满足饮食消费者的求新求奇心理。如百花楼饭店、牡丹阁菜馆、琼花酒楼、桂花大酒店、芙蓉饭店、海棠饭店、丹桂酒楼、竹园酒家、玫瑰园、芍香园、榴花馆、鹿鸣春、麒麟饭庄等。

以江河湖海山泉命名：以江河、湖海、名山、佳泉命名的饭店很多，易使人联想到祖国大好河山，引发锦绣中华无限美好的审美心理。如锦江饭店、扬子江饭店、浦江饭店、申江饭店、秋江饭店、运河饭店、太湖饭店、玄武湖饭店、黄河饭店、千岛湖饭店、渤海饭店、黄海饭店、香山饭店、黄山大酒店、恒山饭店、华山饭店、泰山酒店、昆仑饭店、金山饭店、玉泉饭店、趵突泉饭店等。

以经营特色命名：这种命名方法是以饭店的经营理念、经营特色、经营风格、饭店精神来命名的，给人以醒目之感，满足饮食消费者的求实求廉心理。如仿膳饭庄、孔膳堂饭店、全聚德烤鸭店、都一处烧卖馆、功德林素菜馆、正宗川菜馆、好再来酒楼、经济小吃、实惠水饺店等。

以美好愿望和文化寓意命名：以美好愿望和幸福吉祥文化命名的饭店，满足饮食消费者的期望心理，给人以精神上的享受。如同庆楼、福满楼、东来顺饭店、同和居饭庄、醉仙楼、义和楼、鸿宾楼、聚丰德、一品香、知味楼、丰泽园、都一处、天一方、杏花村、燕喜堂、八仙楼等。

总之，饭店与餐饮企业的命名有它潜在的心理功能，使饮食消费者引发记忆、唤起联想，激发情趣，产生体验尝试的欲望。因此，饭店在命名上应当高度重视，给饭店起一个既适合饮食消费者心理需要又有一定的历史文化品位，在行业和社会上叫得响的名字，并请著名的书法家或社会名流题写，用精致工艺制作，使其与建筑结构形象协同，是饭店品牌文化建设的重要内容。

3．菜肴命名心理功能的典型分析

菜肴命名的心理策略和方法与饭店命名的心理策略和方法大致相同，为了加深对菜肴命名心理策略的理解，这里就一些菜肴命名的心理功能作一些分析。

（1）文雅高洁，感染力强的命名 中华饮食历史悠久，饮食文化博大精深，其菜肴命名极其讲究，极富文化品位。如澳门回归时，澳门饮食业别出心裁地设计了“回归宴”。例如，澳门南粤酒店的“回归宴”菜谱上，有由龙虾、乳猪等组成的丰盛菜式。每道菜都有一个充满回归气息的新名字：“竹笙鸡炖翅”更名为“庆歌生辉展翅新”，“干烧伊面”也有了“国富家强长寿年”的美名。令人叫绝的是“回归宴”除点心外的十道名菜，首尾两字连起来，分别是“热烈庆祝澳门回归祖国”和“迈向新世纪齐迎千禧年”。而“华夏民族常鸿运，‘一国两制’点心意”这两句吉祥话，并不是对联或宣传标语，而是“庆回归、迎千禧”宴席中两道点心的“时令”菜名。位于澳门友谊大道的“总统大酒楼”也推出了一款“回归宴”，菜谱由“祝捷创繁荣”“九州献缤纷”“澳海风长鸣”“归途齐报喜”等十道菜式和主食组成。首字相连正好是“庆祝九九澳门回归祖国”。四道点心分别命名为“鸿运年年”“笑口常开”“百花齐放”“举国欢腾”等。

（2）标新立异、独树一帜的命名 菜肴的命名，有时从好奇心理的角度出发，取名奇特，标新立异，可起到出奇制胜、一鸣惊人的效果。当然，也要求这些菜肴有独有的原料成分、特殊的烹制方法、奇特的功效，甚至具有专利性。例如，“天下第一菜”“扬州三头宴”“霸王别姬”“烧鱼唇”“将军过桥”“仙姑睡牙床”等。由于其独特的配料、制作方法和功效，饮食消费者会主动了解它、品尝它、传播它。

（3）带有浪漫性、夸张性、想象性的命名 许多菜肴和点心的取名极有风采，独具匠心。有的似褒似贬，贬中带褒，如“叫花鸡”“赖汤圆”使人留下深刻的印象。有的菜名富于夸张，如“麻婆豆腐”“荷花铁雀”“云雾香团”“芙蓉海底松”“红烧马鞍桥”等，香气横溢，妙不可言，令人浮想联翩。

（4）地区文化和历史文化风采的命名 我国是拥有丰富的地方名优特色菜肴和点心美食的千年古国，每一个地区都有很多地方传统历史文化特色。充分挖掘这些特色，对菜肴进行命名，能使人感到货真价实、独具特色，产生乡土感、自然美感、信誉感。像“东坡鸡”“小凤饼”以苏东坡、小凤命名；“扬州蛋炒饭”“黄桥烧饼”“金陵圆子”“彭城鱼丸”“新疆烤串”“德州扒鸡”“天津狗不理包子”“南京板鸭”“北京烤鸭”“广州烤仔猪”等，具有地方特色和民族特色，形成饮食文化，容易在饮食消费者中产生深刻的印象。

总之，运用心理策略给菜肴命名，为的是满足饮食消费者的心理需求，促进他们对菜肴的知觉和产生良好的情感体验，诱发食欲，引导社会消费。但是，没有良好的菜肴质量和服务质量做保证，再好的命名也是徒有虚名、枉费心机，有时反而诱发饮食消费者的逆反心理，适得其反。

三、广告因素决策心理应用

饭店与餐饮企业广告在实际经营中具有十分重要的地位，且会对饮食消费者产生很大的心理作用。进入21世纪以来，随着生产力水平的提高和各种烹调技术、新食品的不断涌现，人们的饮食观念更新速度加快，国内外饮食消费市场竞争越来越激烈，以竞争为导向的新的饭店餐饮企业经营模式越来越引起人们的重视。在新的经营模式中，饭店餐饮企业广告成了竞争利器。

1. 饭店餐饮企业广告的心理功能

饭店餐饮企业广告是现代企业营销的一个重要工具，是饭店餐饮企业与消费者之间的信息媒体，有其显著的促销功能。

（1）传播信息 饭店餐饮企业广告内容大多是介绍企业的功能、菜肴品种、特色服务、经营项目等，消费者通过媒体接收信息，可以找到自己需要的产品和服务。

（2）诱发饮食者的消费欲望 这是根据广告心理学原理，有针对性地根据饮食消费者的心理活动规律进行宣传，使他们通过广告对企业以及菜肴和服务产生良好印象，激发他们潜在的消费欲望，进而产生饮食消费行为。

（3）进行饮食消费观念的宣传教育 这里的宣传教育是指饭店餐饮企业广告在进行产品介绍时，可以体现绿色安全观念、膳食营养结构观念、伦理道德观念，使饮食消费者在增长食品知识和烹调技术的同时，又受到潜移默化地教育，一个好的饭店广告可以帮助饮食消费者树立正确的饮食观念、道德观念，培养饮食消费者的文明习惯，陶冶其情操。

2. 饭店餐饮企业广告的形式

“箫声催暖卖饧天。”宋祁《寒食假中作》诗句（“饧”指用麦芽之类熬成的糖稀），这是卖糖的小贩以吹箫管之声招揽生意，就是古代的音响广告，一直流传至今。以旗帜、悬物、彩楼、吆喝等构成饭店餐饮企业的视觉、听觉、触觉广告，这是我国古代的饭店餐饮广告形式。随着社会的进步、科技的发展，饭店广告的形式也不断发展变化。

知识拓展

饭店餐饮企业画册

饭店餐饮企业画册，又称“饭店指南”，主要是向宾客介绍饭店的设施和经营特色。通过简练扼要的文字、鲜明生动的图片，展示饭店的建筑景观、内部装修、菜肴特色、庭院绿化和服务特色等。使消费者对饭店有一个大致了解，取得美好的第一印象。还可以简单介绍所在城市的文物古迹、风土人情、地方特产和交通情况。所有这些最好都用清晰精美的彩色图片显示出来。画册制作宁精勿滥，以少胜多。要注意宣传画册的装饰风格与饭店的装修要取得内在的联系。文字一定要简练、生动、明了、上口、有针对性。色彩图案要服从饭店销售宣传的需要。突出主题，避免眼花缭乱，似是而非。所有的宣传品在显要位置，除了标明饭店的名称商标，还要注意字体必须统一、突出店标的形象。

菜单

菜单是饭店餐饮服务的必需品，一般来讲，菜单的设计要与餐厅服务产品、客户市场定位相协调。如大众餐饮的菜单设计应当简单明了，主推产品项目一目了然。高端餐饮要作菜单装饰，形式别致，制作精美如艺术品，给饮食消费者留下深刻的印象，并为他们所珍视。

纸巾

纸巾是顾客餐饮消费活动的必需品，特别是全国公共场所禁烟后，餐厅纸巾包装就成为企业宣传品，包装上面设计印制店标和店名、特色产品、服务理念、地址电话等，当然，现在许多餐饮店多向饮食消费者售卖定制纸巾，作为基本的宣传资料。

饭店网络自媒体

网站、微博、微信公众号、抖音等短视频平台账号是现代饭店餐饮企业的主要宣传手段，也是互联网技术时代电子商务的应用模式，其内容与作用与传统纸媒、实物宣传品一致，但是附加了现代经营销售与市场获客经营模式的时代特征。

除了上面一些形式之外，还可以制作视频节目，也可以在户外广告牌，在饭店建筑物上安装霓虹灯，以及利用广告媒体或建设全媒体矩阵等。

3．饭店餐饮企业广告设计的心理原理

饭店广告设计要从饮食消费心理的角度出发，体现系统性和心理战略要求。一般而言，饭店广告设计要考虑五个心理原理。

（1）个性原理　无论是心理学，还是饮食消费心理学，都十分重视人和物的个性，饭店广告设计也应考虑个性原理。它表现在两个方面：一方面饭店广告宣传要体现饭店本身的个性，包括饭店的等级特色、民族特色、菜肴特色、服务特色、餐厅和客房特色等，使消费者通过广告，一目了然，从而作出消费决策；另一方面饭店广告宣传要重视饮食消费者的个性差异，采取不同的内容和形式，有针对性地做好宣传引导。例如，高档社交型饭店宣传要突出豪华、品位、质优等，满足消费者的声望心理，而中小型大众消费饭店宣传则强调价廉物美、特色风味、方便卫生等，满足消费者的实惠心理。

（2）感性原理　饮食消费心理学认为，饮食消费者的行为动机起源于人的情感，饭店广告宣传就是要抓住饮食消费者的这个心理，重视从人的情感入手，激发饮食消费者的购买动机，诱发情感的产生。像生日餐免费提供蛋糕、对婚礼提供婚庆赠品或打折、为儿童就餐提供礼品和游乐场所、节假日提供家庭宴席等，唤起饮食消费者的好感，激发消费欲望。

（3）整体形象原理　从心理学的原理出发，饭店广告宣传越有整体形象性，越能为饮食消费者所感知，越能形成抽象思维，上升到理性高度，因此，也越有吸引力和感染力，其艺术性就越高。饭店宣传内容应该包括企业消费价值定位、文化特征、环境特征、菜肴特征、企业文化等方面，广告宣传和饭店实际现状要一致，从而使饭店在顾客心中树立起良好的形象。

（4）异质性原理　人受到强烈刺激时，生理机能会失去平衡，感觉细胞会相应发生物理性或化学性变化，从而在感觉中造成深刻的印象，称为异质性刺激。像“天下第一菜”，又称“平地一声雷”，更多的地方称之为“口蘑虾仁锅巴”。这道菜的特色就在于上桌以后，当着饮食消费者的面浇卤汁，锅巴会发出“吱吱”的声音，不仅讲究“色、香、味、形、器”，而且还要讲究“声临其境”的“吱溜”一声对饮食者产生很大的刺激，诱发食欲。因此，在进行饭店广告宣传时，特别是视频广告中，要做到“色、香、味、形、器、声”并茂，对消费者产生强烈刺激，给其留下深刻印象，这就是异质性原理的应用。

（5）联想原理　饭店广告宣传不仅起到与到店顾客的沟通作用，而且要激发饮食消费者的想象，促成联想，产生举一反三，一举多得的成效。人们的联想有接近联想、相似联想、对比联想、关系联想四种方式。各种方式在我们的广告宣传中都可以应用。比如，扬州有道菜为“白鹭上青天”，而这道菜名就使人联想到杜甫的绝句：“两个黄鹂鸣翠柳，一行白鹭上青天。”在现代餐饮企业中，如北京大董烤鸭店等企业，已经将传统文化文学与菜肴制作、呈现服务结合并形成餐饮品牌特色，激发饮食消费者的联想心理。

四、场景因素决策心理应用

餐饮环境，有广义和狭义之分。广义的餐饮环境是指自然环境，如社会环境和地理环境，狭义的餐饮环境是指人工美化的环境，如饭店建筑环境、餐厅布置环境、餐厅气氛环境、服务软件环境等。这里阐述自然环境、硬件设施环境、软件服务环境及其设计环境与饮食消费心理的联系。

1. 自然环境与饮食消费心理

一般来说，气候地理等自然环境对人的性格、饮食消费心理、饮食消费习惯的形成有一定的影响，特别是对同一地区、同一民族人们的共同性格特征，及饮食消费心理和饮食消费习惯的形成影响很大。

知识拓展

我国北方人和南方人的性格和饮食消费心理以及对饮食生活所持的态度就明显不同。北方气候干燥，地形多平原、山川，长期生活在这里的人一般具有大方、豪爽、粗犷等性格，对食物的要求、饮食环境的选择不甚讲究，对食物也不太挑剔。如潍坊的朝天锅、临沂的热豆腐，尽管摊点设在临时的大集上，进餐多不设椅凳，当地人却视为美味，站着也能吃上几大碗，并不觉得有什么不雅观、不舒适之感。

南方气候温和湿润，地形多河流，长期生活在这里的人一般具有精明、灵巧、温柔的性格，对饮食的观念、食物的选择比较讲究。由于南方比较富裕，文化层次相对普遍比较高，受西欧饮食文明的影响早，因此，他们对饮食进餐的环境十分讲究，像北方人在大集上站着吃饭的现象是不多见的，宁可少吃一点也要吃得舒心。

生活在西北边陲、青藏高原一带的牧民们，自然条件单调而艰苦，对饮食消费的要求比较单一，也不大讲究饮食消费环境，坐在帐篷里、草原、山岗上，吃手抓羊肉、炒面，喝大碗羊奶、青稞酒才符合他们的饮食消费心理和饮食消费习惯。

而生活在亚热带丛林中的傣族同胞，周围鸟语花香，物产丰富，自然环境优美，形成了他们谈吐温和、感情丰富细腻的性格特征，对饮食的要求比较精细，饮食过程中礼节形式繁多，这与他们本民族的特征、传说相联系，饮食消费环境与他们民族生活环境相协调。

进餐的时、空、人、事等因素在内的自然饮食环境要依据人们的心理选择，并与当时的实际情况联系起来。餐饮环境之美还包括所谓良辰、美景、可人、韵事。良辰吉日，触景生情，可增进饮食情趣，敞厅雅座，水榭草堂，花前月下，山间水边，得自然清静之趣，皆属进食饮酒之佳处。在此境中，心情舒畅，畅饮小酌，海阔天空，或咏诗、或作词、或联句、或猜谜，同声同气、皆可尽兴。所以，自然环境要充分利用。

2．硬件设施与饮食消费心理

饭店硬件设施直接影响饮食消费者的声望心理、好奇心理和享受心理的满足。因此，饭店十分重视对饮食消费活动的方便性、适宜性、可靠性、安全感、地位感、身份感和美感的研究，注重饭店的物质基础文化艺术性结合而创造的身心舒适体验。

知识拓展

在中华民族伟大复兴时代，饮食消费环境设施与传统文化融合已经成为现代饮食消费硬件环境营造的方向，“春饮宜庭，夏饮宜郊，秋饮宜舟，冬饮宜室，夜饮宜月”的饮酒追求，同样符合现代人们的审美情趣。

中国传统文化饮食环境特点

<table>
<tr><td>饮茶环境</td><td colspan="2">凉台、静室、明窗、曲江、僧寮、道院、松风、行月、晏坐、行吟、清淡、把卷（见明朝陆树声的《茶寮记》）</td></tr>
<tr><td rowspan="7">饮酒环境</td><td>饮人</td><td>高雅、豪侠、直率、忘机、知己、故交、玉人、可儿。指相饮者应当是风度高雅、性情豪侠、直率的知己故交</td></tr>
<tr><td>饮地</td><td>花下、竹林、高阁、画舫（彩船）、幽馆、曲石间、平畴、荷亭等地为佳</td></tr>
<tr><td>饮候</td><td>春郭、花时、清秋、新绿、雨霁、积雪、新月、晚凉等富有诗情画意之时</td></tr>
<tr><td>饮趣</td><td>清谈、妙令、联吟、焚香、传花、度曲、返棹（划船）、围炉等形式烘托气氛，提高饮趣</td></tr>
<tr><td>饮禁</td><td>华诞（过分铺张）、连宵（通宵达旦）、苦劝、争执、避酒（该饮不饮）、恶谑（言行污秽）、喷秽（呕吐）、佯醉等，以避免饮酒时发生不愉快的事情</td></tr>
<tr><td>饮阑</td><td>散步、敧枕（闭目养神）、踞石（蹲或坐于石上）、分韵（相约韵诗，规定用某字为韵，各人分拈韵字，依韵而赋）、垂钓、岸工（沿岸登高）、煮泉、投壶（见檀几丛书徐集卷下吴彬《酒政六则》）</td></tr>
<tr><td>饮仪</td><td>祝词、施礼、高雅、随意、同饮、敬端、避贪（贪杯）、自控、相邀等，时时不失言、不失态，彬彬有礼，文明而有修养</td></tr>
</table>

五、服务因素决策心理应用

饭店餐饮企业的饮食服务同样影响着饮食者的消费心理，现在饮食业、旅游业的竞争，服务质量已经是关键因素。随着人类的进步和社会的发展，饮食的内涵已不仅仅是为了满足人的单纯的生理需要，而是逐步发展到享受、炫耀、公共关系和礼节礼仪等消费层次。这时，饮食消费者的饮食消费行为追求的效果不再是饮食本身，而是某种社会关系和人际效应。换句话说，人们为了追求维护和改善某种社会关系而借助饮食消费活动这一手段，产生了超越饮食本身的饮食消费特殊方式。这些外延的饮食消费因素，要求饭店餐饮企业提供高标准服务。

饮食消费活动对饮食业而言，是一个全方位、全过程的服务活动。从饮食者跨进饭店大门之前开始到其带着满意的心情走出餐厅，全部服务工作才算结束。饮食消费者在就餐过程中不能有一丝疏忽或怠慢之处，否则，因吃饭问题造成不愉快的场面，再豪华的设施、再美的装饰、再好的菜肴，饮食消费者在心里也是不满意的。可见服务质量是十分重要的。

作为饮食业的服务人员，提供服务时必须为饮食消费者设想到每一个细节，了解饮食消费者在消费过程中每一个步骤上可能会产生的问题和需要，在饮食消费者提出要求之前就做好应有的准备工作，即提前勾画消费体验地图与服务蓝图，掌握饮食消费者的动作、示意语义，服务在顾客开口之前，才能真正做到服务工作尽善尽美。

饮食服务工作的热情与周到，既有素质问题，也有技巧问题，同时还有评价者自身素质和感知差异等因素的影响。饮食消费者一般都将服务热情周到与否和服务人员群体形象，作为评价服务水平高低的尺度。所以，在饮食消费服务中，作为一个训练有素的合格服务员，每时每刻都要检查自己的仪容仪表，看看头发是否散乱，衣着是否规范，脸上表情是否轻松愉快；听听声音是否清晰并带有感情；回顾微笑服务是否贯穿始终，对外地人和当地人、南方人和北方人、老人、儿童以及残疾人是否一视同仁，并特殊照顾。总之，要将顾客体验与服务标准一致性作为服务工作的出发点和着眼点。

提倡饮食消费服务规范化、标准化、程序化、个性化、情感化的服务。为饮食消费者解决实际问题或具体问题的功能性服务，同时，在功能服务过程中提供满足人的心理需求的心理性服务。功能服务就是提供美食佳肴、舒适的环境、规范的服务，解决饮食消费者的享受性，但缺乏个性，而心理性服务能弥补这一不足，它通过人际交往而产生，包括态度、动作、表情、言谈等交往方式，使人在心理上得到满足。功能性服务是以物为中心的，给人的感觉是“实惠—不实惠”，心理性服务是以人为中心的，得到的评价是“好—不好”。

知识拓展

做好心理性服务的三个要点

1. 增加人情味

第一步是在物质产品中增加心理成分，第二步就是扩大服务中的心理成分，这里的心理成分主要是人情味，就是要求服务员以使人感受亲切的而不是使人觉得冷漠的态度去对待饮食者，增加客人的亲切感，使饮食者感到和蔼可亲；以饮食者乐于接受的服务方式，尊重客人的自尊心，巧妙地扬饮食消费者之长，隐饮食消费者之短，增加其自豪感。

2. 微笑服务

从心理角度分析，微笑能给饮食消费者美的面部表情、展示热情好客的态度、强烈的感染力、表现自己的自信等心理效应。微笑使饮食消费者感到亲切温暖、舒服宽慰；对服务员自己而言，微笑有助于身心健康，保持乐观、愉快的情绪，使自己富有朝气。

3. 理解、尊重饮食消费者

尊重饮食消费者要体现在细微之处，客人一光临饭店，应接人员要立即热情接待，引进落座，茶水款待；尊重饮食消费者，就要尊重客人的风俗习惯、宗教信仰和个人爱好，不能要求客人“入乡随俗”。

饮食消费活动尤其需要心理性服务，因为这种服务是基于饮食者考虑的，提供其所期望的服务标准，在饮食消费者心中可以塑造鲜明的个性特色。因为心理性服务是在人与人的交往中形成的，是因人、因时、因地而宜千差万别的，它同人与物相结合而形成的情绪性服务有着本质的差别。对心理性服务的评价是由每个饮食消费者的主观判断形成的，对一次饮食消费活动的优劣评价因人不同而不同，“好”与“差”的区别是相对的。

本章复习与思考

1. 解释概念：需要、动机、潜在动机。
2. 简述饮食消费者需要的特点及类型。
3. 哪些因素构成饮食消费者兴趣?
4. 简述动机与行为的关系。
5. 简述潜在饮食消费动机形成的原因。
6. 简述市场销售过程中的定价心理策略及应用。
7. 简述饭店店名和菜点命名的心理功能。
8. 简述餐饮企业广告的心理功能。
9. 自然环境对饮食消费者的心理影响有哪些?
10. 如何在饮食消费过程中做好心理性服务?

第六章 饮食消费社会群体特征

学习引导

内容提要

本章主要介绍了少年儿童饮食消费心理特征、青年饮食消费心理特征、中年饮食消费心理特征、老年饮食消费心理特征等基本概念和基础理论，介绍了女性饮食消费心理特征、男性饮食消费心理特征、家庭饮食消费心理特征等内容，介绍了宗教群体饮食心理特征、国家、地区和民族群体饮食心理特征、异常饮食消费者心理特征等内容。

学习目标

通过以下目标，建构以“饮食消费社会群体特征”为阶段性知识内容的“传承型学习”成果。

学习和把握少年儿童饮食消费心理特征、青年饮食消费心理特征、中年饮食消费心理特征、老年饮食消费心理特征等陈述性知识；用其指导“本章复习与思考”相关作业题；体验“饮食消费社会群体特征”中“饮食消费年龄层群体特征”的“传承型学习”及其迁移。

学习和把握女性饮食消费心理特征、男性饮食消费心理特征、家庭饮食消费心理特征等陈述性知识；用其指导“本章复习与思考”相关作业题；体验“饮食消费社会群体特征”中“饮食消费男女及家庭特征”的“传承型学习”及其迁移。

学习和把握宗教群体饮食心理特征、国家、地区和民族群体饮食心理特征、异常饮食消费者心理特征等陈述性知识；用其指导“本章复习与思考”相关作业题；体验“饮食消费社会群体特征”中“饮食消费特定群体特征”的“传承型学习”及其迁移。

内容结构图

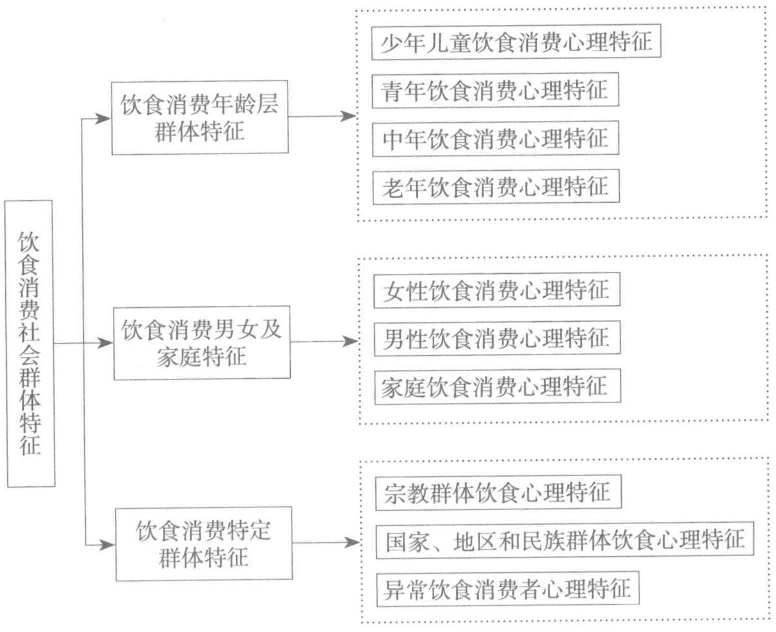

第一节　饮食消费年龄层群体特征

一、少年儿童饮食消费心理特征

少年儿童饮食消费者是由14岁以下的未成年的饮食消费者组成的群体。这部分饮食消费者在社会人口总数中占有一定的比例，根据第七次（2020年）全国人口普查数据，全国总人口为1411778724人，其中不含香港、澳门、台湾的人口数。0～14岁的人口为253383938人（不含香港、澳门、台湾地区），占总人口的17.95%。随着我国人口生育政策的实施，独生子女消费成为家庭开支的主要负担，独生子女的饮食消费也越来越注重科学营养和平衡发展，广大家庭在少年儿童身上的健康投资、智力投资都成倍增长。

少年儿童饮食消费者是以年龄为指标划分的。我国心理学研究工作者一般把少儿心理发展划分为婴儿期、幼儿期、学龄前期、学龄初期、学龄中期和学龄晚期等几个阶段。这些阶段是少年儿童成长打基础的时期，同时也是智力开发的重要时期。许多家庭在经济能力许可的范围内，尽力为子女创造一个良好的生活和学习条件，使下一代在各方面得到健康成长。

少年儿童时期是生理发展得最快时期，其整个心理活动，包括消费心理也从简单到复杂，从低级到高级发展变化着，这种变化可以从他们的需要内容、认识水平、情绪稳定性和个性形成等方面反映出来，其饮食消费心理特征主要表现在以下几个方面：

1．认识食物的直观性认知心理

低龄儿童的心理活动水平处于较低级阶段，以具体形象思维为主，对事物的认识主要由直观刺激引起，对食物的注意和兴趣一般来自食物的外观因素影响，如食物的图案、包装、色彩、造型、气味等。另一方面，由于少年儿童年幼，没有太多的生活知识，不熟悉饮食消费活动，缺乏消费能力，又有些胆怯，而内心却有着较强的饮食欲望，尤其当看到影视节目中精彩诱人的儿童食物广告和同伴拥有了某种食物而自己没有品尝过时，购买欲望更为强烈，他们一般不了解市场上食物的营销情况，很难辨别食物质量的好坏，因此，通常购买食物时，少年儿童在琳琅满目的食物前往往表现出犹豫不决、捉摸不定、左顾右盼等不稳定的复杂的心理活动，这就使少年儿童对食物的认识带有很大的模糊性，并在很大程度上受外界印象的调节支配，如服务员和家长的劝诱，影视广告的吸引等，在购买食物时，他们往往以“好看”“我要”、感兴趣等情绪因素为主，凭直观、直觉、直感来决定饮食消费。

少年儿童随着年龄的增长，尤其进入初中以后，其认识水平有所提高，虽然具体形象思维仍占重要地位，但其抽象思维已得到一定程度的发展，也就是说他们已具有概括、判断、分析、推理能力，他们对食物的认识不再停留在外观上，而是开始对食物的品牌、商标的知名度、风味和流行情况等表现出关心和兴趣，至此少年儿童对食物认识的直观性、模糊性开始下降。

2．从模仿性消费发展为带有个性特点的消费

少年儿童心理发展的一个重要表现是自我意识的发展，自我意识对人类本身的心理活动和行为的认识及调节起着较大的作用。例如，一个中学生意识到作为班干部的责任，他就会严格要求自己，努力学习，帮助其他同学。低龄儿童自我意识水平较低，对自己、对他人以及外界事物的认识往往以别人的行为、思想作为指导，在行为上表现出很大的模仿性和依赖性。随着年龄的增长，到了中学时期，由于大脑机能趋向成熟，抽象思维的发展，以及受教育及社会的影响，他们对自己及周围事物形成初步独立的评价，自我意识有了较大的发展，模仿性逐渐被个性所取代，消费行为也有了一定的动机、目标和意向。

低龄儿童主要是模仿性和依赖性消费。低龄儿童对食物的消费和选择一般都来自对食物的偏爱和对周围其他人的模仿，年龄越小，模仿性越强。通常模仿的对象有同龄儿童、父母及视频图像广告等。如麦当劳、肯德基等西式快餐在中国的普及，与大量视频图像广告的播出宣传有关。由于少年儿童的购买还没有完全独立，在购买食物时表现出很大的依赖性。通常随着父母的购买目标，甚至完全由家长购买。

少年儿童的饮食消费喜欢与成人比拟。由于自我意识的发展变化，少年饮食消费者主观上认为自己是大人了，要求和成人具有平等的地位和权利，渴望像成人那样完成各种社会义务及独立处理自己的生活，喜欢在生活习惯和嗜好等方面与成人进行比拟，不愿受家长的束缚，要求别人尊重他们的意见和人格，但实际上他们又缺乏经验，时常表现出幼稚、看问题不全面的弱点，因而可能在购买要求和购买行为上与大人发生矛盾。例如，有的少年还模仿成人喝咖啡、喝酒，这是不正确地表现成熟的现象。

食物消费的不稳定性。少年儿童特别是学龄前儿童，喜好情绪波动很大，易受他人的感染，易变化，对某些食物时而喜欢、时而不喜欢。在饮食消费活动中经常会表现出对食物喜

好不稳定、兴趣多变的特点。

随着年龄的增长，特别是入学后，儿童接触社会环境的时间增多，有了集体生活的锻炼，自我意识不断发展，少年能比较自觉地控制自己的情绪和行为，表现出较大的稳定性，出现了一定的个性喜好特征。

3．少年儿童饮食消费市场营销的心理策略

儿童是饮食业最不可忽视的市场。儿童是家庭生活和投资的中心，也是家庭饮食消费的中心，父母大多数很疼爱自己的孩子，会考虑孩子的喜好。因此要吸引一定的儿童顾客到餐厅云集，只有注意孩子的需要和喜好，才能吸引父母带着孩子一块儿来。例如，应备有适当的幼儿坐的椅子、摔不坏的餐具、专为儿童设计的菜点、各种赠品（如气球、图画、玩具、书籍等）、播放儿童音乐等。一旦孩子随大人来习惯后，当他们自己手上有钱时，也会自动登门，或与同学、亲友等一起来分享自己享受过的喜爱食物。所以不要小看儿童，尤其是10岁左右的少年，他们的饮食消费能力不会比大人差，餐厅将会需要他们当常客，应关照他们，投其所好。美国的麦当劳就是典型的吸引青少年的餐厅。总之，餐厅应视其本身性质决定如何吸引儿童，如家庭餐厅和麦当劳的性质不一样，所以在吸引儿童的手法上也不可能与麦当劳完全相同。

以少儿为目标市场进行生产和经营的饮食业，必须针对少儿心理和行为特征，提供能满足他们需要的食物，还要分析购买者与饮食消费者一致与否对食物销售的影响，根据具体情况进行推销宣传，可以促进少年儿童食物的销售。

（1）运用少年儿童食物销售定位方法　通过分析少年儿童的饮食消费心理发展过程，揭示出少年儿童的饮食消费心理规律有两种情况：一是购买者和饮食消费者一致，即少年儿童的消费食物由他们自己购买；二是购买者与饮食消费者分离，即少年儿童的消费食物由家长或其他成年家庭成员购买。少年儿童购买的食物多是价位低的，而由家长或其他家庭成员购买的食物大多是价格较高的。从这一实际情况出发，为做好少年儿童食物的销售工作，必须有的放矢地进行食物销售的定位才能收到较好的效果。一般情况下，凡是由少年儿童自己购买的食物，在市场营销中要直接针对少年儿童的消费心理特征定位，例如，采取在包装上或包装内附赠玩具、奖券等方法，以吸引少年儿童购买。而由家长及成人为少年儿童购买的食物，则要针对他们的消费心理特征定位，以吸引他们购买。

（2）运用直观现象促进少年儿童对食物的认识　少年儿童在认识和选购食物时，往往不善于全面地、本质地观察食物，只是简单地、直观地判断食物的好坏，容易受食物的外观因素及动人的推销宣传所吸引，表现出较大的好奇心和情感特点。因此少年儿童的消费食物的设计应具有色彩鲜明、形象生动、丰富多彩的特点，以有效地吸引少年儿童消费，加深他们对食物的识记程度和喜爱程度。作为饮食业营销策略，必须使自己的经营服务活动在少年儿童头脑中留下长久的记忆，这对推销食物和开拓市场有长远的影响。一个饭店，只要能抓住儿童心理，运用各种手段和策略刺激儿童识记，加深饭店和食物印象，就能在儿童群体中产生较大的影响作用。例如，1985年在天津市南市食品街开了一家特别引起孩子们兴趣的“三毛餐厅”。来此店的人大都是为孩子过生日，这也是“三毛餐厅”的主要经营项目。来这里过生日，有孩子过生日吃的生日蛋糕，还免费为孩子拍一张彩色生日照片，送上一些生日礼物，还可以到楼上的“三毛乐园”尽情地去玩。餐厅成为孩子们流连忘返的地方，也是每个儿童的年度期盼，这样的典型企业在饮食消费者即年轻的父母和幼小的儿童心目中，形成了良好的形象，经过这些小朋友辐射性的传播，在提高社会效益的同时，也使企业获得了极高的经济效益。又如现在大举抢占中国市场的西式快餐，直到20世纪90年代，麦当劳、肯德基进入市场，通过西式快餐加上儿童开心乐园、送玩具、做游戏等来吸引儿童前来就餐消费。随着食品街的没落，“三毛餐厅”也逐渐淡出了人们的视线。

（3）为少年儿童饮食消费者提供适当的接待服务　少年儿童购买食物一般是年龄越小越不知如何挑选，常常表现为：一是营业员或服务员给哪一个就要哪一个；二是购买速度快；三是购买时一般有小伙伴相随，虽然了解其价格，但不懂鉴别食物；四是对于年龄稍大的中学生，相当一些在购买时表现腼腆，既不愿开口询问，又怕买了不称心的食物，表现出迟缓、犹豫不决，食物价格越高，其表现得越为明显。

根据少年儿童购买食物的特点，营业员或服务员要接待好小顾客，就要做到“一主动，二帮助，三关照”。“一主动”就是指当小顾客来选购食物时，营业员或服务员要主动热情地打招呼，以引起小顾客的大胆搭话，有些食物促销可以请小顾客免费试吃，促使其产生购买食物的兴趣。“二帮助”就是指当知道小顾客购买什么食物后，还要进一步知道他们买多少或买多少钱的，然后帮助他们挑选好食物，并求得小顾客的满意。在小顾客拿不定主意的时候，营业员或服务员就要进一步了解他们购买食物的目的，主动介绍正在销售的食物的品种、价格，以便当好参谋，帮助小顾客挑选出称心如意的食物。“三关照”就是指因为顾客年纪小，营业员或服务员应多加照顾，帮助小顾客拿好食物或包装好，甚至吃的方法都加以指导，让其放心、诚心地消费。

二、青年饮食消费心理特征

青年是人生中从少年向中年过渡的阶段，一般来讲，青年通常是指18岁到35岁的人，处于这一时期的饮食消费者，形成了青年饮食消费者群体。他们的心理特征决定了他们对食物消费的心理和行为的独特表现，需要认真探讨，以便于有针对性地进行市场营销。

青年饮食消费者在消费活动中处于重要的位置，具有特殊的影响力，了解青年饮食消费者购买行为的一般心理特征是十分重要的。

1. 青年饮食消费者的特点

（1）人数众多，消费量大　根据2017年的国家统计资料，我国18～35岁年龄的青年男女占全国总人口的30%。因此，青年人饮食消费市场是一个人口众多的、十分广阔的市场。

（2）具有较强的独立性和很大的饮食消费潜力　青年饮食消费者已具备了独立的饮食消费能力，除在校中学生外，青年就业率高，他们有固定的经济来源，因此消费上便有较为独立的要求，加上家庭给予的资金资助，开支相对比较宽裕、随便，饮食消费的独立性往往更为强烈。随着参加工作时间的增长，经济收入的不断增加，以及社会交际的需要，青年饮食消费者的购买力也随之增加，在家庭消费方面，由于他们已长大成人，在家庭中的地位发生了变化，再加上青年人身上能体现新的知识和新的消费观念，家长在饮食消费决策上往往与他们商量，征求他们的意见，因此，青年是具有很大消费潜力的饮食消费者。

（3）分布广泛、均匀，影响力突出　凡是有人口的地方，青年的分布在城市相对集中。青年饮食消费者不仅有独立的消费能力，而且消费意愿也被多数家庭所尊重。青年人随着成家立业、生儿育女，他们以独特的饮食消费观念和饮食消费行为影响他们的下一代。

2．青年饮食消费者的饮食消费心理特征

处于青年时期的初期阶段，年轻人思维能力有了很大的发展，能独立思考问题，在购买食物时基本具备了选择能力，其饮食消费心理日趋复杂。到了后期阶段，青年的思维能力转为成熟，又具备了相当的文化知识和生活经验，社会活动面、接触面较为广阔，信息量增加，经济能力已具备。所以青年饮食消费者在消费心理特征方面，与其他饮食消费群体相比较，有许多不同之处。

（1）追求时尚与新颖　青年人充满朝气与活力，具有内心丰富、热情奔放、感觉敏锐、追求新潮、积极向上等典型的心理特征。他们易于接受新知识、新信息、新观念，勇于追求时尚与新颖，喜欢代表新潮发展富于时代精神的事物，所以，青年往往是新食物、新的饮食消费行为的追求者、尝试者和推广者，并逐渐影响更多的饮食消费者。在他们的带动下，时尚消费进入高潮。青年饮食消费者对促进食物的更新换代起着重要的作用。

（2）追求自我成熟的表现和消费个性心理的实现　青年人处于少年向中年的过渡时期，少年期未成熟的心理与中年期的成熟心理共存。他们追求独立自主，言行中都力图表现自我，体现自我意识是青年饮食消费者迫不及待的心理需求。现代青年更多地希望发展自己的潜能，表现青春的活力，参加丰富的社会活动，具有明显的心理发展迅速性与情绪发展广泛性的心理特征，反映在饮食消费心理与消费行为上，表现出自我个性趋于成熟，他们喜爱能表现个性心理的食物和消费活动，往往把饮食消费行为与个人性格、理想和专业兴趣联系起来，并形成具有自己风格的饮食消费心理状态。

（3）冲动性消费多于计划性　青年人的情绪与性格，是以强烈、冲动和温和、细腻共存为特征的。强烈与冲动表现为行为果断、迅速，甚至无暇考虑后果，温和与细腻则反映在内心世界上，具有理智和正当要求的方面。青年人的这一心理特点反映在饮食消费行为上是冲动性购买，他们在饮食消费时的表现是反应灵敏、酝酿短暂、决定果断，在认为合意、值得的心理支配下，感情的作用超过计划的预算，特别是在一些新潮、时尚、紧俏等食物的购买上，冲动性购买多于计划性消费更为明显。

3．青年饮食消费市场营销的心理策略

由于青年人刚刚脱离依赖性而取得独立的消费权力和消费能力，再加上其所具有的心理特征的影响，所以他们在饮食消费时一般具有以下几个特征：一是善于自我表现，青年人在饮食消费时常常要表现出自己家庭的优越或自己本身的与众不同，即使不能出众，也不甘落后；二是饮食消费过程的群体性，青年人常把饮食消费作为一种娱乐，一般约同学、同事或好朋友一起去饭店消费，喜欢让这种饮食消费的自主权在群体中实现，因此他们的同伴往往是饮食消费行为和饮食消费决策的主要影响者。

正是因为青年饮食消费者在饮食消费时有上述特点，所以我们在研究青年饮食消费市场时应特别注意采取相应的营销策略，才能刺激青年饮食消费者的饮食消费欲望。

青年饮食消费者思维敏捷，感知力强，易被新事物吸引，饮食消费时往往是出于对食物的偏爱和喜欢。青年期正是青年发育成长的时期，这时候他们需要更多的食物来满足其生理需要，他们更爱吃肉、鱼、家禽等高脂肪、高蛋白、高热量的食物，味道虽不十分讲究，但美味的食物会促使他们多次饮食消费。

在结婚时，青年饮食消费者多根据家庭选择传统的结婚仪式，如摆婚宴席，请亲戚朋友前来聚餐，婚宴是餐饮企业的重要服务项目，根据时尚的要求和青年饮食消费者的生理和心理需要，采取必要的营销策略。青年饮食消费者在结婚后的一段时间，其消费高峰虽已过去，但青年夫妇仍会延续过去的消费偏好，如偶尔外出就餐等。在饮食消费心理与行为上，由不稳定的消费心理趋于稳定，由大量的冲动性饮食消费向计划性饮食消费过渡，因此针对这些情况，餐饮企业必须注意：一要善于经营能表现青年人个性心理的食物，即有特色的食物，并努力使市场营销的各因素与青年人的兴趣联系起来。二要利用广告、食物陈列和优良的服务等策略，激发青年人对食物的肯定性情感，从而满足和引导青年人的健康情趣和合理要求。三是青年人行为迅速，一旦决定饮食消费或敲定菜单，就希望迅速交易或上菜。营业员或服务员要适合青年人的这一特点，接待的节奏要快，且提醒顾客或帮助顾客检查一下食物性能，使青年人迅速饮食消费，满意而去。青年人购物灵活性较大，经营人员在青年饮食消费者对食物消费拿不定主意时，应主动给予适当、简要的解释和诱导，这样可以起到良好的促销效果。

三、中年饮食消费心理特征

中年是指由青年向老年过渡的时期，处于这一时期的饮食消费者，形成了中年饮食消费者群。在我国，中年饮食消费者一般指年龄在35～55岁的人。

1．中年饮食消费者的特点

（1）人数众多，且分布均匀、广泛　根据2017年的国家统计资料，我国35～55岁年龄的人占全国总人口的30.5%，分布均匀广泛，是比较重要的饮食消费市场，在饮食消费活动中起着重要的作用。

（2）中年人是饮食消费的决策者　中年饮食消费者由于其子女尚未独立，父母已经步入老年行列，所以，中年饮食消费者一般处于饮食消费的决策者位置。他们不仅决定一般家庭日常生活食物的购买，还决策家庭重大的、季节的食物消费，以及子女和老年人饮食消费。由于子女没有经济来源，且对食物的认识表面化、感情化，把购买食物的决策权交给父母；老年人由于经济状况及身体不便等因素，获得的食物信息少，把购买食物的决策权交给了儿女。由此看来，中年饮食消费者不仅掌握着家庭饮食消费的大权，同时左右着未独立子女及老年人饮食消费的购买权力，在饮食消费活动中处于重要的决策位置。

（3）消费心理独特　中年饮食消费者大多是家庭经济的主要承担者，他们肩负着抚养子女、赡养老人的负担，且处于事业的追求期，时间紧，负担重，家庭必需的消费多，经济收入有限。因而，中年饮食消费者当家理财，量入为出，其饮食消费行为会受到很大的局限，特别是我国的大部分工薪阶层的饮食消费者更是如此。但还应看到，现在，随着各种机会的增多，还有部分中年人已处于事业的发展期或发达期，已具有了一定的经济基础，因而，其饮食消费行为更愿显示其独特的社会地位和能力，且有较强的消费欲望，是一个不可忽视的巨大市场。

2．中年饮食消费者的饮食消费心理特征

中年人经验多，阅历深，情绪比较平稳，多以理智支配自己的行动。在饮食消费活动中，从饮食消费欲望形成到饮食消费行为发生往往经过分析、比较和判断。中年人在饮食消费时往往注意物与物、菜与菜的比较和挑选，表现出独立自主、沉着冷静，一般不轻易相信别人的观点、介绍和劝诱。

（1）注意食物的实用性　食物的营养成分，合适的价格，较好的外观造型，是刺激中年饮食消费者购买的动因。由于中年饮食消费者深入生活，经济条件有限，已不像青年饮食消费者那样更多地追求食物时尚，而对食物的实用性及价格给予更多的关注，并且对食物的外观也有一定的要求。

（2）注重食物的便利性　中年人是家庭的一家之主，生活、工作上都处于人生负担最沉重阶段，为了减轻劳动力和缩短劳动时间，在日常生活用品和副食品方面，中年饮食消费者更喜欢一些便利、耐用的食物，如半成品、方便食物及减轻家务劳动的袋装食物和速冻食物等。

（3）理性饮食消费多于冲动性饮食消费　中年饮食消费者一般上有老下有小，家庭生活经济负担较重，因而他们既要把家庭生活安排好，又要考虑经济合理、量入为出的消费原则，对那些符合中年饮食消费者要求的食物才能引起其饮食消费行为，已不像青年饮食消费者那样容易感情用事而引起冲动性饮食消费，表现出计划性强，具有较强的求实心理和节俭心理。

四、老年饮食消费心理特征

老年饮食消费者一般指60岁以上饮食消费者。根据2020年国家统计数据，我国60岁以上人口占总人口的18.70%，老年人在社会总人口中所占比例还在逐年增多。对老年饮食消费者消费需求的满足，从侧面反映了一个国家的经济发展水平和政治稳定程度，因此分析老年饮食消费者的心理特征与营销策略是十分重要的。

1．老年饮食消费者的特点

老年饮食消费者在生理和心理上同中青年相比都发生了明显的变化，老年饮食消费者群是处于特殊阶段的群体，在衣、食、住、行、用等生活消费需求上都体现了年龄的特征。

老年饮食消费者的主要消费集中在饮食方面。由于生理的变化，老年人的味觉、嗅觉、消化功能等方面都呈现退化趋势，他们普遍要求食用一些易嚼、易消化吸收的食物。由于身体状况的不断变化，使他们更关注自己的饮食和身体的保健。

（1）要求吃松软易消化、味重、富有营养的食物　许多消费活动老年人已不感兴趣或确实不适宜了，但他们对吃的兴趣都不会减退，甚至变得像小孩一样“馋”了。由于老年人味觉的退化，味蕾萎缩，体内含锌量减少，味觉功能逐渐消失，即使是与过去同样的饭菜，他们吃起来也不觉得那么香了，他们需要吃口味更重的食物。再者，老年人消化器官功能减退和牙齿的脱落，影响咀嚼和消化，都为他们的生活带来不少烦恼，所以，食物供应工作要满足其“三高、五低、多样化”的特殊需要，“三高”即高蛋白、高质量、高水平，“五低”

即低糖、低盐、低脂、低度酒、低胆固醇，而且食物的色、香、味、形要经常翻新，品种多样化。

（2）愿意消费有利于保健和丰富晚年生活的食物　老年人最为关心的是延年益寿、身体健康和晚年生活丰富。若收入允许的话，他们愿意为此投资。结合老年人的身体状况，除购买食物外，他们会购买一些对某些疾病具有疗效的保健食物和滋补品进行医疗保健。不论是老年人自己购买，或是子女代为购买，都愿意购买这些保健食物和易消化吸收的方便食物。从我国目前的食物市场和饭店菜点开发来看，儿童食物特别是儿童食品已基本饱和，而对老年食物特别是适合老年人食用的菜点的开发还有巨大的潜力可挖。

2．老年饮食消费者的饮食消费心理特征

老年人由于生理变化、心理变化、消费特征及生活经历等多方面的原因，在购买行为心理特征方面形成了不同于其他饮食消费者群的特征。

（1）对食物的购买具有很强的习惯性心理　老年人在几十年的饮食消费实践中，已形成了自身的饮食消费习惯，随着闲暇时间的增多，原有的嗜好与兴趣不容易改变，认定菜点消费的饮食者居多，表现在饮食消费行为上有较强的习惯性心理，对于过去经常食用的食物的品牌、商标具有较高的信任程度，所以老字号的饭店、商标对老年饮食消费者具有很强的吸引力，任何外界刺激都很难改变这种情况。

（2）购买食物追求方便实用，同时要求提供良好的服务　进入老年的饮食消费者，其消费已不像青年人那样富于幻想，而是成熟、理智，他们的购买动机往往以实用、方便为主，在饮食消费过程中总希望得到良好的服务，所以在老年人就餐的环境、消费菜点的味道及软硬、菜点营养成分等方面都有特殊的要求，这一切都会影响老年饮食消费者的饮食消费。在饮食消费过程中，食物的标价要清楚，经营服务人员的服务要热情周到，手续要简便，应当使老年饮食消费者感受到对他们的关怀和照顾，从而提高老年饮食消费者的满意程度。

（3）老年饮食消费者需求结构的变化　老年人的饮食消费需求比较集中稳定，很少出现强烈而迅速的消费冲动。凭着几十年的饮食消费经验，足以使他们对自身各种消费需要的轻重缓急，经过理智的权衡而形成一个稳定的序列。他们的饮食消费需求内容更多地跟他们的生活、心理特点的变化联系在一起。而且老年饮食消费者除用于子女方面的消费外，个人消费的部分多用于食物和医疗保健品或健康娱乐用品上。只要利于健康，价格不会成为老年饮食消费的障碍。同时，受我国传统文化影响，老年饮食消费者往往首先考虑子女成家、添丁后的经济补贴问题，用于自身的消费并不宽松，存在着个人消费的自我压抑。随着我国经济发展和家庭构成结构、消费观念的不断更新变化，我国老年饮食消费者市场也逐步得到开发，并逐步将老年饮食消费者从消费压抑中解放出来。

3．老年饮食消费市场营销的心理策略

（1）挖掘老字号、老品牌、老商标以满足老年人的购买惯性心理的需要　根据老年人认识事物的特点，老年人用的食物和饭店宣传应注意强调品牌、商标等的传统习惯意义，以便于老年人认识和接受。对于一些具有多年销售历史，并已被人们普遍接受的食物和菜肴，生产企业可进行广泛挖掘，重新使用这些老字号饭店和菜肴不仅符合其饮食消费习惯，也能唤起一些人对过去岁月的回忆，使其感到亲切、可信。

（2）老年消费食物的包装色彩、使用说明要鲜明醒目　老年人消费的食物的使用说明要鲜明、详细、字体要大，色彩可选用红色、黄色等鲜明的暖色调，这样可减轻老年人由于视力、记忆力下降造成的购物困难。

（3）对老年消费者要尽可能提供周到的服务　由于老年人的感知能力的衰退和体力不足，在饮食消费活动中希望得到更多的关怀和照顾，这与他们行动迟缓、顾虑心重、唠叨不断、易于发怒等心理现象相比，恰好是鲜明对照。针对这种情况，经营服务人员在接待中更应表现出极大的耐心、热心，提供周到的服务，主动帮助就位、介绍食物，协助挑选食物，讲清食物的价格、特点、食用方法和注意事项，这些都是适应老年人心理不可缺少，并应加以重视的问题。

（4）老年人的食物消费要体现吉祥祝愿　老年饮食消费者喜欢吉祥征兆，他们都希望自己能够无病无灾，久安长寿，凡是与健康长寿有关的事物都被他们视为吉祥瑞福。在饮食消费中老年人表现出喜爱有利于健康长寿的饮食品，喜欢有庆祝健康长寿的菜点名称和广告宣传。他们一旦对某种食物或服务建立了信心，决不会轻易改变。当然一旦令他们失望，便很难挽回他们的信心。

总之，餐饮企业要根据老年饮食消费者购买心理特点，制定适当的食物营销策略。不但要提供老年人所希望的方便、营养、有利于健康的饮食消费品，还要提供良好的服务，包括送货上门、邮购食物等。关心老年人的特殊需要，使他们在物质上、精神上都感到晚年的幸福。

第二节　饮食消费男女及家庭特征

一、女性饮食消费心理特征

1．女性饮食消费者的心理特征

女性饮食消费者是按性别标志划分而区别于男性饮食消费者的，女性饮食消费者不仅数量多，而且在购买中起着特殊的作用。就个体角度分析，女性饮食消费者自己的饮食消费品，基本上是由自己决定和亲自实施购买的。就家庭角度分析，女性担当妻子、母亲、女儿等角色，经常是男性、儿童、老年消费食物的购买者。除了女性食物应符合其需要外，其他市场的经营成败也同女性饮食消费者有关系。因而女性饮食消费市场是一个非常广阔、具有很大潜力的市场。

（1）注重食物的外观形象与情感特征　男性购买食物时，较多地注重食物的基本功能，而且在家庭购买分工倾向上，常是负责购买大件的耐用消费品，因而受理性的支配较大，而女性多购买一般的家庭用品，如半成品、方便食物等，这些食物品种繁多，花色款式变化频繁，具有价格低、使用时间短等特点。因而女性在购买这些食物时，比较注重食物外观形象与情感，追求食物的美感。爱美之心，人皆有之，尤其是女性，这方面的需求心理特别强烈。女性爱美、求美心理加重了对食物外观形象的注重，挑选食物侧重于外观包装，也比较注重质量。同时，女性饮食消费者还往往追求时髦食物，追求色彩、造型的奇异、别致、与众不同等。

女性饮食消费者对食物的情感特征很注重，如宣传广告、食物的诱人气味等，都能成为一种影响力，从而决定购买趋向，而且还会产生冲动性，特别是在为家人购置食物时，感情色彩更加强烈，喜欢所消费的食物具有理想的“美感”，通过美感赋予的联想来达到对亲人感情的寄托。

（2）具有较强的自我意识与自尊心　女性饮食消费者在饮食消费时自我意识比较强，对外界事物反应敏感，喜欢评论，常常以自己的消费眼光、习惯、标准和喜好来分析、评价别人和自己。分析评价食物，总是觉得自己消费的食物最有价值、最明智，喜欢独立自主地选购食物，还希望别人效仿自己。她们往往不愿意别人说自己不了解食物，不懂行，不会挑选。例如，当一位女顾客点好一种食物并购买后，不管旁人还是服务员若附带一句：“您选的这种食物真好”或“你真有眼力”之类的夸奖话，女顾客一般没有反感，而且会觉得很乐意。即使购买后回到单位或家中，也总愿意听到同事或家里人的赞赏之词，这是由于女性有较强的自我意识与饮食消费中的自尊心所致。

（3）具有较强的敏感性　女性饮食消费者在饮食消费过程中，有很强的敏感性，对食物的优缺点和商标，以及经营服务人员态度的好坏记忆程度较高。一旦在头脑中对某一方面有了不好印象，则会很长时间不到这里进行饮食消费，如女性常用的某食物价格没有变，而在样式设计上或包装上有了微小的变化，马上就会引起女性的注意，女性消费某食物的这种敏感性往往在细微之处表现得非常突出。有时经营服务人员或周围其他饮食消费者的一两句话或一个小小的动作表情也能使女性饮食消费者感悟到，影响女性饮食消费者的购买心理。

（4）选购食物非常细致，具有较强的求实求全心理　女性饮食消费者在饮食消费时，对食物的适用对象、用途、工艺、花色品种、商标、包装等方面考虑得非常周全，挑选时非常认真细致，特别是细微之处。女性饮食消费者富有家务劳动的经验，消费时往往以食物的实用性大小来衡量食物的价值，对食物在生活中的实际效用和具体利益表现出更强烈的要求。同时，女性饮食消费者大都比较细腻，她们在饮食消费时往往选择多，挑选仔细，反复咨询，占用时间长，具有较强的求全心理，食物细微之处符合她们的心意，就能深深地吸引她们的注意，产生对食物的购买欲。

2. 女性饮食消费市场营销的心理策略

女性是家庭消费的主力，也是社会消费的重要一环，除自用饮食消费外，还负责家庭其他成员的食品的购买。女性饮食消费者既是众多食物的使用者、影响者，同时也是决策者和执行者，因而女性饮食消费市场不但是人数众多的市场，而且也是消费领域十分广阔的市场。

根据女性饮食消费者的心理特征和购物行为，除对女性饮食消费品应注意食物的营养结构、色彩柔和，突出食物的具体形状，激发女性的饮食消费情感外，还应以特别的服务方式和服务态度对待女性饮食消费者。

女性饮食消费者在饮食消费时，有时即使消费的数量很少、价位较低，经营服务人员也不能轻视她们，更不能有怠慢的态度。女性饮食消费者一般在食物选择时间上比较长，喜欢将几种不同的食物进行比较，这样就要求经营服务人员接待耐心，以满足她们的购买要求，女性语言能力较强，善于交往，在购买过程中往往喜欢与经营服务人员攀谈，经营服务人员应适当给予介绍、解答，帮助她们解决一些疑难问题，但应注意介绍食物不宜过分详细，同时还要细心观察、虚心求教，不断向顾客学习，学习她们的实际经验，并且注意优先给她们提供饮食消费机会和便利条件，以示尊重。我国女性饮食消费者人数多，工作忙、家务重，在她们饮食消费时，要从时间上照顾她们，尽快满足她们的购买要求。同时也要给她们提供携带食物的方便条件，帮助她们将消费的食物包扎牢固，或把零散的食物装在袋内等，使其满意而归，既赢得了信誉，也有可能争取更多的回头客，特别是目前大规模生鲜超市普遍，人们在商场里既可购买方便食物、速冻食物，也可选购半成品、蔬菜瓜果等食物，这样便给饮食消费市场提供了一个广阔舒适的购物环境。大批的女性饮食消费者愿意到商超中大量采购，节约购物时间。由于女性饮食消费者具有优越的表达与传播能力，所以，就企业市场营销活动来说，若能争取一个忠实的购买者或真诚的赞赏者，有时往往会影响其周围的一群人，而成为企业巨大的潜在市场。

二、男性饮食消费心理特征

男性消费者主要是指成年男性消费者，他们去商店一般都有明确的购买目标。男性消费者与女性消费者相比，消费心理要简单得多。男性一般是家里的顶梁柱，是家里的主要经济收入来源，他们的消费在一定的层面上决定了整个家庭的主要支出，如果我们能够把握男性的消费心理特征，在遇到男性客户的时候我们就能针对性地处理，就会有更大的机会促进饮食消费活动达成。

1. 男性的消费心理特征

（1）消费一般比较独立　相比于女性而言，男性的想法一般都比较独立，只要自己看准的东西就会下手去买，不会反复征询其他人的意见，这是男性典型区别于女性的消费心理特征。

（2）金额一般比较大　通常情况下男性的消费金额都是比较大的，一方面家里的主要物品的添置，基本上都是由男性作出决定，这些物品的单个金额都比较大；另一方面像家里的汽车、住房等方面的需求，也一般都是由男性主导的，所以说通常情况下，他们的消费金额都会比较大。

（3）一般比较理性　男性的消费一般都比较理性，女性的消费相对来说感性成分大一些。男性消费者轻易不会受到别人的干扰，能够按照自己的想法完成消费。

（4）一般比较爽快　男性消费者一般做起事来是比较爽快的，消费的时候也是如此，看好的东西他们很容易下手，看不好的就暂时不考虑，所以在这方面应该加强引导，这样他们才能刷卡消费。

（5）注重消费体验　男性消费者比较注重消费体验，一个良好的消费体验过程是促进男性消费者进行买单的非常好的途径，如果在这方面做得不好的销售人员应该加强这方面的改进。

（6）一般比较好面子　男性消费者一般比较好面子，当你给足他面子，满足他的虚荣心的时候，会更有助于你的成交。因为你让客户舒服了，客户才能让你舒服。

2. 男性消费者群体的消费心理

（1）求新、求异、求癖心理　喜欢尝试新事物、喜欢冒险的个性导致男性对新产品情有独钟，并对新产品的奇特性往往有较高的要求。此外，男性大多数有特殊嗜好，例如，男性饮酒都有自己确定的品种与品牌，而这些在女性中表现得不太普遍。

（2）目的明确、决策果断　男性具有较强理智性、自信性。他们在购物时往往都有明确的目标，碰到符合心理要求的目标时，他们将购买愿望立即转化为购买行动。即使当几种购买动机发生矛盾冲突时，也能够果断处理，迅速作出决策。许多男性更加“斤斤计较”，购买后不满意和退货的情况不比女性少。在消费行为上敢于冒险、富有主见、个性和独立性明显，有时甚至武断，维权意识明显等，这些都是男性消费心理特征的表现。

（3）注重整体质量和使用效果　男性消费者对饮食产品，特别是一些价格昂贵、制作复杂的高档产品的性能与知识了解较多，购物时很注重产品的质量。只要整体质量与品牌标准可靠，他们就能作出购买决策。同时，男性消费者善于独立思考，很注重产品的食用与体验效果，不会轻易受促销等外界环境的影响。

（4）力求方便快捷　一般男性消费者遇到自己所需要的产品，他们一般会迅速购买，点菜快，上菜速度与离店速度都快（宴请活动除外）。他们对排队等位、等菜时间长都很反感。

总之，性别对消费者心理有着比较大的影响，但就具体的消费者而言，性别对饮食消费心理的影响程度也不尽相同，而且饮食消费心理的这种性别差异是综合地、混杂地反映在消费者的饮食消费行为中。

三、家庭饮食消费心理特征

任何一种社会，不论是出于传统习俗，还是出于法律规定，家庭作为一种社会制度与婚姻制度相结合的产物，始终是人类社会生活的基本单位。家庭是群体的一种重要形式，是两性关系或婚姻关系的结合，在此基础上派生出血缘关系，它对其成员的消费行为有着极其重要的影响。家庭还是进行消费的基本单位，而且家庭消费与个体消费有着根本的区别，人们的绝大多数消费行为都与家庭有关。

1. 影响家庭饮食消费决策的主要因素

家庭中的民主气氛	民主气氛浓厚的家庭，通常是民主决策；家长制、大男子主义、大女子主义的家庭中，往往由某个家长专断
家庭分工	饮食消费的决策视其家庭分工而决定
家庭生命周期	新婚家庭，夫妻双方共同决定的情形比较普遍。随着生命周期的演进，家庭分工则开始明朗化
风险性的大小	对购买商品的风险评估，风险大，有可能共同商定；风险小，则偏向于独立决策
价值的大小	购买的商品价值大，则多为共同决策；价值小，则多为独立决策

2. 家庭决策类型

（1）丈夫决策型　消费决策由丈夫作出。原因是丈夫是家庭经济收入的主要来源且理财能力强，这种类型目前在农村还比较普遍，是中国较为传统的家庭决策类型。

（2）妻子决策型　这种类型的家庭成因复杂：一类是由于丈夫忙于工作和事业，家庭事务从决策到具体购买都由妻子承担；另一类是家庭收入很高，消费支出的决策已不再成为家庭生活的主要话题，生活内容才是家庭成员关心的对象；第三类是妻子的独立生活、购物、理家能力大大超过丈夫。前两类妻子决策型家庭在购买行为上比较随意，并且机动性较大，是销售中较易吸引的对象，但后者则往往是消费的挑剔者。

（3）民主决策型　这类家庭的购买决策主要是夫妻双方共同协商作出的。这种家庭的主要特点是：夫妻双方关系融洽，有良好的教育基础，思想较为开放，适应时代潮流，家庭中有良好的沟通环境。这类家庭的购买决策往往较为慎重和全面，购买中的理智型特征较为明显，冲动性较少。一般而言，对整个家庭比较重要的决策，以及面临时间压力不大的决策，都会由家庭成员共同协商作出。

（4）夫妻自主决策型　构成家庭的夫妻双方在经济上相对独立，各自都能自主地作出决策而对方也不过多干预。这种类型多属于开放型家庭，一般在经济收入较宽裕，层次较高的家庭中较为常见。这类消费者在购买中的自主性和随意性都比较强，因为其购买行为既不受经济收入的限制，也不受家庭成员的约束。

3. 家庭生命周期与消费购买决策

（1）婚恋期　热恋与初婚期的消费特点是：消费支出额大，消费水平很高，消费生活中感情色彩浓，加上缺乏理财的经验，所以突击性的消费行为比较明显，购买讲究特色与流行。

（2）生育期　从第一个孩子出生，到最小一个孩子经济独立之前的阶段被称为生育期。在这类家庭中，家庭支出的大部分用于后代的培养教育，家庭消费也以此为主。计划性增强，冲动性购买减少，消费趋于合理。

（3）满巢期　子女长大后，大部分家庭为他们的恋爱结婚做准备。从子女开始就业到他们陆续结婚和父母分居的这一阶段，即家庭周期的满巢期。在此阶段，子女开始有一定的经济收入，家庭的总收入处于最高峰，总的消费水平很高，子女的消费经验也相当成熟，能共同参与消费评价、选择和购买活动，甚至在某些家庭中成为主要决策者。家庭的总体消费力很强。

（4）空巢期　子女成家立业后，陆续组成新的家庭，成为另一个独立的消费单位，只剩下两位老人，这一阶段即属于家庭生命周期的空巢期。在此阶段，由于没有了经济负担，收入水平相对较高，对于健康食品、保健品的需要在增加，同时开始注重改善家居，提高生活质量，外出旅游，参加社交活动等。

第三节　饮食消费特定群体特征

一、宗教群体饮食心理特征

当今世界宗教繁多，其中基督教、佛教和伊斯兰教，因其历史悠久、影响广泛、教徒众多，故通常被统称为世界三大宗教。各种宗教都有自己的教规，这些教规对其信徒具有很大的约束力。有不同宗教信仰的人，其思想观念、行为方式都会受到宗教信仰的强烈影响，作为饮食消费者，其饮食消费行为自然也会受到宗教信仰的影响。

宗教和饮食消费之间非常密切的关系已经有很长历史了。许多宗教对食品有着特定规范。

二、国家、地区和民族群体饮食心理特征

中国及世界的每一个地方饮食的特点都明显不同，因各国家和地区的土特产品、自然条件和不同区域的生活方式而异。欧美及澳大利亚等地区饮食消费以肉蛋为主，南美、非洲、亚洲等地区饮食消费品类也各有不同。与欧美国家相比，中国人饮食消费中肉和奶类不多，人们普遍食用豆制品，豆浆代替了牛奶。长江以南的人们以水稻为主食，而在北方则以小麦和玉米为主食，人们将它们做成馒头、面条、饺子、蒸饼或烙饼。

中国是一个多民族国家，各民族饮食消费风格习惯各异，都是地域农业、畜牧业等食物生产结构的客观反映。

三、异常饮食消费者心理特征

1．神经性厌食

典型的神经性厌食症最明显特征是病人拒绝进食，即使很长时间不进食或少量进食，病人仍不感到饿，不想吃东西，有的患者甚至这样活活饿死。同时，厌食症患者对自己身体的肥瘦有一种错误的知觉：把自己的脸部、胸部、腰部、臀部的宽度看得比实际要胖。即使已是瘦骨伶仃，但在病人看来仍太宽、太胖。病人的这种感觉错误不是有意的，而是一种病态的错觉，正是这种病态错觉使人过分减食。

知识拓展

厌食症大多见于少女和年轻的姑娘，通常开始于对自己身材的苗条和漂亮的过分关注。据国外资料报道，女性患者为男性的10～20倍，她们发病的年龄一般在15～23岁。诱发厌食症与本人性格和家庭因素有关系。从生理上讲，厌食是中枢植物神经系统功能紊乱或抑制减退的现象。厌食的人消化液分泌减少，胃平滑肌张力变弱，胃壁供血不足，这些消化系统的生理性抑制又进一步影响植物神经系统，阻挠食欲的产生。可见心理状态和精神刺激是引起厌食的最主要、最常见的原因。一般心理原因有以下几方面。

①因爱美心理而惧怕自己太胖，身材不苗条，不漂亮，遭人议论。有一些爱美的女性，为了自己形体苗条些，除了拼命勒紧腰带之外，还对一些食物有深深的厌恶感，害怕吃巧克力、牛奶、糖果等食物，每一顿饭都是极小心地吃一点甚至于一天只吃一顿，害怕别人当着她们的面说肥、胖一类的字眼。

②躯体疾病的后遗症。这多见于儿童厌食症，当儿童生病时，父母给予特别的照顾，病情好转后，为了保持现状，病时进食减少的症状会继续下去，从而诱发厌食症。

③父母对孩子喂养和消化的过分关心，也会引起胃肠功能紊乱，诱发厌食症。事实

上，目前在我国儿童厌食症产生的主要原因就在于此。我们劝告那些真正关心自己孩子的父母，要科学地照顾孩子，过分的关心只会引起孩子某些生理功能的紊乱。

④精神负担形成厌食。由于外界客观原因，造成精神负担，干扰植物神经系统功能，使肠道痉挛、充气，内脏血管收缩，消化系统供血不足，抑制食欲的产生。譬如吃饭时碰到或想到不高兴的事，对某一事件的恐惧、忧虑，学习中遇到极大的困难，都会影响食欲。先是茶饭不香、饮食乏味，久而久之形成严重的食欲不振，最后导致神经性厌食。

⑤某些性格易产生厌食。一般孤独、多疑、刻板、吝啬、忧郁、怪僻性格的人，当生活条件或客观环境发生变化时，心理适应性差，就会引起植物神经系统功能降低，产生厌食。此外，有特殊生活嗜好和长期偏食的人，遇到饮食内容的改变也容易食欲不振，发展为神经性厌食。

心理治疗对厌食症有一定的效果。国外有人采用“简单的强化法”，取得了一定的效果。具体方法是：患者住院后，医生给她定出每天体重增加的计划，并每天称体重。如果病人的体重增加达到一定的标准，就得到医务人员或治疗集体的表扬。经过一段时间的治疗，病人的体重都有一定的回升。

2. 减肥与饮食消费心理变异

人的肥胖会导致各种并发症，如糖尿病、高血压、冠心病等，而且肥胖本身也是一种慢性的、难治的、易复发的病理现象。引起肥胖病的原因是多方面的，遗传是引起肥胖的一个原因，而体力活动太少，某些社会环境及脑损伤等也是影响肥胖的重要原因。

大脑及神经系统的损伤也可以引起肥胖病，因为包括进食在内的人的所有机能都与脑有关，如果破坏了控制进食的脑神经，那人就可能疯狂地进食，以致肥胖。不少肥胖患者体内脂肪的过分积累与脑及其神经损伤、内分泌失调有关。

近年来，经过大量研究发现，人的胖瘦与否，取决于人体内两种体壁肌纤维的相对数量的多少。体壁肌构成了人体中的大部分组织。它也像人体其他肌肉一样，是两类纤维（快纤维和慢纤维）的混合体。我们知道，人的活动全靠肌肉的收缩，而快、慢纤维的作用是不尽相同的。人体活动时，靠快纤维快速消耗葡萄糖来提供能量。慢纤维则将脂肪酸（脂肪的主要成分）作为能量来源。由于肌肉纤维中存储着大量脂肪，所以相对来说，慢纤维比较能够抗疲劳。而快、慢纤维在不同人体中的相对量有很大差别。以股四头肌为例，有的人慢纤维可达到96%，而有的人却只占13%，这样造成了人体胖瘦不一的现象。

据最新研究发现，人的胖瘦与否，取决于慢纤维所占比例的多少：慢纤维越多，人越瘦；慢纤维越少，人就越胖。研究者还发现，胖者和瘦者消耗同样多的能量，而胖者用掉的脂肪却明显少于瘦者，这是因为胖者肌肉中快纤维多，其活动时快速消耗的是葡萄糖而不是脂肪，故动辄便会感到疲劳且不容易减肥。同理，因为瘦者肌肉内所含的慢纤维多，而活动时消耗的又恰恰是脂肪，所以瘦者不易发胖，且比胖的人能耐疲劳得多，这就是二者的根本区别。

实践证明，参加体育活动可以改变快纤维的性能，从而达到减肥的效应。人在进行肌肉训练2个月以后，快纤维的性能就会接近慢纤维。但是，这种训练必须持之以恒，否则，将前功尽弃。因而要想减肥的胖者，必须坚持体育活动，让运动来健美自己的身躯。

肥胖可能引起许多疾病。据测定，30岁左右正常人体的脂肪总量，男性占体重的15%，女性占体重的25%。如男性超过25%、女性超过35%时即为肥胖。医学研究证明，过度肥胖还有害于健康。

本章复习与思考

1. 简述少年儿童的饮食消费心理特征及营销策略。
2. 简述青年饮食消费心理特征及营销策略。
3. 针对中年饮食消费心理特征应如何营销?
4. 简述女性饮食消费心理特征。
5. 影响家庭饮食消费决策的原因是什么?
6. 简述民主决策型家庭特点。
7. 你所了解的伊斯兰教饮食消费习惯有哪些?
8. 产生厌食的原因有哪些?
9. 简述男性消费的心理特征。

第七章 饮食消费心理干预

学习引导

内容提要

本章主要介绍了饮食消费者情绪表现类型、消费者饮食消费活动的情绪过程、社会阶层因素对饮食消费心理的影响等基本概念和基础理论，介绍了服务人员应具备的心理素质与情绪管理能力、饮食服务人员心理情绪管理的主要问题、饮食服务人员心理素质的培养等内容，介绍了厨师个性特征与管理、厨师的需求管理等内容，介绍了经营人员的心理活动过程对饮食消费经营活动的影响、经营人员的个性心理特征对经营活动的影响、经营人员与饮食消费顾客的交互心理影响、经营人员与饮食消费顾客之间冲突的调解、培养饮食消费经营人员个性心理、个体饮食消费经营人员心理干预等内容。

学习目标

通过以下目标，建构以“饮食消费心理干预”为阶段性知识内容的“传承型学习”成果。

学习和把握饮食消费者情绪表现类型、消费者饮食消费活动的情绪过程内容，了解社会阶层因素对饮食消费心理的影响等陈述性知识；用其指导“本章复习与思考”相关作业题；体验“饮食消费心理干预”中“饮食消费者情绪消费控制”的“传承型学习”及其迁移。

学习和把握服务人员应具备的心理素质与情绪管理能力内容，了解饮食服务人员心理情绪管理的主要问题、饮食服务人员心理素质的培养等陈述性知识；用其指导“本章复习与思考”相关作业题；体验“饮食消费心理干预”中“饮食消费服务者的情绪劳动管理”的“传承型学习”及其迁移。

学习和把握厨师个性心理特征与管理内容，了解厨师的需求管理、厨师的工作动机与兴趣管理等陈述性知识；用其指导“本章复习与思考”相关作业题；体验“饮食消费心理干预”中“饮食生产者的情绪劳动管理”的“传承型学习”及其迁移。

学习和把握经营人员的心理活动过程对饮食消费经营活动的影响、经营人员的个性心理特征对经营活动的影响、培养饮食消费经营人员个性心理内容，了解经营人员与饮食消费顾客的交互心理影响、经营人员与饮食消费顾客之间冲突的调解、个体饮食消费经营人员心理干预等陈述性知识；用其指导“本章复习与思考”相关作业题；体验“饮食消费心理干预”中“饮食经营者的情绪管理”的“传承型学习”及其迁移。

内容结构图

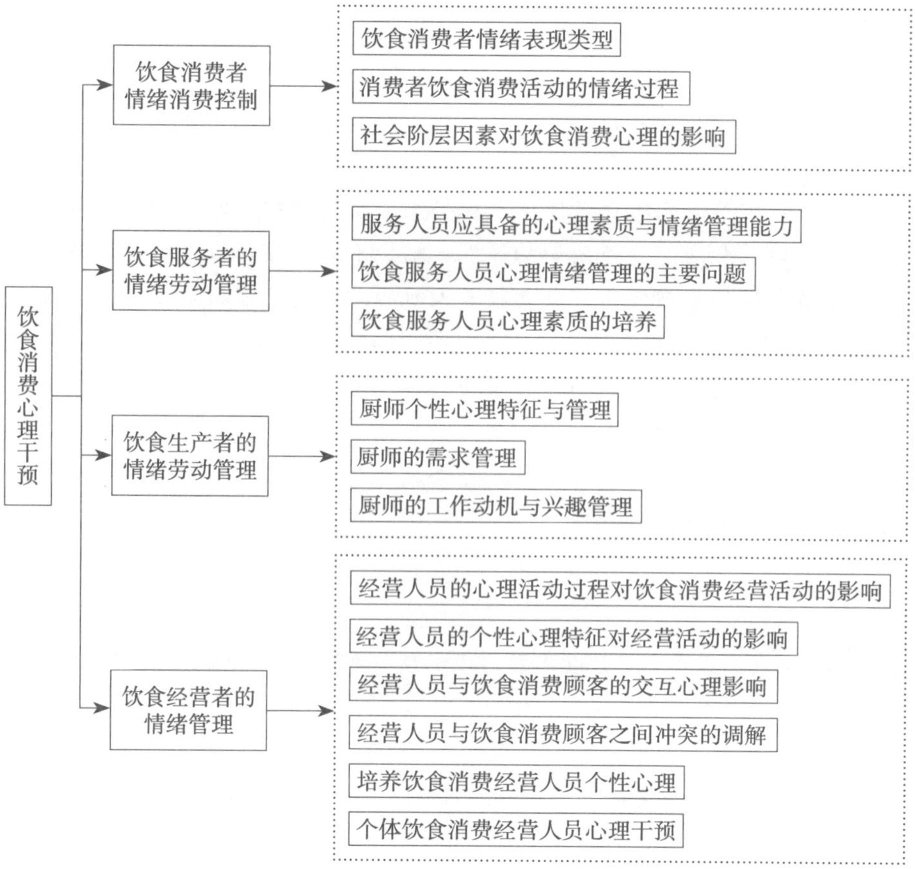

第一节　饮食消费者情绪消费控制

情绪一般指与生理的需要和较低级的心理过程（感觉、知觉）相联系的内心体验。情绪一般由当时特定的条件所引起，并随着条件的变化而变化。所以情绪表现的形式是比较短暂和不稳定的，具有较大的情景性和冲动性。某种情景一旦消失，与之相关的情绪就会立即减弱或消失。消费者进行饮食消费活动时可以感知外部特征产生积极的情绪体验。

一、饮食消费者情绪表现类型

1．饮食消费者情绪的表现形式

在现实生活中，消费者表现出来的情绪是多种多样的，同一种情绪所具有的强度在不同场合也有一定的差别。根据情绪发生的强度、速度、持续时间的长短和稳定性方面的差异，可以将饮食消费者情绪的表现形式划分为以下四种（表7–1）。

表 7–1　饮食消费者情绪的表现形式

情绪	概念	特性	应用特点
心境	心境是一种比较微弱、平静而持久的情感体验，通常叫作心情。心境并不是对某一事件的特定体验，而是以同样的态度对待所有的事件，让所遇到的各种事件都具有当时心境的性质	具有弥散性、持续性和感染性的特点，在一定时期内会影响人的全部生活，使语言和行为都感染上某种色彩	在消费活动中，良好的心境会提高消费者对饮食消费品、服务、消费环境的满意程度，推动积极的购买行为；相反，不良的心境会使人对诸事感到厌烦，或拒绝购买任何商品，或专买用以排愁解闷的消费品。如“借酒浇愁”的人，会有买酒的消费行为
激情	激情是一种强烈的、爆发式的、持续时间较短的情绪状态，具有明显的生理反应和外部行为表现。由重大的、突如其来的事件或激烈的意向冲突引起。如狂喜、暴怒、恐怖、绝望等	具有瞬息性、冲动性和不稳定性的特点，发生时往往伴有生理状态的变化，有积极和消极两种表现。在积极状态下人能超常发挥个性潜能。在消极状态下人的行为也可能失控，甚至会发生鲁莽的行为	消费者购买到心仪已久的商品时会欣喜若狂，受到产品服务提供者不友好、不礼貌的接待时暴跳如雷，都是激情状态的表现。消费者处于激情状态时，其心理活动和行为表现会出现失常现象，理解力和自制力也会显著下降，以致作出非理性的冲动式购买举动
应激	应激是在出现意外事件或遇到危险情景时出现的高度紧张的情绪状态，是一种强有力的、稳定而深沉的情绪体验，如向往、热爱、嫉妒等。在应激状态下，人可能有两种表现：使活动抑制或完全紊乱，甚至可能发生感知、记忆的错误；或多数人会将各种力量集中起来，以应对这种紧张情况	一般而言，短时的应激能提高人对环境的适应力，但长时间处于应激状态则不利于工作的正常进行	饮食服务工作者在工作中应尽量避免不必要的应激状态的出现，并且在面对应激时，保持头脑清醒，保证饮食服务工作的顺利进行
挫折	挫折是一种在遇到障碍又无法排除时的情绪体验，如怨恨、懊丧、意志消沉等	挫折具有破坏性、感染性的特点	消费者处于挫折的情绪状态下，会对宣传、促销劝说等采取抵制态度，甚至迁怒于服务人员或采取破坏行动

2．饮食消费者情绪类型

就情绪表现的方向和强度而言，消费者在购买过程中所形成的情绪，还可以分为：积极情绪、消极情绪和双重情绪三种类型（表7–2）。

表 7-2　情绪的类型

情绪	表现	影响
积极情绪	有喜欢、满足、快乐、欣慰等	积极情绪能增强消费者的购买欲求，促成购买行为
消极情绪	有厌烦、不满、恐惧等	消极情绪会抑制消费者的购买欲望，阻碍购买行为的实现
双重情绪	经常表现为既喜欢又怀疑；基本满意，又不完全称心等双重性	由于消费者的情绪体验主要来自产品和服务两个方面。当二者引起的情绪反应不一致时，就会出现两种相反情绪并存的现象，如优质高价

二、消费者饮食消费活动的情绪过程

消费者在购买活动中的情绪过程大体可分为四个阶段。

1．悬念阶段

消费者产生了购买需求，但并未付诸购买行动。此时，消费者处于一种不安的情绪状态。如果需求非常强烈，不安的情绪会上升为一种急切感。

2．定向阶段

消费者已面对所需要的商品并形成初步印象。此时，情绪获得定向，即趋向喜欢或不喜欢，趋向满意或不满意。如果在定向阶段消费者的情绪趋向喜欢或满意，那么这种情绪现在会明显强化，强烈的购买欲望会迅速形成，并可能促成购买决策的行为。

3．冲突阶段

对商品进行全面评价。由于多数商品很难同时满足消费者多方面的需求，因此，消费者往往要体验不同情绪之间的矛盾和冲突。

4．购买阶段

如果积极的情绪占主导地位，就可以作出购买决定，并付诸实践。

三、社会阶层因素对饮食消费心理的影响

社会生活中，每个消费者都归属于一定的社会阶层。它们的消费观念、生活方式必然要受到所属阶层的制约和影响，因而同属某一社会阶层的消费者在消费心理和消费行为上会有许多相似之处，而不同社会阶层的消费者则表现出明显差异。

1．不同社会阶层的消费特征

（1）消费倾向不同　一般而言，社会阶层越高，其储蓄（主要用于投资）倾向越强，消费倾向越小；社会阶层越低，则其消费倾向越大，储蓄倾向越弱。

（2）消费内容、消费方式的选择不同　一般而言，消费者所属的社会阶层越高，其消费越追求全面发展；而社会阶层越低的消费者，其消费显得越单调。

（3）对消费信息及其传播方式的选择不同　一般而言，高阶层的消费者更加注重对产品出处的调查和选择，他们的消费行为对信息的依赖性较大。他们易接受公共媒体所发布的消费信息，对商业广告等多抱有谨慎的态度；而阶层较低的消费者一般不进行过多的信息调查，他们对产品信息、价格信息等没有太大的选择欲望，对消费信息较少持批判的态度，容

易被广告等所打动。

（4）对产品档次需求的不同 一般来说，高阶层的消费者居住条件良好，他们对室内装潢设计的要求高，对高档家具、厨具等的购买力都很强；而一般阶层的消费者则较少有这些消费目标。从我国目前的情况看，阶层消费已悄然兴起，中产阶层正逐渐崛起，成为一个稳定的社会购买力群体。

2. 群体消费情绪特征

处于不同社会阶层的消费者，不仅收入水平、职业特点不同，而且在饮食消费观念、审美标准、消费内容和方式上也会有明显差异。社会组织如政府、学校、军队、企业、医院等是消费者参与社会实践活动的主要场所，其工作性质、组织结构及活动内容同样会给人们的生活消费带来某些限制和影响。各种群体通常会对饮食消费者产生示范或诱导作用。饮食消费者往往会有意识或不自觉地模仿、追随参照群体的消费方式，来指导自己的饮食消费选择。

知识拓展

小业主情绪消费特点 他们有很强的自我意识和自我控制能力。有丰富的社会阅历，有既定的生活方式和比较固定的行为模式，消费潜力极大。经验丰富，理智性强，注重产品的实际效用、价格与外观的统一，一般不会感情用事，冷静理智地进行分析、比较、判断与挑选，使自己的购买行为尽量正确、合理。有求美需要，饮食消费者普遍有追求食物颜色、外形等综合表现出来的美感的需要。餐厅的环境、服务员的仪容仪表都会影响就餐者的情绪。

公司情绪消费特点 他们更注重个人气质和内涵的体现，注意建立和维护与自己所扮演的社会角色相适应的消费标准与消费内容，往往用更高档的商品显示自己的成就和社会地位。喜欢购买一些高档的超出一般消费水准的食物，以显示其经济的富裕、地位的特殊、能力的出众，通过选择高星级饭店和高规格的菜肴、名点来表达自己相应的心情。讲究平衡膳食、合理营养，以达到健身、健美的目的。注意环境、器皿、情绪以及食物的形状、口味、色泽。

政商宴请情绪消费特点 注重身份，稳定性强，消费者正处于人生的成熟阶段，他们大多数生活稳定，具有明显的品牌意识。他们向上发展的希望比较强烈。政商宴请餐饮费用一般是有固定标准的，依据不同等级招待标准制定的菜谱必须考虑：依据要宴请接待的主宾用餐的习惯；依据来宾对象的饮食习惯；最大限度地发挥酒店特色和品牌菜作用；注重客史档案的搜集和应用；严把菜谱中的第一道菜肴关；坚持大菜与风味小吃结合，特色菜与地方土菜结合，主宾饮食习惯结合。

医院情绪消费特点 讲究实惠，追求方便实用、经济合理，量入为出，计划性强。多数对食物的价格极为敏感，都希望以较少的货币换取较大的物质利益，产生对物美价廉、经济实惠的食物的追求。这与饮食消费者本身的经济条件和购买力有关。饮食消费行为的目的十分明确，表现为饮食消费者通过饮食消费期望达到有目的、有计划地摄取食物、摄取营养物质来延续生命的结果。对食物的要求是单纯的本能的要求（以充饥为主要目的）。

院校情绪消费特点　追求个性独立，希望确立自我价值和完美的个性形象。内心丰富，热情奔放，思想活跃，具有冒险精神。注重情感、冲动性强，表现出强烈的追求新颖时尚、追求美的享受的倾向，喜欢具有个性的产品。在经济收入条件的限制和约束下，去寻求食物的实惠性，并且使自己的主观意识与之适应。根本目的是满足生理需要，在某种情境下，也要满足精神需要。任何一种食物要想引起饮食消费者的注意和兴趣，吸引他们饮食消费首先必须能够满足他们的饮食需要。

第二节　饮食服务者的情绪劳动管理

目前，饮食业处于激烈的市场竞争阶段，这主要表现在饮食业服务人员素质的竞争，因为服务人员的工作是直接面对和服务于消费者，餐饮企业为饮食消费者提供货真价实的美味佳肴，舒适、雅致的就餐环境以及奇思妙想的营销服务方式，最终都要靠经营服务人员的精心工作、热情服务和娴熟的服务技巧得以体现和完成。服务人员工作质量，不仅直接影响饮食消费者的进餐，而且关系到企业的声誉与生存，服务人员是饮食消费活动重要参与者，服务人员工作能力包括职业技能操作和情绪管理等能力。

一、服务人员应具备的心理素质与情绪管理能力

饮食业服务人员的心理素质，是指服务人员履行职责和完成服务活动所必须具备的包括动机、情感、意志、能力、性格、气质等心理品质。这要求我们必须帮助服务人员树立正确的动机，培养服务人员的情感品质、意志品质和能力素质。综合饮食服务业的经验，服务人员应具备的心理素质有以下几方面。

1．工作动机要端正

动机是激励人去实现一定目标的内在原因。人们的一切行动是从一定的动机出发并指向一定的目的。动机产生于需要，而服务人员应该以个人的需要服从国家和企业的需要为前提，充分认识饭店服务工作的社会意义，树立敬业思想。

2．尊重服务职业

对自己从事的服务工作要尊重。从事饮食服务的员工特别是服务人员必须尊重自己的工作职业，努力培养专业兴趣。兴趣产生在需要的基础上，应当明确服务职业的价值，掌握必要服务知识和技能，做出平凡工作中不平凡的价值。

3．情感要高尚

人的情感具有倾向性。对饮食服务工作的热爱和对饮食消费者的尊重与体贴，是服务人员情感的重要方面，也是优秀服务员的必备条件。热爱本职工作是服务人员的责任感和荣誉感的具体体现，这种高级情感是驱使服务人员刻苦钻研业务技术，努力提高服务质量的内在

动力。尊重和体贴饮食消费者是服务人员高级情感的具体表现。例如，服务人员在服务过程中，应以鲜明的面部表情、动作表情和声音表情这些流露在外表的情感，去表达自己对饮食消费者的友爱和关心，有效地感染饮食消费者，就能引发就餐者的积极情绪。这就要求服务人员在服务态度上要热情接待，笑脸相迎，服务周到，热心为饮食消费者办好事。只有这样，情感才能符合社会主义道德价值观的需要。

4. 意志要坚定

人的意志是否坚强，是心理品质好坏的一个重要标志，也是做好饭店服务工作不可缺少的一个重要条件。饭店服务工作接触人多，且工作比较劳累，有时还得不到人们的理解和支持，所以，会遇到这样那样的困难。例如，工作的劳累感、人际交往中的烦躁感、工作单调的乏味感等。这就要求服务人员要通过实践锻炼，养成独立、果断、坚强和自制的品质，以适应饭店服务工作的需要。饭店服务工作较其他服务工作更为烦琐，所以最容易产生厌倦情绪。正因为如此，应重视服务人员的意志培养，使其养成不怕困苦和勇于战胜困难的坚强意志。坚强的意志还体现在改革开放的条件下“拒腐蚀、永不沾”的自制力。

5. 性格要开朗

性格是个性中十分重要的心理特征。性格开朗是饭店服务人员在性格方面的优良品质之一，它表现在以下几个方面：一是对待饮食消费者的态度是正直、诚恳、富于同情心和善于交往；二是对待工作的态度是认真、勤劳、负责；三是对待物品的态度要爱惜、保护，勇于和犯罪做斗争；四是谦虚、好学、自信。开朗乐观的性格不仅对饭店服务工作有利，而且对服务人员自己的身心健康也有益。所以，饭店服务人员应该把开朗乐观的性格作为必备的心理品质予以重视。

6. 能力要提高

能力，是直接影响活动效率、保证活动得以顺利完成的个性心理特征。能力又分为一般能力和专业能力。一般能力简称智力，是注意力、记忆力、思维能力和想象力等能力的总和。其中，注意力、记忆力、思维能力是与饮食业服务工作密切相关的一般能力。就餐饮服务人员所需的专业特殊能力而言，主要有协调沟通能力、敏锐的观察能力、相关的专业知识以及营销服务技能等。

二、饮食服务人员心理情绪管理的主要问题

1. 服务人员情绪管理障碍心理

心理学的基本原理告诉我们，人们的心理活动是客观事物即外部条件的反映。饮食业经营服务人员的心理素质由于受到多种环境因素的影响，加上个体之间在年龄、性格、文化程度以及思想觉悟上的差异，使一部分服务人员产生一些心理障碍。尽管大部分服务人员的心理素质是良好的，但一部分人的不良心理素质长期存在下去，势必影响饮食服务质量的提高。因此，必须引起我们的重视，并加以纠正。

（1）尊严缺失心理　由于传统观念的影响，以及部分顾客消费时表现的歧视态度，造成服务人员认为做餐饮服务工作整天“伺候人”“没出息”“低人一等”，因而产生饮食服务工作没有职业尊重的心理。

（2）消极心理　消极心理是一种对学习、工作、生活缺乏内在动力的表现。有些饮食经营服务人员认为从事饭店经营服务工作前途“渺茫”，这种消极心理的外在表现就是不求上进，工作不认真，效率低下，态度上冷淡生硬。

（3）逆反心理　个别饮食业经营服务人员由于个人愿望未能得到满足，甚至产生嫉妒和报复心理。表现为对上级顶撞，不服从管理，对同事格格不入，对规章制度视而不见，对饮食消费者缺乏热情，甚至出现和饮食消费者吵嘴打架的现象。这种逆反心理如不及时纠正，将给饮食服务工作带来极大的危害。

2. 产生心理障碍的原因

饮食业经营服务人员产生心理障碍的原因既有客观因素，也有主观因素。主要有以下几方面。

①思想政治工作薄弱，经营服务人员未能树立正确的人生观和全心全意为饮食消费者服务的思想。

②待遇低，业余活动单调，物质生活条件差。

③工作时间长，起早带晚，经常加班，比较劳累，得不到充足的休息。

④缺乏职业培训，文化素质偏低。

⑤自卑感的保护性反抗。

⑥长时间的与服务对象打交道产生烦躁心理，以及对来自服务对象方面无理取闹的反击。

三、饮食服务人员心理素质的培养

心理学认为，人在改造客观世界的过程中，也对自己的心理素质进行改造，人的心理素质有很大的可变性和可塑性。人的心理素质的形成和发展固然依赖于大脑机能，但更主要的是取决于人的社会生活条件。饮食服务人员优良的心理素质的形成和发展，主要是依靠后天的自我修养和活动实践，以及接受思想教育和品质培养。因此，作为饮食业，必须采取各种方法和措施，培养服务人员的情绪劳动管理能力。进行有效的心理引导与培养，一般可采用下列方法和措施。

1. 满足正当需要

了解经营服务人员的心理需求，引导他们选择正确的主导需要。在服务人员心理素质形成和发展的过程中，他们的心理需求起着重要的作用，因此，培养和矫正经营服务人员的心理素质，必须善于对他们的心理需要进行认真的了解和分析，掌握其主要的、迫切的需求。经营服务人员的心理需求是多方面的，既有物质生活方面的需求，也有精神方面的需求；既有正确的，也有片面的；既有主要的，也有次要的；既有合理的能够满足的，也有虽合理但暂时不能满足的。我们要把握其主要的、正确的、能够满足的需求加以引导，把个人利益的需求和社会、饭店的利益结合起来，促进经营服务人员优良心理素质的形成。

2. 增强自我意识

了解经营服务人员的个性特征，增强其自我意识的能力。服务人员的多种心理素质表露，主要受其心理活动的两大因素制约：一是定势因素，主要指气质、能力、性格等；二是动势因素，主要指世界观、人生观、情感等。这两大因素互相作用，很大程度上决定了服务人员的心理素质，支配着他们的服务行为。因此，培养和矫正服务人员的心理素质的一个重要工作，就是要在了解服务人员个性心理特征的基础上，因人而异，“一把钥匙开一把锁”，进行自我意识的培养。自我意识，就是分析自我、自我批评、自我监督、自我修养等形式，认识人与己的相互关系，以及在多种关系中自己的义务和责任。只要自我意识增强了，人们就能注意发扬自己个性中的优点而抑制个性中的缺点，更关心自己的品德和修养的提高。增强自我意识应该注意个人品德的提高。品德，在饮食服务行业中，主要是反对贪污盗窃，反对铺张浪费，反对损害顾客的利益，提倡团队精神、爱国主义精神等。其方法是：在饭店员工中经常进行职业道德教育；运用典型事例，引导服务人员进行分析评价活动；注意宣传优秀服务人员的高尚品德；树立典型，扩大榜样的影响力；及时正确地实施奖惩激励，运用正负激励的效应促进服务人员心理素质的不断提升。

3．优化环境

优化环境为形成舒畅的心境创造条件。心境是一种较弱的、但能在较长时间内影响主体言行和心理面貌的情绪状态。在培养服务人员的心理素质的工作中，熟悉服务人员的心理背景，有的放矢地改善客观环境，对促进品质修养有积极的作用。服务人员的心境背景主要指服务环境、服务条件、季节气候变化、意外事件的刺激以及个人的生活、生理状况等。所以，要改善心境和创造好的心境，可用下列几种方法。

①优化工作环境，使经营服务人员在劳动中获得美的、愉快的享受，保持精神振奋的心理状态。

②提高设备智能化水平，减轻服务人员的劳动强度，使其增强对本职工作的信心和热爱。

③优化劳动组合，根据个人的兴趣、特长、性格、能力等心理特点，科学地安排工作岗位，增强员工的内聚力、内动力和合作力。

④协调员工之间的关系，使他们团结友爱，造成和谐欢乐的劳动氛围。

⑤改善物质文化生活条件，解除员工的后顾之忧，增强员工对饭店的凝聚力。

⑥密切服务人员与服务对象的关系，增强员工的职业尊严感。

4．培养能力，为服务人员提高心理素质增强信心

通过理论培训和讲座，培养服务人员的思维能力、观察能力、分析能力，丰富他们的知识，为他们的发展打下坚实的基础；通过技能比赛、评级等形式，提高服务人员服务技能和服务技术，掌握为顾客服务的本领；培养服务人员的语言表达能力、注意力、交际能力和文字写作能力等，使服务人员充满信心，对在服务活动中出现的各种错综复杂的现象能应付自如。

综上所述，培养服务人员的心理素质是个复杂的综合体系，既有“软件”也有“硬件”，但只要我们发挥主、客观两方面的积极性，就能培养和矫正服务人员的心理素质。

知识拓展

饮食业服务工作者的一般心理能力

1．注意力

所谓注意力，就是心理活动或意识对一定对象的指向和集中的能力。就饮食业服务工作而言，注意力就是服务人员对服务工作的指向和集中的能力。只有当服务人员对工

作有强烈的责任心和较强的注意能力时，才能更好地排除外界事物的干扰，集中注意力做好本职工作。衡量个体注意力水平高低的重要标准之一是注意的品质。注意的品质包括注意的范围、注意的稳定性、注意的分配和注意的转移四个方面。就注意的范围而言，餐厅的客流量大，服务时间又相对集中。因此，要求服务人员在工作中要有较广的注意范围，做到“眼观六路，耳听八方”，在工作中及时、全面掌握饮食消费者的情况。就注意的稳定性来讲，长时间地保持在感知某种事物或所从事的活动上。比如，餐厅的迎宾员站在门口，就必须对本职岗位保持注意的稳定性，随时注意欢迎每一位光临的饮食消费者，热情为其开门、咨询等。而注意的分配则要求服务人员能很好地在服务活动中实施注意力的分配。例如，餐饮服务人员在上菜时，一方面要熟练托盘操作，避免托盘中的菜肴出现倾斜等，另一方面还要注意到周围走动的饮食消费者和桌椅的布局，以免出现碰撞饮食消费者和桌椅等不愉快的事件发生。另外，饭店服务人员还要善于把注意从一个对象转移到另一个对象上去。注意的转移对做好服务工作具有重要的作用。作为饮食业服务人员，首先，应该将自己的注意转移到全身心投入服务工作中，其次，在服务过程中，应该根据不同饮食消费者的心理特点及其要求，迅速调整和转换自己的注意，并对不同特点和要求的饮食消费者给予令人满意的服务。

2. 记忆力

饮食业的服务对象数量多，饮食消费者之间的口味和要求各异，这就导致了餐饮服务工作具有复杂多样的特点。因此，良好的记忆力对于饮食业服务人员非常重要。如果没有良好的记忆力，点菜员有可能记不全饮食消费者所点的食物而“漏上菜”，甚至可能因记错菜名或混淆不同饮食消费者所点的菜而“上错菜”，也有可能因记忆不好而无法准确地以中文或外语介绍各种菜肴的名称、特点和知识，忘记饮食消费者的特殊要求，混淆饮食消费者的姓名等，这种在服务过程中因服务人员记忆力不好而导致丢三落四、顾此失彼，会给饮食消费者的心理造成极坏的影响。因此，饮食业服务人员要努力培养自己良好的记忆力。

3. 思维能力

在饮食业服务工作中，每天都要和大量的饮食消费者打交道，所遇到的情况很可能纷繁复杂、千差万别。要做好服务工作，服务人员就必须有良好的思维能力，妥善处理好各种问题。一方面要从多角度理解饮食消费者，摆脱自我中心的思维习惯，学会多角度、多角色、全方位思考问题，培养自己良好的思维广度；另一方面饮食业服务人员必须具备这种透过现象看本质的思维能力，才能解决好每天都可能遇到的各种问题。再者，饮食业服务人员还要培养自己思维的独立性、批判性、灵敏性。

第三节　饮食生产者的情绪劳动管理

厨师是饮食业中主要的技术人员，担负着饮食企业主要的生产任务。而生产流程是否通畅、生产管理是否完善、技术力量是否充实、食物质量是否优良、原料利用是否恰当，直接影响到整个饮食业的经营，包括质量的声誉以及营业部门的成本核算。随着社会文化的进步和发展，旅游事业的日益兴旺，对酒店业的要求越来越高，饮食生产部门的作用就更加突出了，这就不仅要求厨师的烹饪制作技术不断提高，更要求酒店管理人员要具备较丰富的管理知识和业务知识，了解厨师的心理特征，只有这样才能搞好饮食企业的管理。

一、厨师个性心理特征与管理

1．厨师能力差异的管理

人的能力各有长短优势，很难划一，这是客观存在的事实。在餐饮管理工作中要充分发挥人力资源，就要考虑人的能力的差异，根据厨师和点心师的能力大小、长短、优劣安排适当的工作，使得人尽其才，才尽其力，使人人都能充分发挥所能，各得其所，从而促进饭店生产任务的完成。要使厨师的能力最大限度地发挥出来，对管理过程来说，应做到知人善任，量才适用。

承认差异、了解差异，不同的人，其能力水平是不一样的，也就是说，在能力问题上存在着明显的个性差异。人的能力差异主要表现在三个方面。

（1）智能水平、智能类型和表现早晚　一个人的能力发展水平与所从事职业之间存在着密切联系，在选拔和培养厨师时，除了必须进行正常的选拔外，还必须进行必要的心理测量。心理测量法在西方各国均被普遍采用。目前，在我国的就业面试中也开始采用心理测试，甚至建立员工心理档案。因此，对厨师进行技能考核和心理测试，了解厨师的心理差异和技能差异，对加强厨师管理是十分有益的。

（2）根据能力差异实施不同的职业技术教育和培训　厨师的专业知识和技术水平高低，是决定饭店有形食物的数量和质量的关键问题。因此，企业应根据厨师智力发展的不同水平，施以不同的职业教育和训练。对于少数天才或智力优异、训练有素的技术人员，应该为其创造条件，予以深造。

（3）事得其人，人得其所　厨师的能力差异是十分明显的，有的擅长烧烤、有的擅长食雕，有的擅长川菜、有的擅长粤菜，有的擅长红案、有的擅长白案，就要量才使用，做到能力与职位相统一，使厨师有适合于自己的工作。同时，要做到肩负的责任与其能力大小相适应，量才聘用，各得其所，既要做到不大材小用，还要注意与其所在集体能力结构相适应，发挥高效能的“集体力”“亲和力”。对于各种有特殊才能的技术骨干，应用其所长，为他们提供发挥聪明才智的机会。

2．厨师气质差异的管理

气质具有先天性和稳定性。俗话说“江山易改，本性难移”，但并不等于不能改变。心理学认为，气质这种比较稳定的心理特征，是在人的生理素质的基础上，在后天影响下形成的，并受人的世界观和性格等控制，通过实践和教育，也是可以改变的，应该顺应厨师的气质特点和对其气质进行积极调节，使之与酒店或餐厅的性质和任务相协调、相统一。

（1）了解厨师气质类型，因势利导，扬其所长　气质类型表现为心理特性和神经系统基本特性的典型结合。例如，感受性是神经系统强度特性在心理上的表现，但有的也可能是两种特性的结合，如情绪兴奋性，既表现着兴奋和抑制过程的程度，也表现着二者的平衡性。由于人的心理反应可以从多方面表现出神经系统的基本特性，因此从人的心理反应可以了解和测定气质类型。在一般性活动中，由于气质各种特性可以起到互相补偿的作用，因此对活动效率的影响并不显著，但是在选拔特殊专业工作人员时，对气质的要求就比较严。例如，有些工作需要反应迅速、动作灵活的人；有些工作需要能够持久和细致的人。酒店或饭店内不同的专业岗位，一般都需要与之相适应的气质的人。例如，厨师要操作迅速，反应敏捷，能够承受较长时间的站立工作。所以管理时必须考虑工作需要、员工气质、工作岗位的适应协调。

（2）针对厨师的气质特点，因材施教　对不同气质的厨师应采用相对应的管理措施。比如说学习方式的选择，胆汁质、多血质比较明显的厨师，感知反应速度较快，对学习内容掌握较快，易于适应多变的学习方式；黏液质、抑郁质的厨师，感知速度略慢，理解学习内容的过程较长，较难适应多变的学习方式。因此，在组织教育活动时，应因材施教，选择适当的教育方式，掌握教育内容的多少、难易和教育进度的快慢。对于不同气质的厨师施行不同的管理方法，扬长避短，发挥出他们的特长、专长和聪明才智。

对胆汁质较为明显的厨师，应发展其热情、直爽、精力充沛等特征，锻炼其自制力，克服易于急躁、待人粗暴、有时孤僻等弱点，对于这种人，一般可以给予经常性的监督，有时可以采取较为严厉的态度；对多血质较为明显的厨师，应发展其主动、乐观、反应灵活等特点，注意多提供活动机会，并注意促使他们养成扎实、专一、坚持到底的韧性，克服有时轻率的弱点，对这种人需要周期性地激发其责任感，检查他的工作效果；对黏液质较为明显的厨师，应发展其细致、坚韧、处事稳重等特点，要给予考虑问题、准备行动的时间余地，还要给予相应的教育任务，使其置身于需要快速反应的条件之中，培养当机立断的品质，对这种人要进行系列的检查，在某些情况下还要提出较为严格的要求；对抑郁质较为明显的厨师，应当多予以关心、体贴，发展其细心、负责、观察敏锐等特点，要根据其接受能力，激发其勇于进取的决心，对于这种人，要力戒简单生硬、过急的要求。

在批评方式上注意区别对待。胆汁质的厨师，易对当场的批评表示不满，轻易不要当众批评或激怒他，这种厨师一旦冷静下来，思想问题解决较快；对于多血质的厨师，严格的批评、高亢的语调，可以起到约束的作用；对黏液质的厨师，不要冷淡或求之过急，要留有做出反应、考虑问题的时间；对抑郁质的厨师，不宜公开指责，这种厨师当场可能不会有明显的反应，但若忽视事后的工作，会削弱其活动能力，降低活动的信心，甚至长期生闷气。

（3）把握厨师的不同特点，进行适度的引导和调节　所谓调节，主要是指抑制或者克服各种气质的消极方面，并促使其向积极方面转化。从总体上说，厨师的气质是相对稳定的，是较难发生变化的，即使发生变化也是缓慢的，但终究还是可变的。主要原因有两个方面：一是神经活动的特征具有一定的变异性；二是环境教育可在一定程度上影响气质的发展方向。因此，在管理中对厨师气质进行引导和调节是必要的，而且是可能的。

（4）启发厨师自我调节，加强气质修养　厨师的气质特征受到其智力水平、修养水平、意志水平等的影响。因此，可以针对自身气质的特点，进行自我调节。主要方法有：第一，自我节制。就是自己控制，自己调节，在此主要是对协调人际关系而言。例如，意志坚强的人，能以理智战胜冲动；讲究修养的人，待人接物举止适度；懂得自我节制的人，即使是胆汁质的人，盛怒之下，也能强压一腔怒火；或者虽是抑郁质的人，也可强使自己不示弱，又不慌乱。第二，心理适应。主要是指客观环境不能人为地改变时，主观能动地自行调节，达到与之协调。在此主要是指人机协调而言。应该认识到，每种活动必然发展相应的活动速度和动力。当自身气质与职业要求或者说是劳动机器制约的客观环境不相一致时，应当自觉培养活动要求的气质品质。例如，胆汁质的人，起初常难完成要求运动平衡、相应速度的炒菜动作，表现出不耐烦、冲动，但随着活动，会逐步巩固心理过程的速度和动力，使气质服从活动的要求。

3．改造厨师的不良性格

性格主要是在后天环境中形成的。环境影响不同，人的性格也各异。培养厨师对社会、对饭店有益的良好的性格，是饭店心理建设工作的重要任务。改造厨师的不良性格，是饭店思想政治工作的一项复杂的系统工程，需要遵循一定的原则，主要有：

（1）注重治本　改造厨师的不良性格，需要重视矫正不良的行为习惯，改变与这些不良行为习惯相应的基本态度，治标与治本相结合，重在治本。

（2）因人施教　厨师性格中有共性也有个性，改造厨师的不良性格，要实行点面结合，既要做好面上的培养和改造，更要针对每个人的特点因人施教。

强调实际锻炼。人的性格主要是在后天环境中形成的。要把改造厨师不良性格的工作，贯穿饭店的学习、劳动、服务以及日常生活的一切活动中，坚持在生活中锻炼，在生活中改造。

（3）扬优去劣，扬长避短　有这样或那样不良性格的厨师也有其性格上的优点和长处，应当努力寻找工作对象性格中的“闪光点”，加以耐心引导、挖掘和利用，以达到扬优去劣、扬长避短的目的。

（4）以自我修养为主　自我修养或自我教育，是培养和改造厨师性格的重要途径之一。自我修养包括自我分析、自我控制、自我努力、自我鼓舞、自我监督等。

（5）持之以恒　性格具有相对稳定性，改造厨师的不良性格，不能操之过急，而必须从根本做起，从基础抓起，从点滴教育入手，耐心培养，长期坚持不懈地做工作。

知识拓展

厨师不良性格

性格	特点	改造
闷葫芦	喜欢单身独处，孤芳自赏。平时少言寡语，但内心并不平静，情绪常受压抑；多愁善感，对周围的事物异常敏感，经常猜疑、揣度别人的心理。多见于抑郁质和黏液质气质。抑制优于兴奋，心理活动往往都倾向于内，过于自卑，缺乏交往的勇气。长期置身于逆境之中，多次遭到重大的挫折和打击，或者自幼生活在缺少爱和理解的家庭及集体环境中	一要主动和他们交朋友。此性格的厨师对内心体验非常深刻，十分渴求别人的友谊和尊重，但又怯于与人交往，因此，应主动利用各种机会与他们接触，经常关心他们的思想和生活，主动交谈一些他们感兴趣的问题，使他们亲身感受到对自己的关心、爱护，从而打开心灵的大门。 二要引导他们多参加集体活动，用集体活动的欢乐冲洗他们心中的苦闷，通过相互交往，使他们增进对同事的了解，学习别人的长处，真诚帮助，体会到心理开放的好处。 三要帮助他们充分认识孤独闭锁性格对身心健康的危害。缺乏必要的社会交往，头脑就为知识与情感的荒漠；长期心理闭锁，不与外界交往，自己成为社会或集体中被“遗忘的角落”，而一旦被人遗忘，又会进一步助长孤独感，对人生丧失信心，生活失去欢乐，形成不良循环

续表

性格	特点	改造
固执倔强	固执己见，偏激任性，自以为是，妄自尊大，一意孤行。不计后果好坏，也不顾及别人的劝阻。尤其是黏液质和胆汁质气质的厨师，在高级神经活动类型上同属于不灵活型，反应缓慢，注意稳定而难以转移。这种气质上的特点，反映在认识活动上，就表现为过于固守自己的意见，难于接受别人的意见或观点；反映在行动上，则一意孤行，盲目蛮干	一要帮助他们树立正确而适当的自尊心。过强的自尊心，往往容易变成自负。因此，对固执倔强的厨师要积极引导，帮助他们树立正确而适当的自尊心，从而促进他们的进步和发展。 二要帮助他们克服偏激的认识。固执和倔强常是由认识上的偏激引起的。此类厨师看待事物、处理问题容易偏激，容易走极端；认识上的偏差往往引起情绪激动，反而又加剧了认识上的偏差。因此，要耐心帮助他们克服偏激的认识。 三要积极调适他们的逆反心理。逆反心理也是形成厨师固执、任性的重要原因。应当不断改进教育内容和方法，使厨师乐于接受；增强与厨师情感上的沟通和交流；关心和理解厨师。 对此性格的厨师，既不能放任自流，抱不负责任的态度，也不能有无可奈何的悲观情绪，更不能操之过急，而要有诚心和耐心，循循善诱，热情开导
妒忌	一是恨别人强过自己，他们总想居人之上，站人之前，嫉恨别人争先和强过自己；二是幸灾乐祸，对于那些与自己不相上下的人的不幸，他们不但不同情，反而庆幸，甚至说些风凉话，落井下石；三是胸怀狭窄，他们气量较小，容不得人，见到别人胜过自己，就感到有一种无形的压力，认为自己相形见绌了，因而产生一种竞争失败的怨恨情绪	一要通过宣传教育，凡是心理上厌恶的，行动上就能自觉与之决裂。必须反复声明妒忌是一种消极的心理，既伤害别人又坑害自己，还危害集体团结的道理，使有妒忌不良性格的人内部产生动力。 二要帮助他们深化对事物发展规律的认识。社会没有人与人之间的竞争就会停滞，只要有竞争，就必然会有人超前，有人居后，企图永远与别人齐头共进、平起平坐只能是一种幼稚的想法，尤其是在市场经济迅速发展的今天更是这样。消除害怕竞争的心理，摒弃对强者、胜者的妒忌心态。 三要积极创造条件，培植和发展同志情谊。彼此有共同的利益都不会妒忌，应通过建立明确、一致的集体目标，经常开展各种互助互利的集体活动，增进团结、友谊和相互了解。只有帮助员工克服狭隘的“自我”束缚，才能从根本上矫正妒忌的性格
爱虚荣	一是喜欢炫耀，爱讲面子，有一点成绩便在人面前吹嘘，生怕被埋没，每当听到赞扬便沾沾自喜，受到批评便沮丧自馁；二是不踏实，他们想进步，但又不想努力，有时讲得好，做得差，爱干表面出成绩的事，喜欢在领导面前表现自己；三是爱摆阔，喜欢抬高自己。在生活上爱摆阔气，追求时髦新潮，在工作上喜欢抬高自己，明明办不到的事，硬说能办到，明明自己不行，偏说自己行，明明不懂，偏要装懂	一要帮助他们确定正确的人生目标，摒弃狭隘的荣誉观。一个人追求的目标越崇高，对低级庸俗的事物就越不会感兴趣。 二要帮助矫正被扭曲了的自尊心。虚荣心是一种被扭曲了的自尊心。要教育厨师懂得尊重的基础是自己实际作为，而绝不是弄虚作假。弄虚作假，迟早要向“不受人尊重”转化。 三要帮助他们正确地认识和评价自己。虚荣心强的人，大多数缺乏自知之明。自知之明包括两个方面：一是对自己长处和能力有正确的认识和评价；二是对自己的短处和不足有正确的认识。过高估计长处，而实际生活中又达不到；过低估计短处，而实际生活中又难以避免，都会产生虚荣心。因此，要教育有虚荣心者，对自己的现状采取实事求是的态度。 四要培养厨师辨别是非的能力，主要是帮助他们增强自信，不要过多地计较别人的议论，使他们认识到对周围的议论，要先分辨对错，对那些错误的议论，应完全置之不理；对正确的议论则要引以为戒

续表

性格	特点	改造
自卑	每个人都或多或少地存在自卑的心理。但形成一种自卑性格，则往往是当事人长期处于逆境，屡遭挫折，又不能正确对待，心理长期被压抑而导致的。自卑性格的人，一般表现为：忧郁、悲观、孤僻，总觉得自己比别人矮人一头，没有勇气承担自己事实上能够承担的任务，更不敢竞争，安于现状	一要帮助他们正确地评价自己。自我评价的偏颇是形成自卑性格的主要原因。既要如实地看到自己的优点、长处，也要看到自己的弱点、短处。别人能够做到的，自己经过努力同样能做到；别人做不到的，自己也许能够做到。科学地总结经验教训，消除对自己能力的怀疑，坚定信心，增强自信心。 二要教育他们正确地、恰当地表现自己。学会恰当地表现自己，凡事要量力而行，动机不宜过强，期望值不可过高，以免由于失望而导致自卑；应多让他们做一些力所能及、把握性大的事情，并积极帮助他们获得成功。不断地使他们循序渐进地锻炼能力和意志，就能达到增强自信心，进而以自信心取代自卑感的目的。 三要引导他们正确地自我补偿。补偿的方法主要有两种：一是以勤补拙，二是扬长避短。在某些方面的素质低下，可以凭借其他方面的优越条件得到补偿，并起到激励的作用。 四要动员他们敞开心灵大门，积极与他人交往。动员他们有意识地增进同性格开朗、乐观、行为豁达大度的人进行交往。通过人际交往，向他人倾诉自己的心曲，抒发受压抑的情绪，使心情变得开朗；通过了解他人对自己的评价，提高自信心，并从他人那里学到更多的知识，提高自己的学识能力水平

二、厨师的需求管理

厨师个性倾向中的各个因素相互联系、相互影响，在个性倾向中，世界观居于最高层次，它决定着厨师总的个性倾向和态度。

人的需要既有共性的方面，也有个性的方面。由于厨师的需要除有与一般人的需要相同之处外，又有与一般人需要显然不同的内涵，即厨师的特殊需要，包括生理的需要，安全的需要，文化娱乐的需要，自尊的需要，民主与参与的需要，自我实现的需要，求知的需要等内容。

1．选择正确途径来满足厨师的需要

通过组织厨师学习培训，培养多用人才，提高厨师素质。关心、信任、尊重厨师，对作出突出贡献的厨师应实施必要的物质和精神奖励，满足他们自尊和荣誉的需要。在厨房设计、灶具炊具购买、宴席设计、菜肴更新以及饭店的经营决策和奖励措施等各方面，要主动听取他们的意见，满足他们民主参与的需要；密切上下级关系，开展联谊活动，满足友谊和交往的需要等。厨师的需要是多种多样的、发展的，应该随着时代的发展，开创出正确的途径和方法来满足厨师的正当需要。

2．以团队精神、爱国主义和社会主义道德价值观调节厨师的需要

在个性倾向的诸因素中，人生观、世界观处于最高层次，属于支配地位，决定一个人需要的性质和方向，支配着员工对需要的选择，以及采取什么途径来实现需要。对厨师的调节引导，重点应教育他们树立正确的人生观和世界观。首先，要树立辩证唯物主义的认识观。历史唯物主义认为，物质资料的生产方式决定人的精神生活、文化生活过程，生产过程决定

消费过程。无论是精神文化生活的需要，还是物质方面的需要，最终取决于生产发展的水平，不能离开社会的物质条件去追求需要。其次，要树立中国特色社会主义道德价值观。再者，处理好精神需要和物质需要的关系。需要是分层次的，在众多的需要中，总有一种需要占主导地位，主导需要反映着厨师的思想水平和世界观状况。

3．掌握需要平衡，发展不同需要之间的代偿和互补作用

厨师有着多种需要，如有物质的需要和精神的需要，有合理的需要和不合理的需要等。在实际工作中，应通过正确的途径和方法使一些需要得以满足，一些需要则要受到抑制、限制或根本否定。这种情况下就会出现理想与行动、现实与可能之间的矛盾，厨师心理会受到挫折，解决这一问题，除了要进行思想教育外，还要发挥各种不同需要之间的互补作用，保持需要平衡。例如，物质如果一时不能满足需要，那就要在努力改善物质生活的同时，丰富厨师的精神文化生活，弥补物质需要的不足。如果厨师对荣誉的需要不能得到满足，那就要在爱的需要、自尊的需要上给予弥补，使他们体会到企业对他的关心、爱护和帮助，这样有助于排解厨师由于需要没有得到满足而产生的抱怨、发牢骚等消极情绪，振奋精神，努力工作。如果不注意发挥不同需要之间的补偿作用，厨师在需求满足上接二连三地受到挫折，就会失去信心，甚至去追求不正当的需要，或者放弃对高级需要的追求。

三、厨师的工作动机与兴趣管理

动机在需要的基础上产生，但仅有需要还不能构成动机。作为确定的动机，除了原有一定强度的需要外，还要具有激起或满足需要的对象或条件，即诱因。诱因是动机的定向目标，有了它才能使动机处于获取定向目标的动力状态。动机与个体行为的激活或唤起有关。简而言之，动机就是个体激起和维持某种行为的心理状态。

1．厨师的动机心理特征

（1）动机更为复杂多样　人的动机本来就是很复杂的，可以从不同的角度进行多种分类。随着社会的发展，在当前改革的形势下，人们的利益和观念有了新的变化，作为社会成员中的饭店厨师也不能不受到影响，使得厨师的需要更加多样化。厨师的动机也趋向复杂多样化。如首先表现为不同类型的厨师的动机各不相同。农村与城市、新职工与老职工、基层职工与管理人员、已婚与未婚职工、晋升较快的职工与晋升较慢的职工等，都有各自特有的需要与动机。厨师动机的复杂性还表现为同一个人的动机也不是单一的，而是多种动机共存。

（2）动机产生的行为也不尽相同　同一动机产生不同的行为。如金钱的追求，有的采取“君子爱财，取之有道”，有的则不择手段，甚至不顾人格、国格。

（3）动机具有高强度和斗争性　厨师中青年一般是占大多数的。青年人做事情时难免急于求成，因此他们的动机强烈而迫切。一旦某种需要得不到满足，就容易产生较强的不满情绪。又由于每个人的动机复杂多样，在一事当前或某一个特定时期，总有某一种动机居支配地位，其他动机则处于被支配地位。至于何种动机能居支配地位，则需要当事人进行权衡作出抉择，即进行动机斗争。由于青年人涉世不深，缺乏经验，动机强烈而思想又不够老练，就使得动机的斗争较为激烈。

（4）兴趣色彩较浓　兴趣是动机活跃性的表现。青年职工比较活跃好动，他们的行为

容易受兴趣的左右。如果酒店或饭店的各项活动能引起职工的兴趣，就容易取得更好的效果。针对上述厨师动机的特点，我们要注意对之加以引导和调节。

培养厨师正确的行为动机，是餐饮管理的重要任务之一。重点应做好以下几方面的工作：首先要对厨师进行人生观、世界观的教育。使厨师牢固树立“人人为我，我为人人”的观念。这样，厨师就会在同时产生多种需要和动机的时候，能够把符合人民和国家利益的动机作为主导动机，消除那些错误的、狭隘的动机。其次，要从培养兴趣入手，逐渐提高厨师的动机水平。多开展一些符合厨师兴趣爱好的、有益健康的活动，如食品安全、营养卫生、烹调等知识竞赛、烹饪技能比赛、食品雕刻比赛、演讲比赛、歌咏比赛以及其他文化体育活动等。在此基础上，应势利导，使厨师把有关兴趣（如追求知识的兴趣）转移到本职工作上去，积极为饭店多作贡献，从而形成正确而强烈的动机，正确处理好国家、饭店、个人之间利益的相互关系。

2．厨师的兴趣特征

厨师兴趣心理活动的作用主要包括：一是兴趣的培养对他所从事的工作有推动作用；二是对厨师创造性工作态度的形成有促进作用。

人与人之间既存在相同的兴趣，也存在相异的兴趣。因此，饭店管理不仅要把握厨师的共同兴趣倾向，更要细致了解和掌握员工个体之间实际存在的兴趣差异，厨师的兴趣差异主要包括以下内容。

（1）兴趣类型差异

物质兴趣与精神兴趣的差异	物质兴趣表现在对物质的迷恋，并使对物质的需要带上情感的色彩，例如，有的人一味追求金钱，连受奖励也以物质奖励为重。精神兴趣主要指对科学理论、文化艺术、体育锻炼等方面的兴趣。即使在同一兴趣类型中，也存在兴趣内容上的差异
直接兴趣与间接兴趣的差异	直接兴趣是指对事物或活动过程本身的兴趣。间接兴趣是指一个人对于某种事物可能导致的预想结果所抱的积极态度。比如，有的厨师对练厨习艺等竞赛活动本身并不感兴趣，而对通过这一活动可以提高竞争能力、获得效益感兴趣
积极兴趣与消极兴趣的差异	积极兴趣是指对个人心理和思想道德发展及对社会、对他人有作用或有价值的兴趣。消极兴趣是指有害于自己身心健康或有害于集体建设及有害于他人的兴趣。例如，有的厨师打麻将成瘾，进行赌博活动等

（2）兴趣品质差异

广泛与狭窄的差异	指兴趣范围上的差别。厨师兴趣广泛、狭窄不同，一般来说，广泛的兴趣可以扩大信息来源，获得广博的知识，形成新的观念，丰富内心世界，塑造健全的人格
博与专的差异	是指兴趣有无中心上的差异。有些厨师既有广泛的兴趣，又有中心兴趣，既博且专，通过深入钻研，潜心探索，进而在这方面作出了优异的成绩或贡献
持久与易变的差异	兴趣必须稳定而持久，才能推动人深入研究问题，从而获得系统的科学知识，取得良好的工作成绩。有的厨师的兴趣缺乏持久性，他们对一事物发生浓厚的兴趣，甚至达到狂热或迷恋的程度，但这种兴趣又会很快地被另一种兴趣所代替
期望与效果的差异	是指兴趣的效能差异。有些厨师的兴趣只停留在幻想、期望、等待的状态之中，显然不能产生实际效果；有些厨师非常注重兴趣所产生的实际效果，一旦产生某种兴趣就有不达目的决不罢休的精神。这种期望与效果的差异，在厨师中是普遍存在的

（3）兴趣水平差异

猎奇性阅读	既没有明确读书目的，更无计划，仅仅为了消遣解闷和寻求心理刺激去读书看报，选择书目随意性大
娱乐性阅读	是指从丰富自己的业余文化生活、消除工作的疲劳等目的出发，选择一些故事情节复杂、知识性强的书刊阅读，能从所读刊物的内容中自觉接受教育
求知性阅读	是指从成才的需要出发，读书的注意中心是科学文化知识和烹饪实用技术书籍，这部分厨师有自己明确的读书计划和目标，读书学习的系统性、专业性、目的性都比较强
获得全面发展性阅读	是指一切读书活动都是为了丰富自己的知识，增长自己的才干，发展自己的个性，提高自己的觉悟，因而对读书要求层次高，具有顽强的毅力

3．调节和引导厨师兴趣的方法

①针对员工的兴趣差异进行生动活泼的思想教育。

②要调控与优化厨师的兴趣。

③要大力培养厨师健康的兴趣。用成功激励厨师的兴趣，用变化吸引厨师的兴趣，用意志强化厨师的兴趣，用知识启迪厨师的兴趣，用信息诱发厨师的兴趣，用活动体验引发厨师的兴趣，用社会情境促进厨师的兴趣，用价值引导厨师的兴趣，用示范影响厨师的兴趣。

第四节　饮食经营者的情绪管理

饮食消费业经营人员是指饮食消费服务行业的经营管理者，包括餐饮企业经理、餐厅负责人等，以及饮食服务小微企业经营业主。饮食消费经营者的心理活动过程，是指经营人员在经营饮食消费活动中支配其经营行为的心理活动的整个过程，包括意志活动、情感活动和认识活动三个方面。

一、经营人员的心理活动过程对饮食消费经营活动的影响

1．经营人员的意志活动对饮食消费经营活动的影响

经营人员的意志活动，是经营人员自觉地确定经营目标，并为达到经营目标而有计划地组织自己的行为，克服行动中的各种困难的心理过程。饮食消费企业经营人员的意志活动的特殊作用，在于能自觉去确定饮食消费项目经营目标并保证经营目标的实现。意志活动的能动性与制约性的相互作用，推动经营人员心理的发展和变化。其中，意志活动的能动性推动经营人员朝着经营目标前进。意志活动的制约性能使经营人员克服各种障碍，服从经营目标的需要。

经营人员具有明确的努力方向与经营目标，在饮食消费经营活动中就能自觉地以实际行动为之奋斗，即使遇到挫折与障碍，也毫不动摇，从而保证经营活动目标的实现。

2．经营人员的情感活动对饮食消费经营活动的影响

情感活动是由一定的客观事物引起的，离开了客观事物，情感活动是不可能产生的。由于饮食消费项目经营人员劳动的特殊性，他们所面临的饮食消费活动中的客观事物复杂多变，因而经营人员的情感活动也是不同的。例如，饮食消费者消费需求与社会生产的矛盾，购买行为与销售方式或服务质量的矛盾，都会引起消费现象或购买行为等事物不断地发生新的变化，各种事物的不同特点以及事物与经营人员之间所存在的关系不同，使经营人员有着不同的态度，而不同的情感引起不同的经营活动。情感丰富是心理活动高度发展与多方面发展的必然条件，强烈而深刻的积极情感，不仅可以推动经营人员进行有益于饮食消费顾客的各种活动，而且可以与顾客建立更加融洽的气氛。

3．经营人员的认识活动对饮食消费经营活动的影响

经营人员心理活动的初始阶段是经营人员的认识活动，它是指通过经营人员自己的感知、记忆、想象、思维等活动对与饮食消费经营活动相关的客观事物的品质、属性以及各方面联系的综合反映过程。人员世界观的诸方面，如对本职工作社会意识的认知、对经营活动本质特点的认识、对个人需要与企业目标之间关系的认识、对企业利益与顾客利益关系的认识等，都是在认识活动的基础上形成的。经营人员的认识直接影响他们能否接受饮食消费经营活动的经营观念、经营目的，以及为实现经营目的所采用的方法和手段，最终影响饮食消费服务质量和决策的正确性，以及经济效益的高低。

二、经营人员的个性心理特征对经营活动的影响

经营人员的个性心理特征，是经营人员在一定的生理基础上，在一定社会历史条件下，经过饮食消费经营实践活动形成和发展起来的，带有倾向的、本质的、比较稳定的心理特征总和。它体现了饮食消费经营人员个体的独特风格、心理活动以及行为表现。

1．经营人员的性格对饮食消费经营活动的影响

经营人员的性格，是在经营人员的生理素质基础上，在饮食消费经营活动中形成、发展和变化的，对饮食消费经营活动的态度在饮食消费经营方式中经常表现出来的稳定倾向。经营人员个性心理中最核心的内容就是经营人员的性格，它是决定经营人员行为倾向的最重要心理特征之一。有着不同性格的人员在其行为倾向、行为内容方面表现出不同的特点，从而对饮食消费经营活动产生不同的影响。具有内向型性格特征的经营人员，往往很难适应迅速变化的市场环境，但是却能认真思考饮食消费经营活动过程中出现的问题；具有外向型性格特征的经营人员，往往能迅速适应多变的市场环境，但难以从细微变化中发现饮食消费市场机会。具有理智型性格特征的经营人员，常常以科学的方法来指导饮食消费经营活动，但缺乏适应市场变化的灵活性；具有情绪型性格特征的经营人员，在从事饮食消费经营活动过程中我行我素，一旦活动内容与目标不一致，必将给饮食消费企业带来重大的负效应影响；具有意志型性格特征的经营人员，其饮食消费经营活动目标比较明确，往往对实现饮食消费企业经营目标起到积极的促进作用。

2．经营人员的能力对饮食消费经营活动的影响

经营人员的能力，是指与经营人员顺利完成饮食消费经营活动有关的心理特征，是经营

人员从事饮食消费经营活动的本领。经营人员能力的差别，一方面表现在不同的人员有着不同性质的能力，另一方面表现在不同的人员在相同的领域中能力大小的不同。不同的饮食消费经营活动要求经营人员具有不同性质的能力和相应的能力水平。经营人员在饮食消费经营活动各方面的不同能力，决定了他们在该方面活动效率的高低。经营人员的能力性质与其所从事的饮食消费经营活动要求符合，该能力越强，经营活动的效率越高；相反，经营活动的效率就低。

3．经营人员的气质对饮食消费经营活动的影响

经营人员的气质，是经营人员所表现出的心理过程的强度、速度和稳定性以及心理活动的指向性等动力方面的特点，反映了经营人员从事饮食消费经营活动的方式。气质虽然不能决定经营人员的经营业绩，但能影响其情感和行动，以及经营活动的效率，从而对饮食消费经营活动产生影响。具有不同气质类型的经营人员，其饮食消费经营活动方式表现不同：活泼型经营人员具有明显的多血质气质特征，容易和饮食消费购买决策者或购买者接近，容易促成饮食消费者的购买；冷静型经营人员具有明显的黏液质气质特征，介绍菜品服务比较客观，但与购买者有一定的距离，容易就特色高档的饮食服务产品促成消费；温顺型经营人员具有多血质和黏液质的某些气质特征，能够顺从顾客意见，满足顾客的挑选要求；急躁型经营人员具有明显的胆汁质气质特征，对顾客接待热情，能主动推荐服务产品，工作积极性高；沉默型经营人员具有明显的抑郁质气质特征，对饮食消费市场环境变化具有较高的敏感性。

三、经营人员与饮食消费顾客的交互心理影响

在饮食消费经营活动过程中，体现着经营人员与饮食消费顾客之间的交互心理影响。

1．经营人员对顾客心理的影响

（1）饮食消费经营人员的仪表影响顾客对企业的认识　仪表即人的外表，包括容貌、服饰、发型、姿势、风度等，它在人际交往中起着很重要的作用，通常称为“第一印象”或首要效应。它不仅能给对方以不同的心理感受，而且还能影响人们之间相互关系的发展。对营销人员来讲，其仪表风度就显得尤为重要。所以，经营人员的仪表有如企业的“门脸”，其整洁美观的仪容和明朗良好的风度，不仅表现了个人的精神面貌，而且反映了企业文明经商的风貌。它给顾客的视觉印象，直接影响顾客在购买活动中的心理变化和对企业的综合印象。

知识拓展

饮食消费经营人员的仪表给顾客的心理感受、情绪体验

①服饰、发型　服饰、发型虽然表现人的外貌，但反映了人的性格爱好、文化素养、审美情趣。在现实生活中，每个人的打扮是根据个人的兴趣爱好，但大都符合社会流行、消费习惯，符合现阶段仪表美的大致标准。

②服务用语　语言是人们交流思想感情的工具。语言起之于唇、昭之于心。日常饮

食消费服务中，经营接待人员的语言是十分重要的。它不仅用来宣传、销售服务，也用于沟通经营者与顾客之间的感情。因此，一个好的经营者不仅要有一定的文化修养，掌握基本的服务用语，还要在实践中不断探索、总结适应消费者不同心理活动的语言艺术。饮食消费服务经营者的服务语言既要礼貌、简练、精确，又要注意分寸，不说过头话、夸张话，否则适得其反。另外，言谈的举止、说话的声调，以及面部表情也很重要。

③行为风度 经营人员的行为举止主要是指其在服务中的站立、行走、动作等。如果经营人员的行为大方、文雅、热情、庄重，则能给顾客以良好的心理印象。相反，举止轻浮、懒散，则会使顾客产生不良的感觉。

（2）经营人员的服务态度、服务方式影响饮食消费顾客的情感过程 在影响饮食消费顾客情感过程的诸多因素中，经营人员的接待服务是一个极为重要的因素。为顾客着想，向顾客提供必要的接待服务，能够使顾客对企业产生好感。耐心介绍，做好顾客参谋，为顾客提供周到的餐间服务，使顾客产生消费激情。提高饮食消费企业的信誉度，向顾客提供可靠的用餐售后服务，使顾客对饮食消费企业产生积极的评价，从而实现重复性购买消费。

2. 饮食消费顾客对经营人员心理的影响

不同的饮食消费顾客有不同的心理特点，这直接影响经营人员的个性心理特征和情感过程。

顾客的不同饮食消费需要和消费活动中的非理智性，要求经营人员具有较强的分析能力和充分的知识。

顾客的不同个性特征，要求饮食消费经营人员具有较强的适应能力和良好的职业道德。在经营活动中，经营人员与顾客之间所发生的冲突，实质上是双方的需要冲突。

顾客的不同购买动机，要求饮食消费经营人员具有较强的注意力和语言表达能力。

饮食消费顾客的言谈举止影响经营人员的情感过程。在顾客与经营人员的互动过程中，除上述饮食消费顾客个体心理特征外，顾客一举一动、一言一行也对经营人员的情感过程产生明显的影响。

3. 建立经营人员与饮食消费顾客之间的最佳心理气氛

经营人员与饮食消费顾客的心理因素直接影响着饮食消费企业为顾客提供的服务的优劣。这就要求饮食消费企业努力创建一个良好的心理氛围，为促进饮食消费活动提供必要的心理基础。

（1）双方不断交流，实现感情融通 顾客饮食消费过程，也是饮食消费企业经营人员与顾客进行信息沟通和情感交流的过程。在这个过程中，经营人员应以顾客为中心，不仅要耐心向顾客介绍展示产品和服务，而且要认真倾听顾客的意见。这样才能了解顾客的需要和消费动机，引导顾客进行饮食消费行为，更重要的是通过沟通缩短了与顾客之间的距离。

（2）提高顾客的信任程度　顾客的饮食消费点菜等购买过程实际上就是顾客的决策过程，饮食消费顾客希望有人能对其进行帮助了解。经营人员要善于判断顾客的饮食消费意图，对于抱有不同饮食消费目的、具有不同个性心理特征的顾客采取有针对性的服务；并且还要争取顾客的信任，让顾客感觉到经营人员的帮助是发自内心的，不要让顾客感觉到经营人员是在向其推销饮食消费。

（3）提高顾客的满意度　顾客饮食消费的过程也是购买企业劳务的过程，因此，衡量顾客饮食消费的满意度就不能仅仅考虑饮食消费品是否符合顾客需要，同时还要考虑饮食消费企业提供的服务是否符合顾客的饮食消费需要。

四、经营人员与饮食消费顾客之间冲突的调解

经营人员应避免或消除与饮食消费顾客的冲突。经营人员与顾客之间的冲突是饮食消费经营活动中十分消极的因素，它不仅会影响饮食消费行为的完成，而且，还对冲突双方当事人的心理、情绪、行为产生长久的不良影响。经营人员应该采取多方面的措施避免或消除与顾客之间的冲突。

1. 经营人员与饮食消费顾客之间冲突的原因

（1）经营人员与顾客双方情绪的影响　经营人员与顾客在饮食消费现场的情绪好坏是形成冲突的主要因素。顾客要求退换商品时，双方产生争执，导致冲突。顾客在饮食消费活动中，由于种种原因，决定要求退换菜品，而经营人员对此却不予退换，或态度冷淡，激怒顾客，爆发冲突。经营人员与饮食消费顾客性格上的差异，也是形成冲突的不可忽视的因素。

（2）经营人员不能正确对待饮食消费顾客提出的意见而引起的冲突　经营人员不能正确对待、处理顾客在饮食消费时所提出的不同意见，致使双方容易产生冲突。在饮食消费经营活动中，顾客表现出的不同意见主要有：一般性不同意见、没有表达出来的反对意见、顾客自我表现的不同意见、顾客的偏见和成见、顾客的借口等意见形式。

2. 经营人员与饮食消费顾客之间消除冲突的方法

从现代经营理念出发，经营人员与顾客之间的冲突只能从经营人员的角度来避免或消除冲突。

（1）经营人员要时时刻刻为顾客着想，维护顾客的利益　顾客进入饮食消费企业所要购买的不仅仅是饮食产品，还包括服务。即便与顾客接触时出现一些矛盾，产生不和谐，经营人员也能设身处地地为顾客着想，更好地理解顾客的心情，理解他们的处境，从而主动采取措施，消除双方的矛盾和不和谐。

（2）提高饮食消费经营人员的思想修养，增强自我情绪劳动能力　较高的自我情绪管理能力对于经营人员是十分重要的。较高的情绪管理可以使经营人员在任何条件下都能保持冷静的头脑，即使遇到顾客的无理指责和挑剔，也能让对方平静下来，避免冲突的发生。

（3）经营人员要学会处理饮食消费顾客不满意见的方式　在饮食消费经营活动中，形成矛盾冲突的一个重要原因就是饮食消费经营人员不能正确处理顾客的不同诉求，特别是不满意见。因此，经营人员要学会处理饮食消费顾客不同意见的方法。经营人员在处理不同意见时应注意：第一，要认真仔细听取并弄清顾客诉求意见及真实原因；第二，要争取主动改

进产品和服务；第三，要坚持礼貌的接待沟通态度；第四，要依法维护企业权益。

五、培养饮食消费经营人员个性心理

1．提高经营人员经营饮食消费活动的能力

饮食消费经营人员主要应锻炼和提高观察能力、理解能力、判断能力、决策能力、应变能力、人际交往能力，以及饮食消费市场调查和分析研究能力。通过经营人员有意识的自觉的行动来提高自身能力。首先，要了解饮食消费企业工作岗位对经营人员的能力要求；其次，正确估计自己目前的经营能力水平，找出差距；最后，根据能力的差距，进行针对性锻炼和提高。不仅要确定培养项目标准，还要坚持在实践中不断锻炼和提高。

2．适应饮食消费经营人员的气质并且合理安排工作岗位

要正确看待饮食消费经营人员的气质，任何一种气质类型都有其积极和消极的两个方面。例如：急躁型的饮食消费经营人员有积极、生气勃勃等优点，但也有暴躁、任性、感情用事等缺点；活泼型经营人员既有灵活、机敏的一面，也有轻浮、情绪多变的一面；冷静型经营人员有沉着、冷静、坚毅等优点，也有缺乏活力、冷淡等缺点；沉默型经营人员既有情感深刻、稳定的优点，也有孤僻、羞怯等缺点。另外，经营人员也应该根据工作岗位对自己气质类型的需要，努力地磨炼自己，使自己能够成为一名称职的饮食消费项目经营人员。

3．培养和提高饮食消费经营人员的兴趣

通过物质奖励和精神奖励来帮助饮食消费经营人员获得生活与工作上的满足，提供进一步学习的机会，增加从事饮食消费经营活动的期望值，来培养他们从事饮食消费经营活动的兴趣。进行工作再设计，激发经营人员的专业兴趣。通过适当调整经营人员所从事工作岗位，使经营人员对所从事的饮食消费经营工作经常保持新鲜感。通过授予一定的自主权，使经营人员有更大的空间去发挥自己的潜力。

六、个体饮食消费经营人员心理干预

个体饮食消费经营人员的需要，是个体经营者对饮食消费经营业务的一种主观体验，是对某种目标的渴求或欲望。随着时代的发展，社会的进步，个体饮食消费经营人员的需要从低级到高级不断发展，具有强烈的时代感。

个体饮食消费经营人员的需要是其从事个体饮食消费经营活动的内在原始动力。个体饮食消费经营人员从事个体饮食消费经营活动的原因是多方面的，比如历史的机缘、家庭的职业传统、个人创业等。但是，不论在何种情况下选择了个体饮食消费经营，个体饮食消费经营人员都有其对个体饮食消费经营活动的内在需要。

1．个体经营人员对饮食消费经营活动的需要分析

（1）自我发展的需要　个体饮食消费经营人员从事饮食消费经营业务不仅仅是为了求得生存，还要谋求自身的发展。也就是说他们希望通过个体饮食消费经营活动不但能取得物质生活资料，来满足其物质生活的需要，而且能够获得一定的成就，得到社会的尊重，以获得精神上的满足。同时，还希望有足够的经济条件和闲暇时间来发展自己，更好地满足自我实现的需要。

（2）生存的需要　众所周知，人们在社会中生活都必须参加一种活动，从事一种职业，以此来获得维持生命的物质生活资料。在现代社会条件下，从事第三产业，尤其是从事饮食消费活动是一种投资少、见效快、获得利益周期短的职业，能够较容易地满足从业人员对维持生命所需的物质生活资料的需求。个体饮食消费经营人员从事饮食消费经营活动正是为了获得生活中固有的经济保障和生存的安全。这具体体现为个体饮食消费人员对经营利润或收入比例的需求。

（3）贡献的需要　在社会化大生产的条件下，个体经营人员从事的饮食消费经营活动不仅仅是一种谋生和追求个人发展的手段，还是社会再生产的一个重要组成部分，关系到社会产品价值的实现问题。个体经营人员在从事饮食消费经营活动中所表现出来的自觉为顾客提供服务，充分发挥主动性、积极性和创造性，都说明了个体饮食消费经营人员对社会具有的强烈责任感，是满足为社会需求作贡献需要的一种体现。

以上三种需要是个体饮食消费经营人员所共有的，只是由于每一个具体的个体饮食消费经营人员的心理成熟程度不同，使得他们在饮食消费经营人员整个需要体系中所处的地位不同。

2. 个体饮食消费经营人员动机分析

个体饮食消费经营人员的动机，是指个体经营人员为了满足一定的需要所引起的从事饮食消费经营的愿望或意念，是直接驱使个体经营人员从事饮食消费经营活动的内在动力，体现了饮食消费经营活动对个体经营人员的激励作用。从个体饮食消费经营人员的三种需要出发，个体饮食消费经营人员的动机可分为以下三种。

（1）经济型动机　个体经营人员把所从事的饮食消费经营活动看作是谋生的手段。这类人员情绪稳定，工作耐心，一般都能兢兢业业地工作。这类人员的弱点是缺乏远大目标，只着眼于满足生存需要。当运营有保证时，得过且过；满足现状，不求进取。

（2）个人奋斗型动机　个体经营人员把从事饮食消费经营活动看作是自我发展和成就的主要阶梯。这类个体饮食消费经营人员，以家庭经济条件好，生活比较安定，又有一定文化知识和工作技能的中青年为多。他们一般表现为工作积极热情，富有朝气，有比较强烈的进取心和个人事业心，喜欢独立思考，善于开动脑筋，力求以个人的勤奋和聪明才智，以赢得一定的社会声誉，成就某种事业。这类个体饮食消费经营人员的最大弱点是以个人奋斗为主要动力，当工作取得成绩时，容易骄傲自满；当工作受到挫折时，容易悲观消极、自暴自弃。

（3）社会公德型动机　个体经营人员把所从事的饮食消费经营活动看作是贡献社会、服务人类的公益事业。他们具有较高的思想追求，把饮食消费经营活动同社会的公益联系起来。他们能努力工作，贡献自己的聪明才智。

3. 个体饮食消费经营人员的激励

（1）满足个体饮食消费经营人员的合理需要　因为个体饮食消费经营人员的需要是多种多样并且不断变化的，所以，要满足个体饮食消费经营人员的合理需要是很不容易的，一般应从下列方面入手：注重经营人员的先天素质；注重经营人员的后天培养；重视、关心经营人员；合理回报。

（2）由社会或行业组织给予认同　在一定范围内，由社会或行业组织给予经营优秀、品牌良好的个体饮食消费经营者以褒奖，包括摆放证书、奖牌等，树立模范标杆，因为人都有从众心理，会把自己和他人对比，形成一种比学习、比服务的氛围，从而提高经营人员的服务意识和服务水平。

本章复习与思考

1. 什么是情绪？消费者情绪表现形式有哪些？
2. 消费者在购买活动中的情绪过程包括哪几个阶段？
3. 服务人员应具备哪些方面的心理素质？
4. 与服务人员工作密切相关的专业特殊能力有哪些？
5. 培养服务人员的情绪劳动管理能力应采取哪些方法和措施？
6. 厨师的个性心理特征有哪些？
7. 对厨师能力差异的管理通常采取哪些措施？
8. 厨师中常见的几种不良性格有哪些？如何进行矫正？
9. 当前饭店中厨师动机具有哪些特点？针对这些特点，作为管理者应做好哪几方面的工作？
10. 厨师兴趣差异主要表现在哪几方面？针对这些差异，作为管理人员在正确调节和引导时要注意些什么？
11. 简述经营人员的心理过程。
12. 简述经营人员与顾客产生冲突的原因和消除冲突的办法。
13. 如何建立经营人员与顾客之间的最佳心理气氛？
14. 经营人员的个性心理特征对经营活动的影响有哪些？
15. 个体饮食消费经营人员的动机包括哪些方面？

第八章　饮食销售服务心理

学习引导

内容提要

本章主要介绍了饮食消费品包装的功能、包装设计的心理策略等基本概念和基础理论，介绍了饮食消费商标与使用策略、品牌与使用策略等内容，介绍了服务、服务接待与饮食消费心理、服务关系冲突的心理分析等内容。

学习目标

通过以下目标，建构以“饮食销售服务心理”为阶段性知识内容的“传承型学习”成果。

学习和把握饮食消费品包装的功能内容，了解饮食消费包装设计的心理策略等陈述性知识；用其指导“本章复习与思考”相关作业题；体验“饮食销售服务心理”中“饮食销售包装心理”的“传承型学习”及其迁移。

学习和把握商标与使用策略、品牌与使用策略等陈述性知识，了解品牌对消费者的作用和心理效能；用其指导“本章复习与思考”相关作业题；体验“饮食销售服务心理”中“饮食商标品牌心理”的“传承型学习”及其迁移。

学习和把握服务的概念和内容，了解服务接待与饮食消费心理、服务关系冲突的心理分析等陈述性知识；用其指导“本章复习与思考”相关作业题；体验“饮食销售服务心理”中“饮食消费接待服务心理”的“传承型学习”及其迁移。

内容结构图

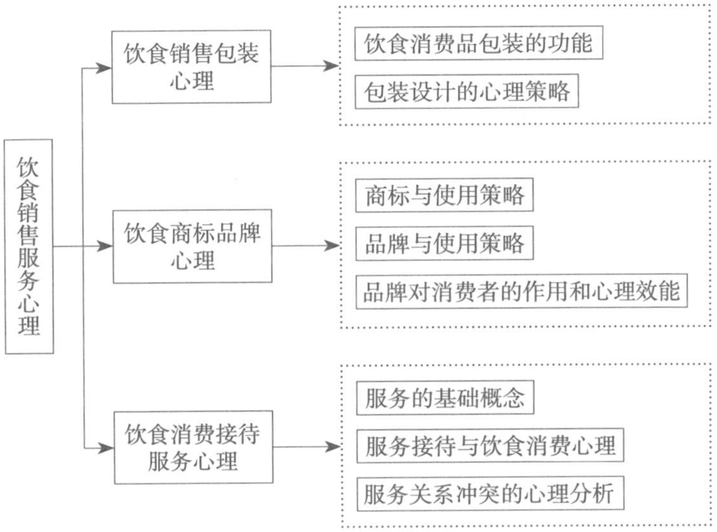

第一节 饮食销售包装心理

包装是指一切用于包裹、盛装、束缚、保护和装饰商品的容器、包扎物和装饰物的总称。在现代社会生活中，各种商品的包装已成为不可缺少的组成部分。包装技术已发展成为专门的科学，并发展成为一个独立的工种和行业，在我国日益受到重视。饮食消费品的包装也直接影响商品的价格和销路，除了少数原材料类型的商品（如腊肉、火腿）简单封装外，一般的商品都需要不同形式的包装。饮食消费品的包装类型主要是指在饮食商品销售柜台、餐厅内销售的预加工食品如饮料、饼干、膨化食物、方便食品的包装；即食物品如烧鸡、烧鹅、烤鸭等包装；餐厅用餐剩余食物如主食、菜品、点心的打包临时包装等。

现代社会实践证明，在包装技术越来越先进的现代商业中，虽然顾客消费行为越来越理性化，但是消费者依然很难区分出对于产品与包装的不同感觉，对很多产品来说，产品即包装，包装即产品。

一、饮食消费品包装的功能

1．保护食用商品的功能

保护食用商品安全是包装的首要功能。在饮食商品的流通过程中必然要经过运输、储存等过程，通过科学的包装可以起到保护商品安全、防止损坏的作用，如防止散落、破损、变质、挥发、污染、虫蛀、鼠咬、受潮、跌撞、防尘、防热、防晒、防冻、防锈、防腐、防震、防毒等，以维护食用商品的质量、卫生与安全。液态、粉末状、气态产品，借助包装可以防止溢出、挥发、散失。

2．便于运输、携带和储存

食用商品从生产环节到销售环节要经过装卸、运输、储存、携带等诸多环节。通过包装，化零为整，既有利于从生产者到销售者的储运工作高效开展，也方便顾客购买后的携带。

在餐厅消费后，剩余食物打包带走已经成为饮食消费常态，打包食品包装用的餐盒、包装袋等品质是餐厅服务质量的重要证据物。

3．吸引顾客注意

饮食消费顾客在购买食用商品时，常常先接触商品的包装，再接触商品的实体，因此食用商品包装给顾客形成第一印象。而且包装常常成为吸引顾客注意的一个重要诱因，顾客识别、认知食用商品越来越依赖于包装。包装能否吸引顾客的注意、激发顾客的兴趣、引发顾客的联想，成为顾客选择食用商品的重要因素。实践研究表明，大多数顾客是根据商品的包装、装潢而作出购买决策的。在产品质量、价格、款式基本相同的条件下，顾客常常选择购买包装色彩鲜明、构图精美、文字醒目、造型别致、材料新颖的消费品。

4．传递信息功能

饮食商品的外包装上印有商品的实体图片、质量、用途、功效、成分、食用操作方法、注意事项、品牌商标、企业名称、地址、电话号码、商品条形码、出厂日期、保质期、产品优点特色、重量、体积等有关信息，顾客借此可增加对食用商品的认识，加深对食用商品的印象，学会正确食用的方法，以消除顾客对商品的疑虑、增强对商品的信任，尽快作出购买决策。此外，包装上印有识别标记，也使顾客易于识别。

5．提高食用商品价值功能

包装是食用商品价值的组成部分。质量好的食用商品加上别致、新颖、高档的包装，能使好商品与好包装相得益彰，价值更上一层楼。根据权威资料统计：美国果农通过包装可使水果增值2.3倍，日本包装后的水果可增值1.8倍，由此可见包装对于推广品牌，增加水果的附加值具有重要作用。例如，在某届农业高新科技成果博览会上，同样的6个高档苹果，装在普通纸箱里，平均每斤苹果只卖到3.5元。而装在印有“中国女排专用苹果”标志的高档包装盒内，结果6个苹果竟卖出了88元的高价，每斤高达14元，比普通包装苹果多卖了3倍的价格，而且十分抢手。同等质量的水果通过不同的包装价格差异巨大。

6．引发顾客联想功能

饮食产品包装的画面或标志能使顾客产生有关产品属性的联想，从而促进产品的销售。例如，鲜虾味方便面的外包装上都会印有鲜美虾肉等食材图片，提示风味形象，使有需求的消费者一看到包装就会联想到自己食用该产品的感受，从而激发购买欲望。

7．象征顾客身份功能

包装在现代市场经济条件下，还具有表明顾客身份和地位的象征性功能。许多食用商品的包装物本身就是一种具有一定价值的艺术品，体现出使用者的地位不凡，如一些白酒、月饼的包装使用材料与设计高端名贵。

8．与顾客互动刺激顾客的心理需求促进销售功能

根据不同的购买对象、购买动机，采取相应的包装策略，增加与顾客建立情感交流，可以有效地刺激顾客的心理需求。有许多饮食商品的包装盒外印有向顾客表示祝福的吉祥文字，在儿童食品包装上印有卡通动物和英雄人物，或者在透明包装中放入一些小玩具，有的在包装盒中放入中奖卡，或者在其中或盒外放入赠送的礼品，还有直接夹带零钞现金，这些措施都能激起顾客的购买欲望。目前，大多采用扫码开红包形式。这些措施使饮食消费顾客感到高兴、心情舒畅，更愿意购买这类商品。

以上8种功能的综合作用就是包装促销功能的最终体现，而越来越多的饮食商品包装被作为促进销售的重要手段。

二、包装设计的心理策略

包装心理学家认为，顾客购买商品有80%是在消费购物现场决定的，包装发挥着重要作用。因此，在包装设计中，通常要研究色彩、形状、字号和商标四大要素问题。在四大要素中，外包装形状因为有运输的要求，常有标准的尺寸，设计人员主要考虑的是在内包装、色彩、字号、字形、商标等方面做文章，注重满足顾客的心理需要、吸引顾客注意、引起顾客好感等方面的内容，具体包括以下几个方面。

1．根据顾客消费习惯，设计便于使用、易于识别的商品包装

惯用包装	为适应顾客易于识别和记忆，便于拆封或开启，遵从传统等心理要求来设计包装，如用透明塑料瓶来装饮料、食油、糕点等食品包装
分量包装	为了能适应顾客的不同消费习惯、特点及规模差异的顾客需求，设计不同容量的包装。如饮料、食品，可有大小不同规格的包装供顾客自行选择
配套包装	为适应顾客对某些商品消费的关联性、配套性的要求，将有关联的若干种商品组合在一起包装。如将烤鸭、鸭饼、葱酱等在同一个包装盒套装销售
系列包装	为了能适应顾客易于识别、便于记忆、信任名牌等心理需求，企业采用一致或类似的图案、色彩、形状的包装，系列包装常用于食品产品

2．根据顾客的消费水平，设计质量有别、价格各异的包装

等级包装	根据产品质量的高、中、低档次分别设计与其价值相匹配、相协调的包装（材料、结构、装潢）或分为精装、简装两种等级，以适应消费能力、社会地位不同的顾客的需求
名贵包装	为了适应某些顾客的特殊需要，对价格昂贵的饮食商品以酒类为主采用专门制作的特殊包装：一方面体现出商品价值的不菲；另一方面也使包装与产品艺术氛围相协调，并更妥善地保护商品
礼品包装	为适应顾客开展人际交往，参与各类礼仪活动中馈赠礼品的需求，使某些包装的色彩、图案、造型能与喜庆、祝福等气氛相协调，而制作精美程度超过一般常规的包装。如月饼等这类包装新颖别致，漂亮美观，惹人喜爱，对体现情感有一定价值
简易包装	这类包装为适应顾客日常生活消耗，满足勤俭节约、求廉、求实的需求而设计，成本低廉、结构简单、用后即弃。如食盐、肥皂、洗衣粉等低值易耗的家庭用品的包装
复用包装	为了节约社会资源，减轻顾客的支出，或实现一物多用的要求，设计能重复使用或有多种用途的包装。如啤酒瓶、牛奶瓶，顾客可以退瓶给企业重复使用或自己收集用于其他方面

3．根据顾客的年龄、性别，设计适应个性特点的商品包装

儿童包装	以糖、奶类包装为主，迎合少年儿童的心理需求，造型、图案、色彩生动、新奇、有童趣、有知识性，形象逼真，与童话、历史故事相配合，体现少年儿童特色，能激发起儿童购买的欲望
青年包装	以膨化零食、碳酸饮料类包装为主，迎合青年顾客追求新颖、时尚、美观、变化、求奇、求趣、体现个性等心理需求，尽可能使实用与流行相结合，与青年人活泼、充满朝气的精神风貌相适应
老年包装	以保健食品、奶制品类包装为主，适应中老年庄重、朴实、淳厚的心理需求，注重中老年求实、求廉的心理，避免华而不实，要体现出方便、牢固、舒适、多用途的特点
男性包装	以白酒、功能饮料类包装为主要表现，适应男性社交与健康等心理需求，使包装与男性气质适应，往往能受到男士们的欢迎
女性包装	以奶茶、巧克力类包装为主，适应女士追求温柔、典雅、清新、甜蜜等心理需求，用心形、圆形、花形等造型能体现女性的特点博得青睐

4．根据顾客消费心理特征

这是指为满足不同顾客消费心理需求特点而专门设计的商品包装形式，它要求构思新颖、造型独特、能激发顾客的情感，以达到促销目的。这类包装主要有以下几种。

趣味包装	又称幽默包装，目前国际较为流行的包装。主要在造型及装潢上采用比喻、夸张、拟人等手法，别出心裁地构思设计，增加包装的趣味性及幽默感，以吸引顾客，达到促销目的。例如，有些饮料在包装上印着动人又富有诗意的爱情故事，商品上市后，吸引了众多青年男女，许多人边喝饮料，边欣赏包装，产品销路极佳
怀旧包装	利用人们热爱大自然、返璞归真、怀念过去的心理，制造历史上曾经出现过的“旧式”包装形式，这类包装采用自然材料，装潢粗糙、简朴，具有历史传统风格。例如，法国的调味品、酱料、渍菜等食品，是用粗加工的木片盒、木罐、木筒、木丝编织盒包装，顶面只贴上一张印刷的报纸，上面印有几行说明文字，看起来像是几个世纪前的产品，以唤起人们对遥远年代的记忆
品牌包装	企业推出产品，要保持其较长的生命力就必须创名牌。就要求在商标设计与包装上尽可能地突出产品的个性或企业形象，以给消费者留下鲜明的印象或好感。例如，著名的可口可乐产品，它的品牌名称无论用哪种文字，都使用红底白字，有一道波浪拦腰飘过，其精美的包装十分注重色彩与图案的协调性，使包装与商品名称、商标融为一体，让人很难分清商标与包装，目的就是为了突出可口可乐产品的整体形象。可口可乐产品之所以畅销全世界与其品牌化包装策略是分不开的
POP包装	POP是英文point of purchase的缩写，意思是“购买指南”。这类包装的结构形式大多数采用“展开式”折叠纸盒形式，在盒盖外面印有精心设计的图案与文字，打开盒盖，就会形成与顾客视线成90°的图形画面，与盒内盛装的商品交相辉映、相得益彰。从而在销售现场给顾客直接施加影响，促进其购买。采用POP包装的商品各种各样，如食品、水果、蔬菜等

5．利用错觉现象

错觉是人们对外界事物不正确的知觉。利用视觉的误差设计商品包装也是包装设计者需要注意研究的问题。主要从两方面来利用错觉进行商品包装设计。

（1）根据颜色错觉设计商品包装　在商品包装设计中，色彩的运用十分重要，这不仅是因为色彩丰富多样、变化多端，而且还因为世界各民族对色彩都有一定的偏好和禁忌，不同的色彩能引起人们不同的视觉反应，从而引起不同的色视觉心理活动。美国色彩研究中心曾做过一个试验，研究人员将煮好的咖啡分为三杯，然后在三个杯子旁分别放置贴有红、

黄、绿三种不同标签的咖啡罐，让十几个人进行品尝比较。结果品尝者们一致认为咖啡的味道不同：标有绿色标签的咖啡酸，红色的味美，黄色的味淡。由此，在系列试验的基础上，专家们得出结论，包装的颜色能左右人们对商品的看法。食品适合用红色、黄色和橙色，表示色香味美、加工精细，不适合黑色、蓝色和白色；酒类适用于浅色，表示香醇浓厚，制作考究，不宜用蓝色。根据颜色错觉进行包装设计是灵活多样的。还可以根据商品的不同用途与本身的颜色设计包装颜色，如厨房用品的包装适合用淡蓝色、乳白色，给人以卫生清洁的感觉等。

（2）利用几何图形的错觉设计商品包装　几何图形的错觉是人们错觉的一种主要现象，它是由人们的视分析器内部的兴奋和抑制的诱导关系造成的。利用几何图形设计商品包装也是十分重要的。例如，一些酒瓶的底部设计成凹状，使人看起来觉得酒的容量比实际分量要多；两个同等容量的包装瓶，扁形的看起来要比圆柱形的外观造型大一些，容积多一些；两个同等容量的瓶子，设计成下部高而扁、底部较宽的，看起来要比圆柱形的瓶子装得多；包装图案采用近体画面，配以粗大字体，要比画面较小、字体纤细的看起来要大些、多些；两个同样形状的包装纸盒，图案简单、色彩明快的，要比图案复杂、色彩凝重的看起来要大些。

需要指出的是，包装设计的图案形状，还要考虑各国不同的消费心理与习惯。特别是进入国际市场的出口商品更是如此。例如，三角形的包装，在不同的国家或地区人们有不同的看法。中国香港的顾客认为三角形是消极的，圆形、方形才是积极的，因而三角形的包装不受欢迎；捷克人则认为三角形是“毒”的标记，不得滥用；土耳其人认为绿色三角形表示免费样品；罗马尼亚人认为三角形有正、反两方面的意思；而在尼加拉瓜，三角形是国家的象征、庄重的标记，不得滥用；还有些国家把三角形作为警告的标记等。这些都应在包装设计中加以注意。

第二节　饮食商标品牌心理

一、商标与使用策略

1．商标

商标是一个法律意义上的概念，各国及国际组织对商标的定义不尽相同。我国对商标的定义为：“商标是指生产者、经营者为使自己的商品或服务与他人的商品或服务相区别，而使用在商品及其包装或服务标记上的由文字、图形、字母、数字、三维标志和颜色组合或上述要素的综合所构成的一种可视性标志。”世界知识产权组织（WIPO）对商标的定义为：“商标是用来区别某一工业或商业企业或这种企业集团的商品的标志。”国际保护工业产权协会（AIPPI）在柏林大会上曾对商标下的定义是：“商标是用以区别个人或集体所提供的商品及服务的标记。”法国政府在其《商标法》中则表述为：“一切用以识别任何企业的产品、物品或服务的有形标记均可视为商标。”

2．商标使用策略

商标与品牌一样对消费者行为有很大的影响，因此不但要保证有成功的商标设计，还要巧妙地运用商标的功能，注意以下几点运用策略。

（1）是否需要使用商标　使用商标对大多数企业来说，无疑会起到积极的促销作用，但是，现实生活中并非所有的商品都要使用商标。因为一旦决定使用商标，就要投入大量的人力、物力、财力；不使用商标，可以降低成本，更好地满足具有求廉心理的消费者需要。因此，企业应认真考察商标使用的必要性，在有些情形下，可以不使用商标。

商品本身并不因为制造商的不同而有不同的性质和特点，如木材等，它们属于无差别商品，只要品种、规格、型号相同，商品的性质和特点就相同。在这种情况下，商品可以不使用商标。一些日常生活必需品，如食盐、肉、蛋、蔬菜、水果等，没有根据商标购货的习惯，因此也可以不使用商标。

（2）使用统一商标策略　所谓统一商标，是指企业生产的产品都使用同一商标，即同一商标的商品系列化。

采用统一商标的好处有：可以强化消费者的商标意识；缩短消费者认识新商品的时间；节约商标设计、制作和使用费用。特别是已经在消费者心目中树立起良好形象的商标，使用统一商标策略易使消费者产生信任感，促进购买行为的发生。但统一商标的使用，有时不易突出新产品的性质和特点，如果其中某一两个商品质量不过关，还会影响全部产品的信誉，造成损失。

（3）使用独立商标策略　所谓独立商标策略，就是对不同的商品，使用不同的商标。如果企业生产的产品种类多，各种产品之间又没有必然的联系，技术要求也不同，则可以考虑采用独立商标策略。这种策略可以有效地表达不同产品的性能和特点，使之适应不同消费者的不同习惯和不同心理要求，有利于维护其名牌产品的地位和信誉。

二、品牌与使用策略

1．品牌

品牌是制造商或经销商加在商品上的标志，是指消费者对产品及产品系列的认知程度，它由名称、名词、符号、象征、设计或它们的组合构成。品牌不仅仅是一个产品的商业名称，它还是一个复杂的符号。一般包括两个部分：品牌名称和品牌标志。从本质上来说，品牌是商品生产者、经营者向购买者长期提供的一组特定的属性、利益和价值。一个好的品牌能传达企业良好的信誉和承诺，一个好的品牌能传递商品特有的文化和情感。人们在接触商品、服务以及相关宣传时，通过和心目中已经熟悉的同类商品和服务对比，会形成对商品和服务的识别印象和对比感受。品牌的内涵如表8-1所示。

表 8-1　品牌的内涵

属性	品牌应该能够向消费者提示自身所属的产品类别。顾客面对一个品牌，首先想到的是某些特定的产品属性。属性是消费者判断品牌接受性的第一个因素，因此企业首先应当考虑为品牌赋予恰当的属性，并将之作为广告宣传的重点。如“全聚德”品牌对应的北京烤鸭

续表

利益	品牌应该能够向消费者暗示其具有的功能性利益和情感性利益。顾客不是购买属性，而是购买利益，因此属性应当转化为功能利益或情感利益。如“劲酒”这一属性可转化为功能利益——“生活保健”，“茅台酒”属性可以转化为情感利益——“感觉到自己很受人尊敬”
价值	品牌应该能够向消费者显示其自身价值的高低。品牌在提供属性和利益时，也意味着企业所提供的价值。消费者购买产品是希望获得利益，以及他认为有价值的品牌。高档酒水、餐饮食品经营企业必须确定或推测对品牌的价值感兴趣、正在寻找这些价值的特定购买群体
文化	品牌能够向消费者展示不同企业创造的企业文化理念。其中，最能使品牌获得市场认同感的是文化中的核心价值观。“可口可乐”代表美国崇尚个人自由的文化，“东来顺”代表北京地方文化中的祥和、亲善
个性	品牌能够向消费者显示其在生产方面的独特专业性。品牌具有一定的个性，表现为：它就是“这样的”。如“北京二锅头”品牌独特工艺性的个性，使消费者形成对品牌的认知，并且有相似的认同和归属感。品牌塑造个性，通常是用联想的方法实现的，即当消费者看到或使用某一品牌时，他们会想到什么。这是品牌能得到目标顾客接受和认同的最佳途径
使用者	品牌能暗示其产品专属的消费者群体。品牌还体现了购买或使用这种产品的是哪一类消费者。如“茅台”“五粮液”酒的高档消费群体。品牌所表现的价值、文化和个性，均可反映到使用者的身上

品牌含义表明，品牌是一个复杂的识别系统，品牌决策的实质就在于建立一整套的品牌含义。在这六个方面的含义中，价值、文化和个性是一个品牌的实质内容。并不是所有的品牌都能做到体现上述六个方面的内涵，大多数品牌只具有其中几层含义。我们把具有较多层含义的品牌称为深度品牌，反之则称为肤浅品牌。因此，必须深度开发品牌的含义。品牌最持久的含义是其价值、文化和个性，它们构成了品牌的基础。

总体来说，品牌和商标往往同时出现，具有相似的作用和使用策略，并且很多时候还会出现混同的情况，企业应综合二者之长，将它们的优势充分发挥出来。品牌是企业为商品设计的一组特殊化标志，是一种名称、标记或符号，或是它们的组合。企业使用品牌的目的是使消费者能够辨识自己的产品或服务，并使之区别于竞争对手。品牌同时代表了特定的质量保证，冠以某种品牌的商品同时代表了长期比较稳定的文化内涵，能够向购买者提供一组长期特定的利益、特点和服务。

而品牌和商标不能等同，商标是品牌重要的组成部分。但二者对企业的重要性是不言而喻的，有异曲同工之妙；同时，品牌和商标对消费者心理的影响也是非常巨大的。

2. 品牌使用策略

没有品牌，企业无法将自己与竞争对手区分开来，消费者也无法对产品形成明确的认知。因此，饮食消费企业会选择品牌化决策，即企业使用品牌，并相应地进行商标注册。而且，随着市场竞争日趋激烈，一些过去认为无须建立品牌的行业，如蔬菜、水果、粮食和肉蛋生产企业也开始选择品牌化决策。

（1）一般的品牌策略

产品线扩展	这是指企业在现有产品类别中增加新的产品项目，并以同样的品牌名称推出。如在现有产品线中增加新的口味、外观、样式、包装规格等。当消费者的需要发生变化或发现新的消费者需要时，进行产品线扩展可以获得更多的销售机会。此外，产品品种、花色、样式等的增多可以刺激消费者的购买欲望，对抗竞争者或从中间商那里占据更多的货架空间。这一策略也面临着一定的风险：一是可能会导致品牌名称失去其特定的含义；二是销售收入不足以抵消开发和促销成本；三是虽然销售收入增加，但并未吸引竞争对手的顾客，而仅仅是本企业产品的自相消长

续表

品牌延伸	这是指企业利用现有的成功品牌推出新产品。例如，大董烤鸭通过推出高质量的烤鸭创立品牌后，又以此品牌推出分子菜肴等。品牌延伸策略被认为是“双刃剑”，因为它一方面能够借助已有品牌，降低新产品的促销费用，加快市场推广速度，使消费者很快认识、注意和接受新产品；同时又面临着风险，即若推出的新产品不能令消费者满意，就可能影响原有产品的销路，更为严重的是可能破坏品牌的市场知名度、美誉度和顾客忠诚度
多品牌	这是指对同种产品采用两个或两个以上的品牌。百盛餐饮公司最早开拓和实践了这一策略。它在国内推出的快餐品牌有不同的品牌：肯德基、必胜客、小肥羊等。多品牌策略可以使企业占据更多的市场，同时每一种品牌的产品承担的风险也相对较小。此外，通过品牌的不同定位，可以吸引追求不同利益的消费者，增加消费者的选择。这一策略可能带来的问题是品牌之间的竞争在企业内部展开，而非期望的那样发生在与竞争者之间
新品牌	这是指企业在推出新产品时，采用新的品牌名称。当原有品牌名称不适合于新产品时，企业通过建立一个新的品牌，在公众心目中树立新的形象。这一策略可以避免原有品牌对新产品可能带来的不利影响。但建立新品牌成本较高，企业应事先考虑投入与产出

（2）品牌的情感策略　一般的品牌策略能够改变消费者对企业的态度，而品牌的情感策略能够促使人们因为这样的感情而采取购买行动，即给消费者提供一个从单独一次购买到长期忠诚的理由。方便的零售服务和互联网的普及大大降低了顾客的搜寻成本，而且竞争者也越来越擅长快速复制创新。因此，对企业来说，通过激发和满足顾客的情感需求来创造价值，变得越来越重要。

情感策略的三个核心要素是信任、体验和精力。这三个要素不仅为饮食企业提供了将产品从竞争对手的产品中清楚识别出来的机会，而且能够切实地促成大部分消费者的购买决定。

信任	指品牌获得的信任。一家企业长期信守诺言，会使消费者逐渐信赖该企业，仅仅是看到企业的标志或听到企业的名字，就让他们觉得产品值得购买。如传统餐饮百年老店、老字号饮食品牌，以及如“老干妈”辣酱等品牌
体验	品牌建立在顾客对企业产品长期满意的体验之上。体验是顾客与品牌的相互作用。在特定的零售环境中购物、浏览网站、参观工厂，以及使用产品和享受服务，这一切都会影响消费者对品牌的态度。每一次体验都存在满足消费者需求的机会，因此也是他们与品牌建立情感联系的机会。情景购买就是增强顾客体验的有效方式，例如，蒙牛乳业组织消费者代表参观基地，能够使消费者身临其境，产生亲切感，从而刺激其购买欲望
精力	指消费者为购买和使用产品所花费的时间和努力的总和。精力策略意味着为消费者提供方便和节省时间。在这一点上，互联网更胜一筹，“美团”“饿了么”等平台只要点击订购产品，可以送货到家，节省消费者的精力

三、品牌对消费者的作用和心理效能

1．品牌作用

（1）识别效能　品牌通过特定的文字、图像、符号，使企业饮食商品区别于其他企业的同类产品，有助于顾客在购买商品时分辨商品的制造商、经销商，从同类商品中确认自己所选择的厂商的商品。同时，品牌给顾客提供知觉线索，使其形成对产品质量、声誉、用途与价值的认识，建立起对企业及其产品的信任，促使企业保持、维护和提高产品质量及市场信誉。

（2）建立企业形象效能　品牌代表着企业的经营特色与形象，知名品牌常能给顾客以良好的市场形象，使顾客有深刻的感受与难忘的印象。这种记忆印象随时都在发挥影响，逐步发展成为购买习惯，持之以恒，乃至终生不变，成为“铁杆顾客”；反之，若品牌给顾客以不好的形象，企业将痛失顾客，最终失去在市场上的竞争力。

（3）质量保障效能　品牌是饮食商品生产与进入市场的通行证，使顾客对商品质量树立信心，顾客的利益得到保障。若产品发生问题，在退还、赔偿等方面都可获得便利，顾客有放心、保险的安全感。同时，顾客还可以根据品牌对产品质量实施监督。

（4）传播促销效能　品牌作为企业及其饮食产品的形象标志，可以充分发挥其促销效能。通过媒体或顾客之间的信息交流，不断扩大品牌的知名度、美誉度，使企业及其饮食产品深入人心，引起顾客的品牌偏好，促使实施追求品牌、认准老品牌等各种“认牌购货”的消费行为。

2．品牌心理效能

由于品牌与产品的一体化、品牌与品牌的差异化，使得品牌自然成为消费者识别某一饮食产品、区别同类产品的最好线索。

（1）简化购买决定　消费者在消费决策过程中，可以直接由品牌提取出大量有用的产品信息，而无须再通过其他渠道搜集信息，这就会大大节省决策的时间，降低消费的成本。

（2）减少购物风险　消费者在购物过程中，总是想方设法规避购物风险。为此就要学习鉴别质量、辨别真伪、识别骗局等方面的知识，但面对巨大的消费市场，消费者毕竟不能成为研究行家；那么，选择信誉好的品牌产品进行饮食消费，就可以帮助消费者最大限度地降低饮食消费风险。

（3）社会心理需要　进行品牌消费，不仅可以满足消费者的物质需要，还可以极大地满足其社会心理需要。因为知名品牌具有极高的社会知名度，它可以体现消费者的经济实力和社会地位，可以展示饮食消费者的生活品位和自我价值，追求品牌消费所带来的全方位利益的满足。

3．品牌消费者忠诚度效能

①饮食消费者的品牌忠诚度很高，是品牌偏好者，他们忠诚于某一特定品牌，不因价格上涨而轻易改变购买习惯。

②饮食消费者相信产品具有特殊的价值，或具有更优越的性能是其他产品所不能替代的。

③饮食消费者有求新、猎奇、追求名望、好胜攀比的心理，愿意为自己喜欢的饮食产品支付高价。

④饮食消费者能够理解价格上涨的原因，能容忍价格上涨带来的消费支出的增加。

第三节　饮食消费接待服务心理

一、服务的基础概念

1. 服务的含义

国际标准化组织（ISO）曾于1994年将服务定义为："为满足顾客的需要，供方和顾客之间接触的活动以及供方内部活动所产生的结果。"著名营销学家菲利普·科特勒把服务定义为："一方提供给另一方的不可感知且不导致任何所有权转移的活动或利益。"美国市场营销学会将其定义为："主要为不可感知，却使欲望获得满足的活动，而这种活动并不需要与其他的产品或服务的出售联系在一起。生产服务时可能会或不会利用实物，而且即使需要借助某些实物协助生产服务，这些实物的所有权将不涉及转移的问题。"

现实经济生活中的服务可以区分为两大类：一类是伴随着有形商品销售而向顾客提供的附属服务，如向顾客提供商品信息咨询，帮助顾客挑选商品、包扎、送货上门等；另一类是向顾客提供纯粹服务性质的产品，即服务产品。根据它们在产业经济中的地位，通常称其为第三产业，其范围、种类十分庞大。饮食消费服务主要是为消费者提供饮食产品制作、供应及食用帮助的附属特征。

2. 饮食消费服务的特征

（1）不可感知性　这是服务最为显著的一个特征，它可以从三个不同的层次来理解：首先，服务的很多元素看不见、摸不着，无形无质；其次，顾客在购买服务之前，往往不能肯定他能得到什么样的服务，因为大多数服务都非常抽象，很难描述；再次，顾客在接受服务后通常很难察觉或立即感受到服务的利益，也难以对服务的质量作出客观的评价。当然，服务的不可感知性也不是绝对的。在现实生活中，大多数饮食服务都具有某种有形的特点。例如，餐饮业的服务中，不仅有厨师的烹饪过程，还有菜肴的物质加工过程。

（2）不可分离性　预加工包装饮食产品在从生产、流通到最终消费的过程中，往往要经过一系列的中间环节，生产和消费过程具有一定的时间间隔。而餐饮服务则与之不同，它具有不可分离性的特点，即服务的生产过程与消费过程同时进行，也就是说服务人员向顾客提供服务时，也正是顾客消费（享受、体验）服务的时刻，二者在时间上不可分离。餐饮服务的这一特性表明，顾客只有而且必须加入服务的过程才能最终消费到服务。如顾客参加宴会活动，才能享有宴会服务。但是在某些饮食消费服务活动实施时，顾客并非一定要参与全过程，如快餐外卖等。

（3）差异性　差异性是指服务无法像有形产品那样实现标准化，每次服务带给顾客的效用、顾客感知的服务质量都可能存在差异。主要原因如下：

服务人员原因	如心理状态、服务技能、努力程度等影响服务的质量和效果，即使同一服务人员提供的服务在质量上也可能会有差异
顾客原因	如知识水平、爱好等，也直接影响服务的质量和效果。比如，刀削面制作，有人喜欢观赏削面过程，有人不喜欢
服务人员与顾客间相互作用原因	在服务的不同次数的饮食消费过程中，即使是同一服务人员向同一顾客提供的服务也可能存在差异

虽然不同的饮食消费顾客对服务的心理期望与需求不同，但是制定最基本的服务质量标准仍然十分必要。

（4）不可储存性 服务与有形产品间的第四个重要差别是储存能力。产品是有形的，因而可以储存，而且有较长的使用寿命；而服务则无法储存。酒店住宿、旅游、现场文艺晚会以及其他任何服务，都无法在某一年生产并储存，然后在下一年进行销售或消费。

（5）缺乏所有权 是指在服务的生产和消费过程中不涉及所有权的转移。因为服务是无形的又不可储存，服务产品在交易完成后便消失了，消费者并没有实质性地拥有服务产品。缺乏所有权会使消费者在购买服务时感受到较大的风险。如何克服此种消费心理，促进服务销售，是服务管理人员所要面对的一个严峻挑战。一些企业逐步采取“会员制度”的方法来建立与顾客的关系，当顾客成为会员后，他们可以享受某些特殊的优惠，从而在一定程度上消除了风险心理。

从上述五个特征的分析中不难看出，“不可感知性”大体上可被认为是服务产品的最基本特征。其他特征都是从这一特征派生出来的。事实上，正是因为服务的不可感知性，它才不可分离。而差异性、不可储存性、缺乏所有权在很大程度上是由不可感知性和不可分离性两大特征所决定的。

二、服务接待与饮食消费心理

1．饮食消费者的心理发展过程

饮食消费者通常是在具体消费需求和购买能力支配下，实施购买行为的。为了使有限的购买力更好地满足饮食消费者的需求，消费者往往根据以往饮食消费的经验和印象，去选择购物的商店、消费的餐厅。这种对供应者的选择，与饮食商店、餐厅的经营特色、服务质量（尤其是接待水平）有着密切的关系。现场接待工作的水平对提高饮食商店、餐厅在消费者心目中的形象，促进习惯性购买，具有重要的影响。

消费者从走近饮食柜台、接触商品、问价、挑选到成交，要经过一系列有形的活动过程，也要经过一系列无形的心理活动过程，而且有形的活动过程要受到无形的心理过程的支配和控制。因此，服务接待人员在接待消费者时，要提高柜台接待工作的水平，必须善于观其行、察其言，正确掌握消费者购买过程中各阶段心理的发展，采取相应的接待步骤和方法，才能很好地满足消费者购买饮食商品的各种心理欲望，帮助消费者实现其购买行为。

消费者购买决策过程一般分为五个阶段，即认知需要、搜集信息、评价方案、购买决策、购后评价。这也就是饮食消费者购买行为过程中的基本程序。

知识拓展

消费者购买过程心理发展的10个阶段

阶段1	店貌感知	消费者进店前或刚进店以后，通常都随意地环视店内设计、货架陈列、场所装饰、卫生与秩序状况、人员仪表等能够反映门店特征的环节，获得对门店的初步认识
阶段2	寻找目标	消费者在对店貌有了初步认识之后，一般就要根据购买目的，有选择地去知觉客体，把注意力集中在观赏饮食商品上。经过随意地浏览或有目的地寻找后，发现感兴趣的或所要购买的商品

续表

阶段3	观察了解	目标商品选定后，消费者为了探索与了解其外观质量，往往会继续对商品关注，并进行独立细致的全面观察或向服务员咨询了解
阶段4	获得印象	经过观察了解，目标商品的外观、性能、价格和食用方法等有关信息经过人的感官传入主体头脑而产生效应，获得对目标商品的主观感受，主观感受得出的表面判断就是印象。伴随着这个过程，对目标商品的情感也逐渐产生。消费者对目标饮食商品有了良好的印象，就会由此产生喜悦之情
阶段5	功能联想	由于印象受直观感受的支配，在许多情况下，消费者对目标商品所获得的印象往往是不准确的，多数是需要在认识深化后加以充实修正的。所以，消费者获得目标饮食商品的印象后，还会通过联想这种扩展性思维活动，联想类似商品的食用，联想自己或他人过去食用这种商品的情形，来深入认识目标商品的特质和心理性能，如商品的营养价值、欣赏价值和社会价值等
阶段6	欲想拥有	功能联想的发展结果帮助消费者从别的事物中得到启发，获得印证，从而激起为满足需要而拥有目标商品的购买欲望。然而，大多数消费者由于选择心理的作用，还不会在此阶段作出购买决定，但购买欲望的产生，促进了消费者对目标商品理性认识进一步发展
阶段7	思索评价	购买欲望产生后，消费者会对各种可供选择的同类商品进行多方面的比较鉴别，并根据主导需求、知识经验和购买能力等多方面因素，权衡其利弊，对商品作出综合的评价
阶段8	确立信心	通过思索评价，消费者找到一个能满足其需求的目标商品，并对此商品产生信任，判定购买这个商品是最明智的选择，由此作出购买决定
阶段9	采取行动	消费者对目标商品确定信心后，就会执行购买决定，把对商品的态度向营业服务员表达，开始进行商品成交的实际行动
阶段10	购后体验	消费者购买到称心如意的商品后，会对商品本身、商店服务、购买环境等方面形成多种多样的心理感受。例如，物美价廉、亲切自然、方便快捷的感受等。当然，消费者对商品的满意程度，与其购买时所具有的多种欲望被满足的程度有很大关系，而这些欲望并非同时得到满足的，因此购后体验阶段往往延续到商品用后的一段时间才能逐渐反映出来

应该指出，消费者购买心理过程除了因购买不同商品而有差异外，还受消费者的年龄、性别、文化、知识经验、个性特征、购买习惯等因素的影响而表现出各种差异，所以，应对具体的人、具体的商品进行具体灵活的分析。

2. 服务员饮食消费接待步骤和方法

消费者从进入饮食商店到离开商店可以算作一次饮食消费购买过程。在此过程中，饮食消费者心理发展的不同阶段具有各自的特点和一定的连续性，同时各阶段也都会产生消费者不购买的因素。这些因素是复杂多样的，如布局杂乱；商品较少选择条件差；顾客购买欲望本来就不强烈；价格太高；服务员态度不好等。其中，有些因素能够通过服务员的努力和消费者的权衡而被淡化，也有一些因素是无法改变的，而由此造成了消费者终止其饮食消费购买行为。无论这个过程最终是否发展成实际购买，服务员的接待工作都是至关重要的。它既能使一部分消费者买到称心如意的饮食商品高兴离去，也会让一些购买欲望不强烈或没找到所需商品的顾客不至过于失望，而将购买欲望转移到别的商品上去，产生另外的购买行为。因此，要想使饮食消费者的购买过程顺利发展，并取得良好效果，必须按照消费者购买行为的心理状态，确定相应的服务接待工作的步骤和方法。

（1）观察判断进店意图并抓住时机接近 消费者对服务的首要要求就是主动热情的接待。服务员在消费者走近时，以饱满的精神、欢迎的态度、自然的微笑去主动接近消费者，问候其需求，是满足消费者心理要求的第一步。饮食商店里主动热情的接待要掌握好时机，并不是顾客一来就立刻对其招呼，而是要视其意图而定。实践证明，消费者一靠近柜台，就立刻上前询问需要，或用目光紧盯消费者，往往会给一些敏感的消费者以压迫感，产生拒绝购买的心理。因此，主动热情的接待，必须抓住最佳的接近时机，才能获得较好的效果。如果不注意消费者的举止意图，过早或过晚地接近消费者，都不会获得好的效果，甚至适得其反。饮食商店服务员要细致地观察消费者的行动，判断其进店的意图，采取不同的接待方法。

进入饮食商店的消费者，按其购买欲望大致可分为以下三类（表8-2）。

表 8-2 不同类型消费者的服务接待方法

类型	饮食消费行动特点	服务接待方法
有明确购买目的的消费者	购买目标明确，买什么、买多少、花多少钱等一般都已心中有数，其心理特点是求快，希望迅速成交。其行为特征是步履较快，目光集中于所需购买的商品，径直朝商品柜台走来，开门见山地索要该商品，询问该商品价格，稍加挑选后便可成交	接待这类消费者要根据其“求快”的特点，主动提供快速服务，人未到语先到，立即展示商品，回答询问，付款后迅速包扎好商品。由于这类消费者为买而来，成交率较高，如果接待动作迟缓，态度冷淡，消费者就可能不满意而拒绝购买。因此，在接待这类消费者时要特别注意良好的服务态度和熟练的售货技术
巡视商品销售行情的消费者	无确定的购买目标，购买心情不迫切，买与不买的灵活性较大。其选择的对象一是商店及服务态度；二是商品的特点、价格等。其行为特征是神情轻松随意，目光相对集中，环视陈列的商品，看的多，问的多，比较选择的多，但实际成交的不一定多，碰到特别中意的商品，也会毫不犹豫地购买。通常，这类消费者占商店客流总量的70%左右，他们虽然没有明确的购买目的，但仍有购买的可能性，有时会有成交机会，从成交总量上来看还是相当可观的	接待这类消费者时，应让其在轻松自由的气氛下任意观赏，在他对某个商品发生兴趣，表露出中意的神情时才进行热情接待。要把握接近消费者的良机，必须善于察言观色，揣摩心理。如果急躁或过早地接触消费者，消费者还没有购买的兴趣时，不但会影响其对商品的注意，中断其购买心理的发展，冲淡选购情绪，甚至因破坏其自由自在观看的气氛而使消费者产生某种紧张心理或戒备心理
随意浏览、游逛的消费者	这种休闲娱乐的方式，他们以游逛为主，没有明确的购买商品的打算，但也可能会即兴购买。他们的心理特点是求新、求美、求名，一般是目光分散，逍遥自在，边游览、边评价，谈笑风生。这类消费者虽然并无确切的购买意向，但如果碰到时尚的且特别中意的商品，也会产生冲动性购买	服务人员一般不要急于接待，应注意观察他们的举止神情，掌握顾客的心理状态，选择适当时机接近顾客。当消费者停步观看某一商品，或在店内转一圈又转回来并停步凝视商品时，就应及时地与其接触。对这类情况应正确认识，热情接待。即使顾客没有购买行为，良好的态度也是对企业形象的一种宣传，并且是对消费者将来选择本店或本品牌的一种鼓励

在对具体消费者确定接待时机和接待方法时，除应考虑上述因素外，还应对消费者的职业、文化、个性、民族以及商品的特性和价格进行综合分析，采用适当的方法接待，使每个消费者都能获得满意的感受。

（2）介绍、展示目标商品，激发购买兴趣 饮食消费者通常是在购买动机的促使下走进商店的，这时，消费者头脑中已有一定的购买目标。这个目标有时可能是具体的，如消费者想购买一盒生日蛋糕送给朋友，买前对蛋糕的样式、花色、大小的要求非常明确；有时也可能是模糊的，如消费者想为朋友购买一盒巧克力，但在买前无法确定什么品类最合适，要到饮食商店通过选择以后才能确定。因此，服务员在与消费者接触后，要从消费者的性别、年龄、穿戴和职业特征上，分析其爱好与习惯；从消费者的视线、言谈举止等方面探索其具体的购买目标和要求；根据目标商品特性，采取适宜的介绍和展示商品的方法，使消费者最大限度地感受到饮食消费商品的优良品质，激发其浓厚的购买兴趣。要做好这一步，必须采取符合消费者心理要求的饮食商品介绍和展示方法。

对饮食商品的介绍和展示，应尽量满足消费者对不同饮食商品的不同选择要求，从多方面、多角度来介绍和展示，还要想方设法将商品的使用效果、实际感受清晰地说明并展现出来。因为不同的消费者购买饮食商品时的关注点不一样，片面地介绍触动消费者购买决策的概率就小。全面地介绍包括食物试吃品尝，总会有一方面触动消费者，之后根据消费者询问的方向进行重点介绍，将会大大提高达成交易的概率。

为了适应消费者自尊心的需要，在介绍和展示饮食商品时，要特别注意处理好消费者敏感的饮食商品价格问题。这主要体现在以下两个方面：一方面，要把握好对商品价格强调的程度。不同价格的商品能吸引不同支付能力、不同购买心理的消费者。通常，价格高的商品给人优质、高档的感觉，能吸引支付能力强、追求高层次消费的消费者；价格低的商品给人经济、实惠的感觉，能吸引支付能力有限、注重商品实际效用的消费者。应向消费者清楚地介绍商品的价格，但不宜过分强调，以免使消费者误认为有嘲笑其贪图便宜或满身“铜臭”之意，致使消费者感到自尊心受到伤害而拒绝购买。另一方面，要选择适当价格水平的饮食商品向消费者作介绍，以便其轻松自然地提出其他价格要求。一般情况下，可由低档向高档或由高档向低档地介绍。这样进行介绍展示，能够满足消费者的自尊心或虚荣心，并给消费者更多的选择机会，容易实现购买。

（3）启发消费者的兴趣与联想从而刺激购买欲望　消费者通过观看、触摸、询问对目标饮食商品的外观、功能等方面形成了初步印象以后，由此可能会产生购买的欲望，但消费者能否最终实现其购买行为，还要看商品的各种特点对饮食消费者需求的各个组成方面的满足程度如何。因为，在很多情况下，消费者多方面的需求所产生的心理冲突会抑制购买欲望的进一步发展。所以，在饮食消费者经过前面的购买过程，对目标商品已有一定感知的基础上，应揣摩消费者的心理活动状态，进一步揭示商品的特点，力求给予消费者多种感官的刺激，以强化其心理感受，启发诱导消费者产生丰富的联想，消除消费者的心理冲突，促使消费者的各种购买动机趋于一致，形成更强烈的购买欲望。

在这一步接待开始时，消费者的心理需要往往是对饮食商品更深层次的了解，诸如了解商品的特点和商品的有关知识，体验商品的口感和食用效果，比较相关商品的优劣等。这些心理需要得以满足的程度，将导致不同的情感状态，或是欢喜、默认，或是厌恶、怀疑。服务员要向消费者如实介绍商品的优缺点、制造原料、保管方法等商品知识，提供饮食商品效果的试吃机会，以满足消费者的求知欲望和择优心理，丰富消费者对商品的联想和感受，消除消极的情感，促进积极的情感，以激发强烈的购买欲望。

（4）强化购买信心以促成购买行为　在消费者产生较强烈的购买欲望后，营业员应帮助饮食消费者确立购买的信心，促成实际的饮食消费购买行为，有意识地向消费者提供诱发需求的提示，对增强饮食商品的综合吸引力、强化购买信心和促成购买行为具有良好的效果。例如，把企业的经营传统、服务精神和信誉保证等方面的要点反映给消费者；也可以向伴随选购者同来的客人征求意见，特别是根据商品属性及其食用对象，创造条件让有影响力的陪伴者发表见解。

（5）妥善办理成交手续　对于决定购买的消费者，要准确迅速地协助饮食消费者完成购买，主要的工作就是对商品的包扎与货币的结算。这一步更应以温和的态度和高超的技术去完成，使消费者自始至终在融洽和谐的交易活动中满足购买的欲望，并影响其购后体验的方向与程度，在消费者对商店和营业员形成良好形象的同时，还会产生下次再来的欲望。

知识拓展

包扎和结算工作

包扎前对商品进行严格检查，如有破损或脏污，应让消费者重新选取；主动征求消费者对商品包扎的具体要求，采取适应消费者携带要求、使用习惯、购买目的和某些心理需要的包装方法，如将食品按消费者要求的数量分成几个小包装，将携带时易损坏的商品用绳子或纸盒包扎牢固，将礼品用精美的礼品盒或缎带包扎等；包扎时要轻快、小心、不错包、不漏包，做到牢固安全、美观快捷、便于携带。消费者付款时，可代其完成，要迅速准确、唱收唱付、清楚慎重，交付余款时要先零后整，嘱咐点清放好，并表示感谢光顾与欢迎再来的喜悦之意。

在实际接待工作中，消费者的需要、个性特征和引起心理变化的因素是多种多样的，消费者的购买行为存在很大的差异。因此，营业员不能只按照一两个固定的模式去接待这些千差万别的消费者，而应该具体地判断某个消费者的性格、气质，充分考虑一般消费者心理反应的普遍规律，并掌握特殊消费者独特的心理状态，采用恰当的接待方法和服务方式。

现在，饮食商店接待服务已由初级的柜台“微笑服务”发展到了高级的超级自选“无干扰服务”。这种“无干扰服务”的字面解释是在店内提供服务的同时不妨碍顾客购物，是针对消费者在浏览购物过程中的心理特点提供的适时、适度的服务，使消费者良好服务的要求能够充分满足，体现了服务质量的更高境界。无干扰服务的优越性体现了现代营销观念“以人为本”的核心内容。随着人们生活和文化水平的提高以及收入的不断增加，消费者更注重精神愉悦、个性实现、感情满足等高层次的需要。无干扰服务基于现代消费者的需求、兴趣、心理作为服务的基本出发点，充分发挥消费者在购买过程中的自主性、主动性，提高购物热情，直接面对商品，又摆脱了对销售人员的依赖，大大减少了发生矛盾和冲突的机会，且体现了对消费者的信任感和尊重感，使整个购物过程更人性化、更有人情味，消费者的心理状况是放松的、自由的，最大限度地得到自尊心理的满足。

三、服务关系冲突的心理分析

在日常的实际活动中，饮食消费者与服务人员时常会发生矛盾冲突，这种冲突对双方的身心都会产生不良影响。因此，分析冲突产生的原因及解决的途径是研究消费者购买行为十分重要的方面。

1. 冲突产生的原因

（1）消费者要求退换商品而导致的冲突　消费者要求退换商品是经常发生的事，但是由于饮食商品的特殊性，有一些因素制约着商品的退换货制度。例如，退换商品的时间限制问题；对于商品包装保证完好的标准等。由于双方认定的标准不同或缺乏统一的认定标准，都是导致矛盾冲突的导火线，特别是当消费者要求商家对自身遭受的人身伤害给予精神赔偿时更是如此。由于牵涉双方的实际利益，因此，双方心境变化比较激烈，情绪容易波动，这种冲突的消除相对比较困难。

（2）顾客与服务人员双方情绪的相互影响　顾客或服务人员在饮食消费活动现场情绪的好坏是引起冲突的一个重要因素。情绪是人在认识客观事物时产生的态度体验，它具有起伏波动的特点，并经常会形成对抗性的变化，如快乐、失望、喜欢、厌恶等。人的情绪变化自然会影响人的言谈举止。所以，不论是销售人员，还是消费者，双方情绪都处于不佳状态时，就很可能形成矛盾冲突。消费者因情绪不佳而态度偏激、语气粗暴时，如果服务人员不能正确对待，双方就可能发生矛盾冲突；反之，服务人员态度不好，接待顾客不耐烦或故意怠慢，也会引起矛盾和冲突。

（3）服务人员不能正确对待顾客意见所引发的冲突　在饮食消费活动中，常会出现饮食消费者给企业和服务人员提意见的情况。顾客提出的意见形式多样，原因复杂，如有善意的批评意见、自我表现式的反对意见、带有强烈感情色彩的偏见，甚至有恶意的中伤。对于这些意见，如果服务人员不能正确对待，妥善处理，只是消极拖延或针锋相对地反驳，很可能造成矛盾冲突，甚至形成难以收拾的局面。

2. 冲突的类型

（1）按冲突形成的原因划分

真正冲突	即由双方或任何一方过失或无理而形成的冲突，这种冲突可能损失一方或双方的利益，对彼此身心及情绪都影响很大
误会性冲突	是指一方误解了另一方的意思或行为而形成的冲突。一旦误会消除，由冲突引起的不愉快也会消失，双方还可能产生比较融洽的关系。所谓“不打不相识”就是这个道理

（2）按冲突发展的形式划分

渐进式冲突	指冲突的形成是由小到大逐渐发展起来的，过程比较缓慢，甚至曲折
燃爆式冲突	冲突的形成往往是先在一方经过一段的潜伏期后，猛烈地爆发出来，破坏力较大

3. 避免或消除冲突的方法

冲突是饮食消费活动中十分消极的影响因素。它不仅会影响消费行为的完成，而且还对冲突双方当事人的心理、情绪产生长久不良影响，同时，也会影响企业的服务信誉。为此，必须从多方采取措施，尽量避免或消除购买行为中的矛盾冲突，使交易过程在融洽的气氛中顺利完成。避免或消除冲突的方法有多种，以下几点可供参考。

（1）树立服务就是管理顾客感受的理念　服务就是管理，管理顾客在服务过程中的消费体验感受，使其始终感觉到被尊重、被关照、被优待的感觉。这一理念体现了在消费者与服务者之间平等的社会关系基础上，服务人员有更高关怀价值感。传统的“顾客是上帝”“顾客至上”等人格不平等的服务理念越来越没有市场了。

（2）提高服务人员的职业情绪管理能力　职业情绪劳动是个人控制和支配自己行为的能力。对于饮食消费服务人员来讲是基本从业能力。树立正确的职业认识，并在服务过程中保持情绪管理。自制力的提高则使服务人员在面对各类顾客时都能够从容应对，处变不惊，并善于缓和紧张的局势，调节顾客的不良情绪，掌握销售服务的主动权。

（3）赢得信任与争取主动　服务人员在解答顾客的反对意见时要争取主动，不能只是被动地作出解释，而应尽可能变被动为主动，善于引导和控制局面。如果服务人员能够与顾客相处融洽，赢得顾客的信任，效果是最好的。

（4）正确处理消费者的不同意见或反对意见　服务人员学会妥善处理消费者的不同意见，将有助于消除购买冲突，缓和购买气氛，促进交易实现。这就需要服务人员掌握持不同意见消费者的心理特点，学会分辨顾客反对意见的性质。有些反对意见是顾客因关心商品而发出的疑问；有些则是顾客不买商品的一种借口；还有的是顾客对商品性能误解而形成的偏见，在有些情况下，还可能是顾客表现自我的一种方式。服务人员在回答顾客的反对意见前，要仔细地分析顾客是在什么情况下、处于什么心理状态时提出的意见。找到意见产生的根源，对症下药，问题就比较容易解决。

（5）要把握谢绝消费者不同意见的时机　顾客提不同意见，服务人员不能怕得罪顾客而一味迎合，选择适当的时机，找恰当的词汇予以解释说明是十分必要的。有些谢绝意见必须马上回答，有些则不需要回答，还有的以延缓回答为宜。处理谢绝意见也要量力而行，对于不清楚或不知道的问题不勉强回答，否则弄巧成拙，反倒失去了顾客的信任。

本章复习与思考

1. 饮食消费品包装促销功能体现在哪几个方面?
2. 包装设计包括哪些方面?
3. 针对不同顾客消费心理需求设计的包装形式有哪几种?
4. 品牌的内涵包括哪些方面?
5. 品牌的作用是什么?
6. 品牌对于消费者的心理效能有哪些?
7. 饮食消费服务的特征有哪些?
8. 简要回答消费者的购买心理发展过程包括哪几个阶段?
9. 服务接待工作的步骤和方法有哪些?
10. 顾客应接心理有哪些类型？解决的途径是什么?

第九章 饮食消费心理发展

学习引导

内容提要

本章主要介绍了学习心理的基本理论、饮食消费者的学习心理活动特点、学习心理与饮食消费活动等基本概念和基础理论，介绍了绿色饮食消费心理概要、绿色饮食消费的心理特征、促进绿色饮食消费的策略、康养膳食消费心理等内容，介绍了文化心理认知、饮食消费者文化心理的界定、饮食消费者文化心理的特点等内容。

学习目标

通过以下目标，建构以“饮食消费心理发展”为阶段性知识内容的“传承型学习”成果。

学习和把握学习心理、学习心理与饮食消费活动的基本理论和内容，了解饮食消费者的学习心理活动特点等陈述性知识；用其指导“本章复习与思考”相关作业题；体验“饮食消费心理发展”中“学习心理与饮食消费”的“传承型学习”及其迁移。

学习和把握绿色饮食消费心理概要、绿色饮食消费的心理特征、促进绿色饮食消费的策略，了解康养膳食消费心理等陈述性知识；用其指导“本章复习与思考”相关作业题；体验“饮食消费心理发展”中“绿色及康养饮食消费心理”的“传承型学习”及其迁移。

学习和把握文化与文化心理的基础概念、饮食消费者文化心理的界定等陈述性知识；了解饮食消费者文化心理的特点，用其指导“本章复习与思考”相关作业题；体验“饮食消费心理发展”中“饮食消费文化心理”的“传承型学习”及其迁移。

内容结构图

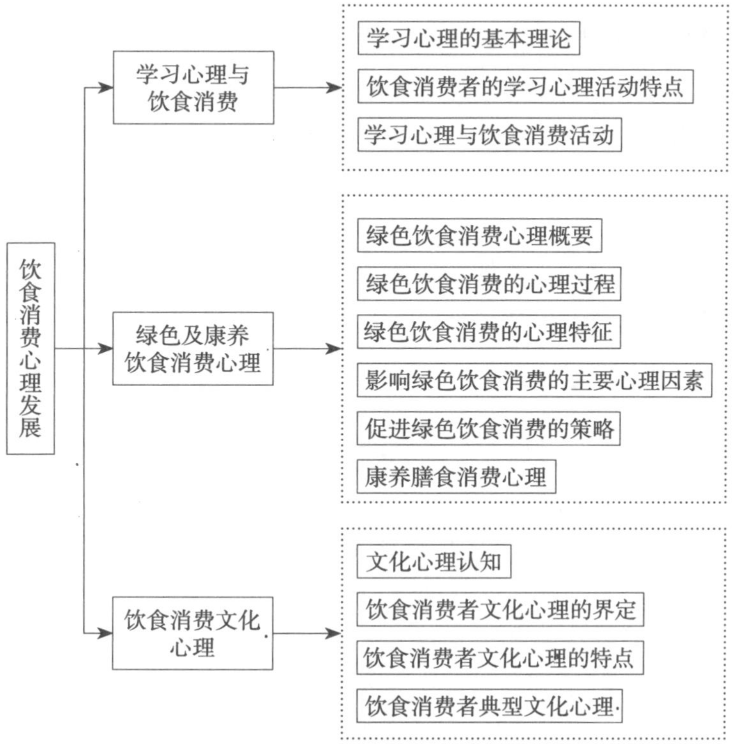

第一节　学习心理与饮食消费

学习是指个体通过实践或训练获得个体经验，并由此而引起的比较持久的心理和行为变化的过程。社会心理学家和社会学家的研究表明，人类在社会行为上有学习的本能，这一本能同样存在于人们的消费行为活动中。消费活动中的学习是指当某些人的消费行为被他人认可并羡慕时，便会产生仿效和重复他人行为的倾向，从而形成消费行为的学习心理活动过程。大凡能引起个体注意和感兴趣的新奇刺激，都容易引起学习。

在饮食消费活动中，经常会有一些消费者做出示范性的饮食消费行为，如在街上买了一串冰糖葫芦，边走边吃边逛。这些普通消费者的独立消费兴趣与消费行为，会直接引起其他普通消费者效仿，也会买上一串糖葫芦吃玩逛街，可能导致很多人都会在街上购买冰糖葫芦小吃这一饮食消费行为发生；也可能是一些名人，如影视歌星、运动员等；还可能是某行业的消费专家，如美食家、资深“吃货”等。这些特殊消费者的示范性行为会引起其他饮食消费者的学习，学习者也以能仿效他们的行为而得到愉快的心理体验。

在我国的饮食消费领域中，可供学习的范畴广泛，从天南海北各类饮食内容到饮食习惯，都可成为饮食消费者学习的对象。例如，重庆火锅、沙县小吃等经常被各地人们竞相学习，成为全国性百姓饮食消费对象。

一、学习心理的基本理论

20世纪以来，不同视角的学习心理研究探索不断，以欧美及苏联的学者研究成果为代表，主要形成了学习的行为理论、学习的认知理论和学习的活动理论等学派，构成了学习心理的基本理论体系。

1．学习的行为理论

（1）桑代克的“尝试—错误”学说　美国实证主义心理学家桑代克用科学实验的方式来研究学习的规律，提出了著名的联结学说。

知识拓展

桑代克的实验对象是一只可以自由活动的饿猫。他把猫放入笼子，然后在笼子外面放上猫可以看见的鱼、肉等食物，笼子中有一个特殊的装置，猫只要一踏笼中的踏板，就可以打开笼子的门闩出来吃到食物。一开始猫放进去以后，在笼子里上蹿下跳，无意中触动了机关，于是它就非常自然地出来吃到了食物。桑代克记录下猫逃出笼子所花的时间，然后又把它放进去，进行又一次尝试。桑代克认真地记下猫每一次从笼子里逃出来所花的时间，他发现随着实验次数的增多，猫从笼子里逃出来所花的时间在不断减少。到最后，猫几乎是一被放进笼子就去启动机关，即猫学会了开门闩这个动作。

通过这个实验，桑代克认为所谓的学习就是动物（包括人）通过不断地尝试形成刺激—反应联结，从而不断减少错误的过程。他把自己的观点称为“试误说”。桑代克根据自己的实验研究得出了三条主要的学习定律。

准备律	在进入某种学习活动之前，如果学习者做好了与相应的学习活动相关的预备性反应（包括生理和心理的），学习者就能比较自如地掌握学习的内容
练习律	对于学习者已形成的某种联结，在实践中正确地重复这种反应会有效地增强这种联结。因而就小学教师而言，重视练习中必要的重复是很有必要的。另外，桑代克也非常重视练习中的反馈，他认为简单机械的重复不会造成学习的进步，告诉学习者练习正确或错误的信息有利于学习者在学习中不断纠正自己的学习内容
效果律	学习者在学习过程中所得到的各种正或负的反馈意见会加强或减弱学习者在头脑中已经形成的某种联结。效果律是最重要的学习定律。桑代克认为学习者学习某种知识以后，即在一定的结果和反应之间建立了联结，如果学习者遇到一种使他心情愉悦的刺激或事件，那么这种联结会增强，反之会减弱。他指出，教师尽量使学生获得感到满意的学习结果显得尤为重要

（2）斯金纳的强化学说　美国著名的行为主义心理学家斯金纳用白鼠作为实验对象，进一步发展了桑代克的“刺激—反应”学说，提出了著名的“操作条件反射”。

知识拓展

与桑代克相类似的是斯金纳也专门为实验设计了一个学习装置——“斯金纳箱”，箱子内部有一个操纵杆，只要当饥饿的小白鼠按动操纵杆，小白鼠就可以吃到一颗食丸。开始的时候小白鼠是在无意中按下了操纵杆，吃到了食丸，但经过几次尝试以后，小白鼠“发现”了按动操纵杆与吃到食丸之间的关系，于是小白鼠会不断地按动操纵杆，直到吃饱为止。斯金纳把小白鼠的这种行为称为操作性条件反射或工具性条件反射。

他通过操作性条件反射的实验得出了以下结论：“学习过程就是外界环境的刺激与有机体的反应之间建立联结或联系的过程。”他提出了强化作用、泛化作用与消退作用等学习心理活动规律。

斯金纳按照强化实施以后学习者的行为反应，将强化分为正强化和负强化两种方式。正强化是指学习者受到强化刺激以后，加大了某种学习行为发生的概率。如由于教师表扬学生作出的正确行为，从而使学生能在以后经常保持这种行为。负强化是指教师对学习者消除某种讨厌刺激以后，学习者的某种正确行为发生的概率增加。如教师取消全程监控的方式以后，良好的学习习惯能够保持。

2. 学习的认知理论

该理论认为，学习是学习者头脑内部认知结构的变化。

知识拓展

学习的认知理论“四种流派”

场理论	场理论以美国心理学家比格（M. L. Bigge）为主要代表，认为学习是获得或改变顿悟的过程。所谓顿悟，是指人对事物之间的关系的基本感受或认识，是对事物意义的了解或理解。该理论认为，学习过程就是分析、概括、组合的过程
发现说	发现说是由美国心理学家布鲁纳（J. S. Bruner）提出的一种学习理论，认为学习应当是主动地形成或重组认知结构的过程。他强调学生学习知识的过程是一个发现过程。所谓发现，是指一个人按自己的方式把获得的事物组织起来的一种活动，也是指学生用自己的头脑亲自去获得知识的过程
同化说	这是由美国心理学家奥苏贝尔（D. P. Ausuble）提出的一种认知学习理论。奥苏贝尔把学习分为意义学习和机械学习两类。他主张意义学习，反对机械学习，并认为多数的意义学习是通过同化而实现的。所谓同化，就是指学习者在学习过程中把新的信息归入先前有关的一类认知结构中去，或是吸收了新的信息之后使原有的认知结构发生某种变化
指导说	这是由美国教育心理学家加涅（Robert Mills Gagne）提出的一种认知学习理论，又称累积学习理论。他认为学习是形成越来越复杂和抽象的认知结构的过程。加涅认为，人的学习行为有八个有机联系的系统：动机、领会、获得、保持、回忆、概括、操作、反馈

3. 学习的活动理论

这是苏联心理学家加里培林提出的一种学习理论，又称智力活动按阶段形成的理论。加里培林认为，智力活动是外部的物质活动的反映，它的形成是外部物质活动向内部心理活动转化的结果。其转化过程一般要经历五个基本阶段：活动的定向阶段；物质和物质化活动阶段；出声的外部言语阶段；不出声的“外部”言语阶段；内部言语活动阶段。

二、饮食消费者的学习心理活动特点

学习心理活动的理论告诉我们，学习是人们适应环境的动态过程，指人在生活过程中，因经验而产生的行为或行为潜能的比较持久的变化。消费者的学习是存在于人类消费领域的一个特殊的学习现象。它是指消费者在购买和使用商品的活动中，不断地获取知识、经验与技能，不断提高自身能力，完善自身的购买行为的过程。通过正式与非正式的方法，消费者在消费活动中不断积累经验，获得商品知识与消费技能，形成消费观念，这就是消费者的学习。消费者不仅能够保存过去获得的经验，而且能够运用这些经验来改变或调整自己的消费行为。

消费者在饮食消费活动中的学习心理活动有以下特点。

①学习行为的发出者，即热衷于学习的消费者，对饮食消费活动大都有广泛的兴趣，喜欢追随消费时尚和潮流，经常被别人的生活方式所吸引，并力求按他人的方式改变自己的消费行为、消费习惯。他们大多对新事物反应敏感，接受能力强。特别是年轻人追逐时尚创意餐饮消费，老年人会学习养生保健饮食消费。

②学习是一种非强制性行为，即引起学习的心理冲动不是通过社会或群体的命令强制发生的，而是饮食消费者自愿将他人的行为视为榜样，并主动、努力加以学习。学习的结果会给饮食消费者带来愉悦、满足的心理体验。如消费品尝到知名品牌的饮食，特别是旅游者对旅游目的地的本地风味餐饮普遍具有消费品尝学习性消费行为发生。

③学习可以是饮食消费者理性思考的行为表现，也可以是感性驱使的行为结果，成熟度较高。消费意识明确的饮食消费者，对学习的对象通常经过深思熟虑，会认真选择；相反，观念模糊、缺乏明确目标的饮食消费者，其学习行为往往带有较大的盲目性。在餐饮一条街上，异地流动顾客在游逛过程中，常常会发生有目的或盲目的饮食消费行为。

④学习行为的发生范围广泛、形式多样。所有的饮食消费者都可以学习他人的行为，也都可以成为他人学习的对象。而消费领域中的一切活动，都可以成为学习的内容，只要是消费者羡慕、向往、感兴趣的他人行为，无论流行与否，都可以加以学习。表现在美食购物广场、大型食品商超里面，面对琳琅满目的饮食消费品，许多消费者会观察学习彼此消费行为，选择自己的购物消费。

⑤学习行为通常以个体或少数人的形式出现，因而一般规模较小。当学习规模扩大，成为多数人的共同行为时，就发展为从众行为或爆发为消费流行了。如当麦当劳、肯德基餐厅进入我国初期，只有一些年轻人尝试消费，当大众体验消费发生后，就成为风靡流行的洋快餐消费潮流了。

三、学习心理与饮食消费活动

学习对饮食消费者行为有着积极的影响。学习心理可以增加饮食消费知识，丰富饮食消费者的饮食消费购物经验，帮助消费者更好地作出饮食消费购买决策；学习能够提高饮食消费者的购物能力，加速饮食消费购买活动的完成过程；学习有助于饮食消费者养成一种正确的饮食消费观念，不仅可以较快地接受新的产品，而且可以使饮食消费者认牌购买，成为某一饮食消费品牌的忠实顾客。

1. 学习对饮食消费行为决策的影响

一般而言，消费行为决策学习包括早期基本学习、认知学习和态度学习三个方面。但在特定情况下，特别是饮食消费者第一次独立决策时，一般采取以下三种方式。

盲目尝试	如果成功，则继续尝试。这种消费活动通常要冒一定风险
观察他人反应	“随大流”
言语指导	父母、老师、朋友平时的教诲，营销人员适时的提醒，能帮助消费者适时作出消费决策

知识拓展

泛化、辨别原理对饮食消费行为市场营销策略的影响

“泛化”原理是造就企业与企业之间相互竞争的心理机制，小企业常用它来渗透进入大企业市场份额。“泛化”是指某特定刺激所引起的条件作用的反应，与这种特定刺激相似的刺激也会产生这种反应的现象。例如，某消费者购买“茅台”牌白酒，就会联想到与“茅台”产地一致的酒也能有同样的品质，于是会购买“茅台镇”白酒。第一刺激与第二刺激越相似，消费者就越对第二刺激发生反应，即原来刺激的属性被相似的刺激所泛化或概括化，这种现象称之为泛化。市场经济条件下，出于追求市场份额的需要，近似商标或品牌随处可见。消费者要注意“泛化”现象的负面影响，以保证自己购买的饮食消费品（服务）货真价实，称心如意。

“辨别”原理是大企业及品牌应对市场分化竞争的策略手段。所谓辨别，就是对特定的刺激引起特定的反应。为使消费者辨别某公司生产的消费品（商标）与相似消费品（商标）的差别，如“大白兔”奶糖与“大白免”奶糖的差别，原生产商通常用强化某公司生产的消费品（商标），增强消费者的辨别反应能力，并且不断强化消费者形成对某公司消费品（商标）的信赖性。值得注意的是，消费者一旦建立起稳定的对产品（商标）的信赖性，就很不容易消退，这需要消费者培养自己的迁移能力。作为饮食消费者，如果能很好地掌握、应用学习中的泛化原理与辨别原理，就能提高自己的饮食消费质量。

2. 学习对饮食消费者行为的影响

学习对饮食消费活动的影响非常重要，特别是消费者学习心理的特征对饮食消费心理活动的影响有着直接的效果。主要表现在以下几个方面。

（1）饮食消费活动实践（学习）对饮食消费者的影响　可以培养饮食消费者稳定的学习心态，积累饮食消费经验。生活实践中，某种诱导力恰好与消费者内动力相结合，导致

消费者发生一次“学习行为”，但在消费者学习的实践中，这一次学习行为并不一定持续下去，甚至在以后的学习实践中体验到那次学习是错误的。例如，街道路边叫卖“削价皮鞋”，许多人抢购，某消费者在“从众”心理驱使下也学着别人讨价还价后买下一双皮鞋，过几天便发现所选购的鞋子“名不副实”，下一次当他再看到众人抢购“削价商品”时，他是决不会再挤上去“学习”了。

（2）早期基本的学习对饮食消费者的影响　弗洛伊德指出：“人生命一开始几年的学习体验对将来来说是一个关键。”现代社会饮食消费者可能在同伴之间互相学习，如某甲看到某乙去吃“麦当劳”，某甲也学着去吃。也可能受到父母的“传递”而养成了购买特定商标的“习惯”，如购买“六必居酱菜”“李锦记调料”等。随着儿童进入社会活动机会的增多和对特定商品理解的加深，他们的学习活动会对今后的消费行为产生重要的影响。

（3）认知信息的学习对饮食消费行为的影响　饮食消费者要以有限的观察能力和概括能力在各种快速移动、变换的传播中学习到他所需要的消费信息是非常困难的。这需要消费者具有敏锐的观察能力和较好的学习能力，同时与饮食消费服务企业的信息传播策略有关。

知识拓展

饮食消费信息策略

①较大范围内广告分散出现，适合消费者认知学习的缓慢特性。在不同环境场景中，设立相同内容广告，间断式强化消费者认知体验。

②在购买决策期间，提醒信息相当重要。在消费发生现场安排提示性消费信息，引发消费动机，如在餐厅的餐台上直接摆放酒水饮料，增加消费者直接开瓶消费概率。

③合乎受众经验，并与其他信息相区别的信息有助于提高消费者认知水平，减少遗忘。

④新异信息和让消费者参与活动的信息，有利于消费者掌握。

（4）态度和鉴赏的学习对饮食消费行为的影响　消费者未成年时，消费需要的早期显露对形成长期消费态度是极为重要的。例如，在儿童饮食中有大量糖分，可能导致其在成人期对甜食有一种欣赏或积极的态度。

第二节　绿色及康养饮食消费心理

绿色代表生命、健康和活力，是充满希望的颜色。国际上公认的绿色消费有三层含义：一是倡导消费者在消费时选择未被污染或有助于公众健康的绿色产品；二是在消费过程中注重对废弃物的处置；三是引导消费者转变消费观念，崇尚自然，追求健康，在追求生活舒适的同时，注重环保、节约资源和能源，实现可持续消费。绿色消费就是以此为特征的新型消费行为和过程。国际环保专家把绿色消费概括成“5R”，即节约资源，减少污染（Reduce）；绿色生活，环保选购（Reevaluate）；重复使用，多次利用（Reuse）；分类回收，循环再生（Recycle）；保护自然，万物共存（Rescue）五个方面。这也是绿色消费的基本特征。绿色消费的核心是可持续消费，体现了可持续发展观。绿色消费的重点是“绿色生活，环保选购”。

一、绿色饮食消费心理概要

在2003年4月22日“世界地球日”，中华环保基金会向全国发出了“绿色志愿者行动”倡议书，提出了中国绿色消费的观念和行动纲领，具体如下。

节约资源 减少污染	积极提倡节水、节纸、节能、节电，多用节能灯，外出时尽量骑自行车或者坐公交车，减少尾气排放等
绿色消费 环保选购	选择那些低污染、低消耗的绿色产品，如无磷洗衣粉、生态洗涤剂、环保电池、绿色食品，以扶植绿色市场，支持发展绿色技术
重复使用 多次利用	尽量自备购物包，自备餐具，尽量少用一次性制品
垃圾分类 循环回收	在生活中尽量做到分类回收，像废纸、废塑料等，使它们重新变成资源
救助物种 保护自然	拒绝食用野生动物和使用野生动物制品，制止偷猎和买卖野生动物的行为

绿色消费的兴起，是人类从蒙昧步入文明的标志。绿色饮食消费是一种超越自我的高层次的理性消费，是带着环境保护意识的消费活动；它是对传统观念的反叛，体现了人类崭新的道德观、价值观和人生观。

绿色饮食消费心理就是消费者在饮食消费过程中体现出来并影响其消费行为的绿色消费意识。在现实生活当中，应当对绿色饮食消费有正确的认知，必须对绿色饮食消费的基础概念有着明确的把握。

1.“绿色食品”不等于“天然食品”

“天然食品”如果没有经中国绿色食品发展中心认证，没有被许可使用绿色食品标志就不能称之为绿色食品。首先，“绿色食品”四个字是经国家市场监督管理总局注册的证明商标，未经注册人许可，使用已注册商标是侵权行为；其次，没有经权威机构认证，质量难以保证。野生的、天然的食品不等于是安全的，有些甚至是有毒的，对身体健康是有害的，例如，某种野生蔬菜的产地富含重金属矿藏——铅，那么该野生蔬菜的铅含量就很可能偏高，超过安全限量要求，对人体造成危害。而有些天然食品本身就含有植物毒素，不经检测是很难发现的。

2.“绿色饮食消费”反对危害人和环境

绿色饮食消费主张食用绿色食品，不吃珍稀动植物制成品，少吃快餐，少喝酒，不吸烟。消费绿色食品有利于人体健康，可以促进有机农业的发展，减少化肥和农药的使用。保护珍稀动植物，有利于维护物种的多样性，多样性意味着稳定性，稳定性意味着可持续发展。吸烟和酗酒除了危害人体健康，还影响空气质量和粮食供应。

3．“绿色饮食消费”尤其反对过度消费

过度消费不仅增加了资源索取和环境的污染荷载，而且助长了人的消费主义和享乐主义。我国民间流行的婚丧大操大办、大吃大喝等现象也属于饮食过度消费。这些行为既浪费食物资源，又没有给人们带来一种满意的生活，对人对己对环境都是弊大于利。节俭消费则会减少资源索取和环境的污染荷载，有利于环境保护。如果人主动地放弃多余的物质消费，对充实精神生活、提高精神境界也是大有益处的。中国自古就有“成由勤俭败由奢”的传统文化理念，节俭消费生活源远流长，在环境问题日益严重的现代社会，实行节俭消费同样有着必要。

二、绿色饮食消费的心理过程

消费者购买行为的心理活动，是从商品的认知过程开始的，这一过程构成了消费者对所购买商品的认识阶段和知觉阶段，是消费者购买行为的重要基础。在认识的开始阶段，消费者从广泛的途径获取有关绿色商品的知识和信息，如“绿色食品”，在心理上产生刺激，从而形成关于绿色商品的片面、孤立和表面的心理印象；接下来，随着绿色商品和绿色知识的不断传播，从而形成记忆、思维、想象等一系列复杂的心理过程。在此基础上，消费者对绿色饮食产品产生信任情感，在购买中借助于记忆，对过去曾经感知的商品、体验过的情感或有关的知识经验，作出决定。所以，在这个阶段饮食消费者需要大量的绿色商品知识和与绿色消费有关的信息，在饮食消费者头脑中形成一定量的信息储备，以便在以后的购买决定中产生深刻的影响。

消费者对绿色食品和绿色消费的认知过程，是其采取购买行动的前提，但并不等于他必然采取购买行动。消费者是生活在复杂的社会环境中的，具有思维能力的人，是容易受影响的个体，因此，他们在饮食消费购买时必然受到生理需求和社会需求的支配，二者构成了其物质欲求的强度。由于生理欲求和社会欲求会引起消费者产生不同的内心变化，可以造成消费者对饮食商品及服务的各种情绪反应。如果情绪反应符合或满足了其消费需求，就会产生愉快、喜欢等积极态度，从而导致购买行为；反之，如果违反或不能满足其消费需求，则会产生厌恶情绪，更不会产生购买欲望。一般来说，人们的消费需求可以分为生理需求和社会需求。在这里，生理需求无须多作解释，需要引起重视的是消费者的社会需求及其所引起的情感。这是人类的高级的社会性情感，这种情感具有稳定的社会内容，往往以鲜明的突发性的情绪表现形式表达出来。这种情感对消费者的购买行为也具有明显的影响，因为它代表了人的社会欲求。这种社会性情感可分为道德感、理智感和美感三类。

绿色产品或绿色消费恰恰能够极大地满足人们的生理需求和社会需求。如“绿色蔬菜”是指不用化肥、农药，不受其他化学污染的蔬菜；“绿色食品”是不用防腐剂及其他人工色素和化学品的食品。这些不仅满足了人们的基本生理需求，而且最大限度地保护了人们的身体健康。另外，随着社会的进步，科学文化知识的普及，生态环境意识的增强，绿色消费渐成时尚。再生资源利用、节约能源、反对浪费、保护生态环境、主动承担社会责任等，逐渐成为个人素质、修养、身份和地位高低的重要标志，推崇理智消费成了文明人的追求。在这种社会环境下，消费者追求这种社会需求引发的人类共同情感的积极性提高。所有这些都会对消费者心理产生良性刺激，促使其产生愉快、欢喜和积极的态度。同时，再辅以良好的消费环境、优质温馨的服务，使消费者产生愉悦的心理情绪，从而刺激消费者的购买欲望。

在饮食消费购买活动中，消费者表现出有目的和自觉地支配、调节自己的行为，努力克服自己的心理障碍和情绪障碍，实现其既定目的的过程，这就是饮食消费者心理活动的意志过程。它具有两个基本特征：一是有明确的购买目的；二是排除干扰和困难，实现既定目的。所以，当消费者作出绿色饮食消费的购买决定后，营销可以帮助他克服内在的和外在的种种障碍，创造温馨的销售氛围以及良好的购买环境，促使其购买行为的实现。

三、绿色饮食消费的心理特征

1．绿色饮食消费的行为更趋于理性化

在实际生活中，消费者的行为往往是感情重于理智，心理因素在消费者行为中起到极为重要的作用。很多消费者对某种产品感兴趣，对某个品牌偏爱，实际上并不能真正对其性能、质量和服务上的长处加以区别，更多地是受广告和相关人员的诱导或者潮流的带动。绿色饮食消费更强调理性，不能只考虑个人的感受，还要考虑社会后果和生态后果。与传统经济学的“经济人”消费行为相比，绿色饮食消费从个人价值取向转为个人与社会价值取向并重，绿色饮食消费认识比例随消费者学历层次的提高而提高，反映出部分消费者的消费理念日趋理性化、成熟化。

2．注重饮食产品的“绿色”价值

马斯洛的需要理论讲述了人类社会需求的层次性。当人们已不再为其基本需求而奔波时，人们便开始追求生存质量和生活质量。对生存质量的追求表现在更加注重生态环保；对生活质量的追求表现在倾向于消费无公害产品、绿色产品。这些饮食产品本身所包含的特征，使人们在消费过程中得到品质的满足和品位的提升。人们在购买饮食产品和餐饮食品的时候已经在考虑食材原料生产的生化污染标准，无公害食品已经进入千家万户，人们开始日益关注食材对人体的健康等方面的安全保护，这些都显示出消费者对饮食产品“绿色”价值的重视。

3．绿色饮食消费行为呈现出个性化的色彩

消费者能以个人心理愿望为基础挑选和购买饮食商品或者服务。他们不仅能做出选择，而且渴望选择，消费者所选择的已不单纯是商品的使用价值，而且还包括其他“延伸物”。经过商场调研活动结果表明，绿色食品是消费者购买的绿色商品最大类别。购买绿色食品的原因最大比例是出于个人保健所需。

4．期望值更高、挑选更挑剔

西方发达国家对于绿色食品的需求非常广泛，发达国家已经通过各种途径和手段，包括立法等，来推行和实现全部产品的绿色消费。以绿色食品为例，英国、德国绿色食品的需求完全不能自给，英国每年进口食品占其消费量的80%，德国则高达98%，绿色食品的标准也更加苛刻。我国目前只能提供部分食品进行绿色消费。

5．价格是消费者选择的重要因素

由于绿色饮食产品具有较高的附加值，应有优良的品质，无论从健康、安全、环保等诸多方面都具有普通产品无法比拟的优势，因此消费者倾向于绿色消费。饮食消费者希望绿色商品既能满足其心理消费需要，同时又能实现其现实购买，但在发展中国家，价格仍是限制绿色消费的瓶颈。现实中绿色食品的价格往往是采用撇脂高价策略，从心理上会抑制消费者对绿色饮食商品的需求，降低其购买欲望。

6．性别差异及儿童影响

据一项调查表明，46%的女性和31%的男性在购物时会主动寻找绿色替代品，父母一般比没有子女的成年人更关注环保。有孩子的家庭通常是倾向于绿色消费的群体。教育和传媒为儿童提供的大量环保信息，引起儿童对绿色问题的认识和重视，使孩子成为家庭中绿色产品购买的提议者和影响者，这无疑是绿色购买行为的重要模式。

7．引致效应的心理

引致效应，即绿色消费者把绿色消费理念贯彻在一切消费行为中。由于绿色产品涉及各个行业领域，因此消费者的绿色消费从一个领域可以扩展到另一领域。例如，一个初次尝试绿色消费的家庭，刚开始也许只会尝试绿色食品；如果感觉良好，就会增强他们对绿色产品整体概念的好感和信心，起到一种强化作用，进而开始扩大绿色消费的范围，如购买节能电器或进行其他绿色消费等。有分析表明，“引致效应”对绿色消费者的影响要比对一般消费者的影响明显。

8．学习意识比较强

绿色消费者从心理上对绿色产品和绿色消费比较偏好，因此，他们会主动了解有关绿色产品、绿色消费方面的知识，学习的主动性大大提高。同时，他们在获得绿色产品的知识后，会对绿色产品和服务进行鉴别和评估，在众多同类商品中，能选择对环境危害最小的商品进行消费，所以在绿色饮食消费的推广中，他们起表率作用。

四、影响绿色饮食消费的主要心理因素

绿色饮食消费行为源于消费者追求生活品质的动机。当消费者基本的生理需求得到满足以后，他们开始追求超越“物质”的生活，向往美好的生活品质，关注我们赖以生存的地球，关心人类与自然的可持续的、协调的发展。

1．学习心理机制对绿色饮食消费行为的产生、强化有极大的影响

人们绿色消费意识的产生和绿色饮食消费的实践行动，主要来源于以下三个方面：一是日益严重的环境问题损害了人们的正常生活，引起了人们的密切关注；二是环保知识的普及推广，全社会对环保运动的推动，提高了消费者在环保方面的素质；三是消费者个人绿色消费经验的积累，从中感受到绿色消费对自身和社会的好处。

2．人们的态度与绿色饮食消费行为之间存在着复杂的关系

态度是一个人在对某些事物或观念长期持有的好与坏的认识上的评价、情感上的感受和行动倾向。德国学者巴得加认为，一个消费者对污染问题的认识程度会影响他对环保的态

度，对环保的态度又会影响他对绿色生活方式的态度，对绿色生活方式持积极态度的人会参与绿色饮食产品的购买和消费活动。当然，积极的态度并不等于积极的行动。从心理学上说，这与态度的形成过程有关。在态度的形成过程中有两种情形：一种是消费者对绿色饮食消费行为宣传的一般性观点接受了，引起对环境态度的改变；另一种是消费者对宣传的问题的相关细节进行了更深层次的思考，然后形成新的态度。所以，饮食企业在宣传、沟通中就需要提供详细的生产过程和绿色饮食产品的信息，促使消费行为的产生。

五、促进绿色饮食消费的策略

1．倡导绿色饮食消费意识

绿色食品有利于消费者的身心健康，改善生存环境，当今世界，人们对绿色食品越来越青睐。21世纪初，我国已全面启动“开辟绿色通道，培育绿色市场，倡导绿色消费”的“三绿工程”。

知识拓展

目前我国消费者食用的绿色饮食产品

绿色食品	是指经过有关部门认定，许可使用绿色食品标志的无公害、无污染的优质营养类食品。对绿色食品认识的误区，使有的消费者把“绿颜色的食品”当作绿色食品，误把“天然食品”和绿色食品等同看待，我国每年因食用野生蘑菇中毒的事件屡有发生
绿色包装	是在绿色浪潮冲击下对包装行业实施的一种革命性的变革，它不仅要求对现有包装不乱丢弃，而且要求对现有包装不符合环保要求的要进行回收和处理，更要求按照绿色环保要求采用新包装和新技术。白色污染已经成为世界公害，提倡使用可重复利用和循环使用的包装袋

2．企业要加强绿色产品管理

要从可持续发展出发，树立绿色营销观念，实施绿色营销组合策略，尤其要加强绿色产品的开发，真正保证绿色产品的绿色效果。企业应坚持诚信原则，客观宣传绿色产品，科学介绍绿色产品，提高顾客的绿色消费满意度。企业的绿色广告要适应消费者心理而进行策略宣传。

3．加强对消费者的引导

加强对消费者的引导，使消费者能主动学习有关绿色消费和绿色产品的知识，树立人人参与环保的生活观念，正确理解绿色消费的内涵，让消费者认识到绿色消费不仅有利于人民生活水平的提高和生命健康的保障，还有利于保护生态环境和自然资源，使人们的生活消费与环境、资源相协调。只有让消费者充分认识绿色消费的意义和绿色消费所能带来的好处，才能使绿色消费理念深入人心，绿色消费模式才能得以实现。

政府可出面组织成立具有权威性的绿色组织，通过绿色组织大力加强对消费者的绿色消费意识和绿色消费理念的宣传教育推广工作，让广大消费者树立绿色消费观念，追求绿色消费时尚，主动选择绿色消费；加强对消费者行为的监督控制，强化环保意识，使消费者积极参与环境保护活动。

六、康养膳食消费心理

“康养”意思为健康养生，“膳食”指日常进用的饭菜，也是古代人所说的吃食。语出《管子·入国》：“劝子弟：精膳食，问所欲，求所嗜。此之谓老老。”“康养膳食”是通过日常进用的饭菜，坚持食用健康的饮食品类并保持健康饮食习惯，达到健康养生的最终目的。从人口结构老龄化角度来看，康养膳食模式对当代中国意义非同寻常。

1. 老年消费者的健康饮食消费追求普遍

中国人口结构的老龄化是在逐步上升的，2020年年末中国内地60周岁及以上人口264018766人，占总人口的18.70%，其中65周岁及以上人口190635280人，占总人口的13.50%。人口老龄化数据日益上涨的背后，使国内财富在养老医疗以及养老物质保障上也将会有很多的倾斜，或将产生社会问题和经济压力。将“科学食补”和“健康养生”相结合的康养膳食模式，能够提高老年人健康养生的质量，提高免疫力，同时也减少一笔沉重的社会负担。

2. 饮食消费行为对养生（健康和长寿）的影响有着直接关系

超过50%的疾病与饮食有关。饮食不节，饮食无规律（饥饱无常），饮食无节制（暴饮暴食），食物不科学、不合理等，都是吃能致病的直接体现。世界卫生组织（WHO）公布的全球十大“垃圾”食品如表9–1所示。

表 9–1 世界卫生组织（WHO）公布的全球十大“垃圾”食品

油炸类食品	导致心血管疾病元凶；含致癌物质；破坏维生素，使蛋白质变性
腌制类食品	导致高血压，肾负担过重；导致鼻咽癌；影响黏膜系统（对肠胃有害）；易得溃疡和发炎
加工类肉食品	包括肉干、肉松、香肠等。含三大致癌物质之一：亚硝酸盐（防腐和显色作用）；含大量防腐剂（加重肝脏负担）
饼干类食品	不含低温烘烤和全麦饼干，食用香精和色素过多（对肝脏功能造成负担），严重破坏维生素；热量过多、其他营养成分低
汽水可乐类食品	含磷酸、碳酸，会带走体内大量的钙；含糖量过高，喝后有饱胀感，影响正餐
方便类食品	主要指方便面和膨化食品，盐分过高，含防腐剂、香精（损肝）；只有热量，无其他营养成分
罐头类食品	包括鱼肉类和水果类，破坏维生素，使蛋白质变性；热量过多，其他营养成分低
话梅蜜饯类食品（果脯）	含三大致癌物质之一：亚硝酸盐；盐分过高，含防腐剂、香精（损肝）
冷冻甜品类食品	冰淇淋、冰棒和各种雪糕，含大量奶油，极易引起肥胖；含糖量过高影响正餐。性寒凉损耗阳气，尤其是心、脾、胃
烧烤类食品	含大量3，4–苯并芘（三大致癌物质之首）；一只烤鸡腿等于60支烟的毒性；导致蛋白质碳化变性（加重肾脏、肝脏负担）

3. 饮食消费的环境心理影响饮食消费行为

饮食消费环境心理策略成为饮食服务企业经营的重要因素。在现代城市大型商业综合体中，美食消费区域往往只有一定规模，鳞次栉比的美食店，琳琅满目的美食广告，以及透明玻璃窗里直观的餐饮设施及排队人群，都是吸引消费者投入饮食消费的直接影响力。

美国学者通过实验研究了影响人们进食的很多因素，发现饥饿并非促使人们进食的唯一因素。除了饥饿外，很多人开始吃东西或许还有别的原因。比如人们看见了食物、觉得到了吃饭的时候，但其实他们的肚子并不饿，他们想和别人一起吃饭，或者仅仅因为用餐时他们有事可做。当这些人被问到为什么停止用餐时，一部分人只指出是环境引起的，比如说是用餐时间到了或是一起用餐的人吃完了，另一些人停止用餐是因为他们饱了，甚至还有一些则是因为电视节目结束了，或者是他们的阅读到达了一个停止点。

第三节　饮食消费文化心理

“文化”一词在西方来源于拉丁文Culture，原义是指农耕及对植物的培育。自15世纪以后，逐渐引申使用，把对人的品德和能力的培养也称之为文化。在中国的古籍中，“文”既指文字、文章、文采，又指礼乐制度、法律条文等。“化”是“教化”“教行”的意思。“文化”一词的中西两个来源，殊途同归，今人都用来指称人类社会的精神现象，抑或泛指人类所创造的一切物质产品和非物质产品的总和。历史学、人类学和社会学通常在广义上使用文化的概念。

文化的概念有广义与狭义之分。广义的文化是人类社会历史发展过程中所创造的物质财富和精神财富的总和。物质文化是指人类实际自然界的物质生产能力及其创造的产品；精神文化是指人们的知识水平、民族习惯、地域风俗、行为规范、道德观念、宗教信仰、价值观念、教育程度、家庭关系、社会群体结构等。广义的文化也把社会的政治、经济、法律包含在内。狭义的文化指社会意识形态以及与之相适应的社会制度、组织机构等。

文化是由各种元素组成的一个复杂的体系。这个体系中的各部分在功能上互相依存，在结构上互相联结，共同发挥社会整合和社会导向的功能。然而特定的文化有时也成为社会变迁和人类自身发展的阻力。

一、文化心理认知

1．文化的要素

（1）精神要素（即精神文化）　它主要指哲学和其他具体科学、宗教、艺术、伦理道德以及价值观念等，其中尤以价值观念最为重要，是精神文化的核心。精神文化是文化要素中最有活力的部分，是人类创造活动的动力。没有精神文化，人类便无法与动物相区别。价值观念是一个社会的成员评价行为和事物，以及从各种可能的目标中选择合意目标的标准。这个标准存在于人的内心，并通过态度和行为表现出来，它决定人们赞赏什么，追求什么，选择什么样的生活目标和生活方式。同时，价值观念还体现在人类创造的一切物质和非物质产品之中。产品的种类、用途和样式，无不反映着创造者的价值观念。

（2）语言和符号　二者具有相同的性质即表意性，在人类的交往活动中，二者都起着沟通的作用。语言和符号还是文化积淀和储存的手段。人类只有借助语言和符号才能沟通，只有沟通和互动才能创造文化。文化的各个方面也只有通过语言和符号才能反映和传授。能够使用语言和符号从事生产和社会活动，创造出丰富多彩的文化是人类特有的属性。

（3）规范体系　规范是人们行为的准则，有约定俗成的，如风俗等，也有明文规定的，如法律条文、群体组织的规章制度等。各种规范之间互相联系，互相渗透，互为补充，共同调整着人们的各种社会关系。规范规定了人们活动的方向、方法和式样，规定了语言和符号使用的对象和方法。规范是人类为了满足需要而设立或自然形成的，是价值观念的具体化。规范体系具有外显性，了解一个社会或群体的文化，往往是先从认识规范开始的。

（4）社会关系和社会组织　社会关系是上述各文化要素产生的基础。生产关系是各种社会关系的基础。在生产关系的基础上，又发生着各种各样的社会关系。这些社会关系既是文化的一部分，又是创造文化的基础。社会关系的确定，要有组织保障。社会组织是实现社会关系的实体。一个社会要建立诸多社会组织来保证各种社会关系的实现和运行。家庭、企业、学校、政府、军队等，都是保证各种社会关系运行的实体。社会组织包括目标、规章、一定数量的成员和相应物资设备，既包括物质因素又包括精神因素。社会关系和社会组织紧密相连，成为文化的一个重要组成部分。

（5）物质产品　经过人类改造的自然环境和由人创造出来的一切物品，如工具、器皿、服饰、建筑物、水坝、公园、食物、饮料等，都是文化的有形部分。在它们上面凝聚着人的观念、需求和能力。

2．文化的基本特征

（1）文化是由人类进化过程中衍生出来或创造出来的　自然存在物不是文化，只有经过人类有意无意加工制作出来的东西才是文化。例如，水不是文化，茶水才是文化；竹木不是文化，竹木筷子才是文化等。

（2）文化是后天习得的　文化不是先天的遗传本能，而是后天习得的经验和知识。例如，吃饭不是文化，使用筷子吃饭是文化。文化的一切方面，从语言、习惯、风俗、道德一直到科学知识、技术等都是后天学习得到的。

（3）文化是共有的　文化是人类共同创造的社会性产物，它必须为一个社会或群体的全体成员共同接受和遵循，才能成为文化。纯属个人私有的东西，如个人的怪癖等，不为社会成员所理解和接受则不是文化。

（4）文化是一个连续不断的动态过程　文化既是一定社会、一定时代的产物，是一份社会遗产，又是一个连续不断的积累过程。每一代人都出生在一定的文化环境之中，并且自然地从上一代人那里继承了传统文化。同时，每一代人都根据自己的经验和需要对传统文化加以改造，在传统文化中注入新的内容，抛弃那些过时的不合需要的部分。

（5）文化具有民族性和特定的阶级性　一般文化是从抽象意义上讲的，现实社会只有具体的文化，如古希腊文化、罗马文化、中国古代文化、中国现代文化等。具体文化受到诸多条件的制约，其中最主要的是受自然环境和人们的社会物质生活条件的制约。如有石头，才有石器文化；有茶树，才有饮茶文化。文化具有养成共同的心理素质和性格，此即民族文化的表现。在分裂为阶级的社会中，由于各阶级所处的物质生活条件不同、社会地位不同，因而他们的价值观、信仰、习惯和生活方式也不同，出现了各阶级之间的文化差异。

3．文化心理的内涵

人的心理反应来源于客观现实和周围的环境。客观世界可以表现为物质的，也可以表现为精神的；可以是社会的、经济的，也可以是文化的。人对源于客观世界的文化的主观能动性的反应就是文化心理。

（1）文化心理是因袭反应　文化反应由对外部习俗的反应构成，习俗的刺激协调了各种人对共同行为采取的不同方式。“习俗”是文化构成中的核心概念之一，以“习俗”这一角度来研究饮食消费行为，既容易理解，又具有代表性。

（2）文化的沿袭性　尤其是习俗的传统性，使文化心理也表现出一贯性和继承性的特点。

（3）文化心理是相对于个体心理而言的某一群体的心理反应　文化心理是在某个文化背景下拥有相同文化价值观的群体的共同的心理反应。如某个民族亚文化群的心理反应、某个国家群体的心理反应、某个地区群体的心理反应。在这个群体内，他们用同一名称称呼对象，他们以同样的方式惧怕某些人和事，具有相同的崇拜并举行共同的仪式等。

（4）文化反应（或心理）是在特定的群体环境中，通过某种文化过程或文化化、社会化而获得的　文化的过程和群体的行为对文化心理形成有重要影响。形成群体共同心理反应的是同一文化环境的长期刺激及群体的相互作用。

4．文化心理的特征

文化心理的历史性和延续性。文化心理可恰当地描述为具有历史性的、与前人所创造的文化传统有关的心理反应。不论它们持续的时间长短，人们表现出这类行为没有其他明显的原因。

（1）文化心理的集体无意识性　文化反应往往是在无意中形成的，就多数情况而言，个人或多或少总是机械地并在对其所做之事毫无觉察的情况下表现出文化行为。它们的出现并不受固定的或公认的标准限制。也就是说，这些行为的出现本身设立了标准而不管它们同其他的行为怎样相互抵触，即使这种抵触发生在同一个文化系统中，也是如此。

（2）文化心理的相对稳定性　文化本身具有继承性和沿袭性，某种文化将长期流传并影响人的行为。某种文化中的价值观念、信仰和习俗等这一类刺激的普遍性特点，使得文化心理具有极大的稳定性和长期性。事实上，文化反应是人为的、随意的，但它们却又显得是不可改变的。或许因为它们是由许多人表现出来的，于是保持着一种持久性的特征。

（3）文化心理的群体性　文化心理最典型的表现在于它是群体的心理。某一特定类型的心理和行为严格限于某一特定人群。通过观察出现种种特定举动的各种界限，我们能够识别并划分出各个明确的文化心理群体。

（4）文化心理的强制性　当一个集体等同于种族或民族群体而个人又在其中形成自身行为时，由于语言和礼俗的获得是加入某个社会群体的必备条件，这些文化心理便具有一种明显的必然性和强制性。各种宗教信仰显然就不受逻辑力量或一般经验的影响。风俗习惯反应更显得好像个人必须以这种方式行事。文化心理是群体强加于个人的，事实上是由各个群体强加给各自成员的，这丝毫也没有夸张。换言之，由于身处一定的社会关系内，个体必然会获得很多的文化心理。就群体而言，在多数情况下并不存在什么有意识的行为，但在一定意义上，个人却理所当然地要同群体的反应保持一致。

文化心理的上述特点，一方面表明了文化心理对人们行为的潜移默化作用和文化心理的根深蒂固影响；另一方面也说明文化心理普遍存在的意义，不同地区、不同民族、不同宗教环境，文化心理的存在要求对饮食企业的市场经营活动予以充分考虑。

二、饮食消费者文化心理的界定

1. 饮食消费者文化心理的提出

饮食消费者文化心理是与消费者、文化相联系的心理现象。

（1）饮食消费者文化心理定义　饮食消费者群体受其所处文化环境影响，在饮食消费活动中表现出的具有某种文化特征的心理反应。

（2）饮食消费者文化心理解释　饮食消费者文化心理是消费者在饮食消费活动中表现出来的一种心理现象。消费者的心理（广义上也包括行为）是消费者以货币、信用或其他方式的支出，获得所需要商品和劳务时所表现出来的各种反应与活动。可见，消费者与产品和服务的交换过程密切联系。饮食消费者文化心理首先是“人”作为消费者的心理，是与饮食消费活动有关的心理，而不是“人”其他的心理和行为表现，如政治心理、法律心理等。

饮食消费者文化心理是与文化刺激紧密相关的心理反应。人作为饮食消费者的心理受很多因素影响，因而在饮食消费活动中表现为各种各样的心理类型。我们要研究的饮食消费者文化心理，是诸多饮食消费者心理反应中，受文化因素长期刺激并带有明显文化烙印的一种心理。

饮食消费者文化心理也是消费者群体的共同心理反应，而不是某个饮食消费者个体的心理反应。美国著名社会学家罗伯特·伯格和罗纳德·弗德瑞柯在其所著的《人类行为》一书中指出：“所有人类行为在一个文化关系中形成。文化包括价值观、知识以及对人们来说是适当的并乐于接受的物质技术。”“文化是价值、知识和物质客体的储存器，是世世代代积累和保持下来的一个群体。”

2. 研究饮食消费者文化心理的重要意义

研究饮食消费者文化心理，不仅对饮食服务企业，而且对饮食消费者自身饮食消费需要的满足都具有重要的意义。

（1）有利于满足饮食消费者群体的文化需要　由于每一个消费者都生活在一定的社会中，又属于社会中的某一个亚文化群，这样同属一个群体或集团的社会成员往往具有共同的价值观念、生活习俗和态度倾向，从而构成该社会群体特有的文化需要。这些文化需要因民族、宗教、种族、地理区域的不同而有所差异，并长期刺激和影响消费者的需要。研究饮食消费者的文化心理，使企业深刻把握饮食消费者隐性的文化需要，有利于满足消费者的潜在需求，提高其饮食消费生活质量。饮食消费者通过对自己和其他消费者的文化心理和文化购买行为的更多了解，可以更加全面、深刻地理解饮食服务企业的营销活动，从而在饮食消费购买决策过程中更加理智和自信。

（2）有利于饮食服务企业适应市场竞争的需要　饮食企业的竞争趋势在产品质量改进

提升的同时，在经营饮食文化主题方面体现的巨大差异越来越显现。文化的差异性首先是不同饮食消费服务体验文化的差异、消费者文化心理的差异。把握企业特色的文化价值观，并开展相应的市场营销策略，有利于形成企业良好的外部环境，重视和运用消费者文化心理，有利于公司迎接竞争力挑战。

（3）有利于提高饮食服务企业的营销效果 在饮食消费者文化价值观念差异的基础上开展企业的营销活动，能从根本上提高顾客满意度，增强饮食企业市场竞争的个性，充分尊重饮食消费者的意志选择，有利于提高饮食服务企业经营活动的效果，使饮食服务企业的经营更具有针对性、适应性，使饮食服务企业的经营理念更具有人本色彩，更加贴近饮食消费者心理。

三、饮食消费者文化心理的特点

相对于一般消费者心理而言，饮食消费者心理带有文化的烙印，是文化和消费者心理的融合。饮食消费者文化心理特点主要如下。

1．目的含蓄性

一般饮食消费者行为是以一定的目的为前提的。由于饮食消费行为的实现必须支付货币，多数消费行为的目的性很明确。如饮食消费者宴请宾客的消费金额超出满足自己的需要消费标准，就是为了让宴请宾客得到期望的消费体验为目的的尊重动机。而消费者文化心理是在长期的文化环境中无意识地形成的，文化本身的含蓄性使得饮食消费者文化动机和文化行为也具有含蓄性。

2．反应普遍性

任何文化都有一定的接受者，由此决定了文化在某种情况下所产生的相应心理反应具有普遍性。而一般个体饮食消费心理往往自觉地以个人经济条件所允许的范围作为前提，控制难以实现的愿望。

3．群体差异性

消费者本身的复杂性决定了个体饮食消费者心理和行为也具有复杂性、多样性，且个体心理与行为往往是发散的、零星的。而饮食消费者文化心理则表现为整体的差异，即不同文化模式下的饮食消费者群体心理趋异，在同一文化模式下饮食消费者的文化心理趋同，他们拥有相同的价值观、饮食风俗习惯、信仰等。

4．周期明显性

饮食消费者文化心理的产生和发展与饮食消费习俗周期性的刺激有直接关系。由饮食消费习俗的周期性刺激引起的饮食消费者文化心理和购买行为也必然带有周期性特点，这种周期性不同于一般个体饮食消费者由生理刺激引起的消费周期性，前者周期长，后者周期短，前者周期性购买行为更明显于后者。如中国传统春节吃饺子、元宵节吃元宵、端午节吃粽子等文化消费周期延续至今，有千百年的历史。

5．相对稳定性

饮食消费者心理和行为是人类社会行为的一个组成部分，会随着社会条件的发展而不断发生变化。但包括文化在内的社会环境的变化，一般来说较为稳定，所以饮食消费者文化心理的变化也较为稳定；而由消费者自身背景的变化而导致的消费者个体心理和行为的变化往往较快。如消费者生理状况的改变，消费者情绪、情感的变化都会引起消费者个体对饮食风格、口味的直接变化。

正因为饮食消费者文化心理的特点和饮食消费者文化心理与文化不可分割的关系，我们不仅要重视消费者在饮食消费活动中文化心理的重要影响，更要重点把握消费者所在地区的文化特点，在分析不同国家和地区文化环境特点的基础上，总结这些国家和地区消费者的文化心理特点，以全面、系统地把握饮食消费者文化心理的理论体系。

四、饮食消费者典型文化心理

饮食消费者的文化心理是受外部因素刺激影响的一系列心理活动，或被称为消费者文化“黑箱”。受外部文化因素（包括所在地区的文化价值观、宗教信仰、道德规范、审美观念等文化要素）的影响，饮食消费者的文化心理一般会表现在下列几个方面：时尚文化心理、节俭文化心理、请客送礼文化心理、习俗文化心理、吉祥文化心理等。

1．时尚文化心理

这是饮食消费者受社会流行某种时尚所驱使，而追求产品和服务的时尚、新颖，流行性的动机和购买行为，追求时尚的购买动机与行为并不是由个体内在因素刺激引起的，而是社会文化时尚的产物，是群体消费者审美观念的共同心理反应，因而可以视为饮食消费者文化心理类型。出于社会压力，饮食消费者往往追随社会潮流，追随众人的行动。所以，一般人都有不同程度的时尚文化心理和行为。

2．节俭文化心理

由于收入低和长期物质产品短缺而形成的节约的饮食消费习惯等，即消费中处处节省，尽量以生存需要为主。这也是不同文化价值观影响下的一种求实文化心理。其主要购买特征是对同类商品之间的价格差异进行仔细的比较，对廉价感兴趣，喜欢打折优惠。价格是大众饮食消费者选择的主要决定因素。

3．请客送礼文化心理

这是人情消费、请客送礼动机驱使下的购买心理。中国是礼仪之邦，逢节假日或纪念日人们会出于社会情感、礼节馈赠而产生请客吃饭的饮食消费动机。

4．习俗文化心理

习俗心理是由于地理、气候、民族、宗教信仰、历史文化和传统观念而形成消费者惯有的饮食消费心理和饮食消费习惯。习俗作为一种社会文化规范，它要求人们无条件地遵从。风俗习惯和宗教信仰对于人们的日常活动具有强大的约束力，它比其他任何社会规范都更加广泛地熏陶与感染人们的行动。由于风俗习惯而产生的购买动机称风俗性动机，由宗教信仰引起的饮食消费动机称宗教信仰动机。

5．吉祥文化心理

吉祥文化心理是人们对未来充满美好期望，祝愿自己有个美好前景的购买心理。追求吉祥是中国传统文化的重要特征，这一心理的表现是人们在饮食消费时喜欢讨吉利、图吉利等。如人们在办喜事时，喜欢买带有双喜字样的糖果，喜欢用红色装饰婚庆场面，用来代表喜庆、幸福、吉祥、大吉大利；逢年过节喜欢买春联、贴福字、互赠贺卡等都是吉祥文化心理的反映。

6．规避文化心理

一些属于民族、宗教忌讳的、不吉利的消费品，能给消费者带来厌恶、惧怕情感而本能地回避、拒绝消费的心理反应。规避文化心理使饮食消费者主动约束自己的需要、动机，拒绝、回避、不购买某种商品或服务。如伊斯兰教信徒、回族人等忌食猪肉食品。

7．传统习惯文化心理

传统习惯文化心理是人们在其购买行为中，对传统商品、传统老字号商店的浓厚兴趣和习惯性购买的心理反应和行为。有些餐饮老牌企业、老字号往往会长期在人们心目中留有深刻印象，使顾客始终保持信任感，这种信任感甚至会长期流传，家喻户晓，老幼皆知。如人们在购买酱菜时，习惯买“六必居”酱菜；喝酒要喝茅台酒、北京“二锅头”。传统习惯文化心理也反映在人们怀念以往、注重中国传统文化的心理。如人们在旅游中，往往对历史上的名胜古迹特别感兴趣。

8．从众文化心理

饮食消费的动机不是有计划的理性消费需要，而是跟随众人，你买我也买的心理。从众心理的群体性和非经济性特征，也使它成为一种文化心理。“顺从即安全”，“众”即美，是中国消费者习俗性文化行为的根源。

本章复习与思考

1．简述学习对饮食消费行为的积极影响。

2．简述饮食消费活动中消费者的学习行为特点。

3．什么是绿色饮食消费心理？如何正确认知绿色饮食消费？

4．简述绿色饮食消费的心理特征。

5．为什么说学习心理机制对绿色饮食消费行为有极大影响？

6．如何促进绿色饮食消费？

7．简述文化的概念及其要素。

8．简述文化心理的特征。

9．简述饮食消费文化心理的研究意义。

10．如何划分饮食消费者文化心理？

参考文献

[1] 周忠民. 饮食消费心理学[M]. 北京：中国轻工业出版社，2007.

[2] 冯俊. 服务管理学[M]. 北京：科学出版社，2018.

[3] 戴卫东，刘鸽. 消费心理学[M]. 北京：北京大学出版社，2011.

[4] 刘军，邵晓明. 消费心理学[M]. 北京：机械工业出版社，2016.

[5] 恩格斯. 路德维希·费尔巴哈和德国古典哲学的终结[M]. 北京：人民出版社，1955.